ro
ro
ro

Zu diesem Buch

Die Dienstleistungsgesellschaft ist unsere Zukunft, heißt es, und das Beispiel USA wird uns von Politikern als leuchtendes Vorbild vorgehalten. Wie aber sieht das »Jobwunder« der Clinton-Ära für die Leute aus, die diese Jobs machen?
Die amerikanische Journalistin Barbara Ehrenreich hat es im Selbstversuch erkundet. Um herauszufinden, wie man im so genannten Niedriglohnsektor von seiner Hände Arbeit leben kann, ließ sie sich als Zimmermädchen, als Serviererin und als Verkäuferin bei *Wal-Mart* anstellen. Sie erfuhr am eigenen Leibe, daß beim Einstellungsgespräch von Persönlichkeits- und Drogentests, kaum aber von Stundenlohn und Arbeitsbedingungen gesprochen wird. Sie stellte fest, wie viele Fähigkeiten auch die angeblich einfachen Tätigkeiten erfordern – und wie schnell mit zunehmender Erschöpfung der Mut verlorengeht, sich gegen Schikanen und unzumutbare Arbeitsbedingungen aufzulehnen.

»Der eindringliche Appell an Vernunft und Gerechtigkeitssinn wird in flotter, oft witziger Prosa serviert.« *Frankfurter Rundschau*

Barbara Ehrenreich hat zunächst Physik und Molekularbiologie studiert und zählt heute zu den renommiertesten Publizistinnen Amerikas. Ihre Essays und Reportagen erschienen im *New York Times Magazine*, *Harper's*, *Esquire*, *Vogue*, *Wallstreet Journal*, dem Magazin der *Süddeutschen Zeitung* und der *Zeit*.

Barbara Ehrenreich

ARBEIT POOR

Unterwegs in der Dienstleistungsgesellschaft

Aus dem Englischen von
Nils Kadritzke

Mit einem Nachwort von
Horst Afheldt

Rowohlt Taschenbuch Verlag

Die Originalausgabe erschien unter dem Titel
»Nickel and Dimed. On (Not) Getting By in America«
bei Metropolitan Books, New York

Veröffentlicht im Rowohlt Taschenbuch Verlag GmbH,
Reinbek bei Hamburg, Januar 2003

Umschlaggestaltung Michel Keller, München
Gesamtherstellung Clausen & Bosse, Leck
Printed in Germany
ISBN 3 499 61451 0

INHALT

EINLEITUNG
AUFBRUCH

Die Idee zu diesem Buch entstand unter relativ luxuriösen Bedingungen. Lewis Lapham, der Herausgeber von *Harper's Magazine*, hatte mich zu einem 30-Dollar-Essen in ein dezentes Restaurant mit französischer Landküche eingeladen. Wir wollten besprechen, welche Artikel ich künftig für seine Zeitschrift schreiben könnte. Ich bestellte, glaube ich, Lachs mit Feldsalat und versuchte ihm neue Ideen nahezubringen, die irgendwie mit Popkultur zu tun hatten, als wir auf eines meiner alten Themen zu sprechen kamen – Armut. Wie kann ein Mensch von den Löhnen leben, die heutzutage für ungelernte Arbeitskräfte gezahlt werden? Wie konnten insbesondere die etwa vier Millionen Frauen, die als Folge der Clintonschen Reform der Sozialfürsorge auf den Arbeitsmarkt drängen, mit einem Stundenlohn von sechs oder sieben Dollar über die Runden kommen? Dann sagte ich etwas, was ich seitdem schon des öfteren bereut habe: »Es müßte mal wieder jemand mit dieser altmodischen journalistischen Methode rangehen – einfach losziehen und es selber rausfinden.« Ich dachte dabei an Leute, die viel jünger sind als ich, sagen wir an eine ehrgeizige, ungebundene Nachwuchsjournalistin, die sich dafür sehr viel Zeit nimmt. Aber da hatte Lapham schon sein enthusiastisch glimmendes Lächeln aufgesetzt und sprach nur das eine Wort: »Du.« Damit war mein gewohntes Leben zu Ende, jedenfalls für längere Zeit.

Die Aufforderung, mein normales Leben aufzugeben und malochen zu gehen, war mir das letzte Mal in den siebziger Jahren widerfahren. Damals hatten radikale Achtundsechziger zu Dutzenden oder gar zu Hunderten begonnen, in die Fabriken zu gehen, um sich »dem Proletariat anzuschließen« und dabei auch gleich die Arbeiterklasse zu organisieren. Mich kriegten sie nicht. Damals bedauerte ich die Eltern dieser Möchtegern-Arbeiter, die ihnen das College bezahlt hatten, aber auch die Menschen, die moralisch aufgerüstet werden sollten. Meine eigene Familie hatte das Arme-Leute-Schicksal nie allzuweit hinter sich gelassen; die Erinnerung daran blieb mir jedenfalls so nahe, daß mir stets klar war, was ich an der so wundervoll autonomen Autorenexistenz habe, selbst wenn sie nicht immer toll bezahlt ist. Meine Schwester hat alle möglichen Niedriglohnjobs durchprobiert (bei einer Telefongesellschaft, in einer Fabrik und in einer Hotelrezeption) und sich dabei dem ständigen Gefühl ausgesetzt, das sie die »Hoffnungslosigkeit des Lohnsklavendaseins« nennt. Mein erster Ehemann, mit dem ich 17 Jahre zusammengelebt habe, verdiente zur Zeit unserer jungen Liebe als Lagerarbeiter 4.50 Dollar pro Stunde. Zu seiner unendlichen Erleichterung gelang es ihm später, diese Welt hinter sich zu lassen und Gewerkschaftssekretär bei den Teamsters, der Gewerkschaft der Fernfahrer, zu werden. Mein Vater war Bergmann in einem Kupferbergwerk gewesen, und auch meine Onkels und Großväter hatten in den Minen oder bei der Union Pacific gearbeitet. Die Möglichkeit, den ganzen Tag am Schreibtisch zu sitzen, empfinde ich daher nicht nur als ein Privileg, sondern auch als eine Art Verpflichtung gegenüber all den – lebenden und verstorbenen – Menschen, die mich begleitet haben. Und die über ihr Leben unendlich viel mehr zu erzählen hatten, als sie jemals loswerden konnten.

Von meiner eigenen Skepsis abgesehen, erhielt ich auch aus meiner Familie den wenig zweckdienlichen Hinweis, ich könne meinen Selbstversuch ja auch unternehmen, ohne mein Arbeitszimmer zu verlassen. Ich solle mir einfach den normalen Einstiegslohn für einen Acht-Stunden-Tag auszahlen und mir die Kosten für Zimmer und Essen und einige plausible Ausgabenposten wie Benzin in Rechnung stellen. Nach einem Monat müsse ich dann nur noch Bilanz ziehen. Bei den ortsüblichen Stundenlöhnen von sechs bis sieben Dollar und einer Miete von mindestens 400 Dollar pro Monat würde ich mit meinem Geld vielleicht gerade so hinkommen. Aber wenn es um die Frage ging, ob sich alleinerziehende Mütter nach dem Ausscheiden aus der Sozialfürsorge – also ohne Lebensmittelgutscheine, ohne kostenlose Krankenversorgung durch Medicaid und ohne staatliche Beihilfen für Miete und Kinderbetreuung – über Wasser halten können, dann stand die Antwort längst fest, bevor ich meine angenehme häusliche Existenz aufgab.

Nach Berechnungen der National Coalition for the Homeless brauchte man 1998 (in diesem Jahr begann ich mein Projekt) im nationalen Durchschnitt einen Stundenlohn von 8.89 Dollar, um sich eine Zwei-Zimmer-Wohnung leisten zu können. Und die Chance, zu diesem »living wage« – den Lebensunterhalt sichernden Lohn – einen Job zu finden, lag nach Schätzungen des Preamble Center for Public Policy bei 97 zu 1. Warum sollte ich mir die Mühe machen, diese unerfreulichen Fakten abermals zu verifizieren? Als der Zeitpunkt nahte, an dem ich von meiner Zusage an Lewis Lapham nicht mehr abrücken konnte, fühlte ich mich ein wenig wie jener ältere Mann, den ich einmal kannte, der seinen Kontostand immer mit dem Taschenrechner kontrollierte, um das Ergebnis dann noch mal von Hand nachzurechnen.

Am Ende konnte ich meine Zweifel nur dadurch überwinden, daß ich mich als Naturwissenschaftlerin imaginierte, was ich übrigens meiner Ausbildung nach auch bin. Ich habe einen Doktorgrad in Biologie, und den habe ich nicht erworben, indem ich nur am Schreibtisch saß und mit Zahlen jonglierte. Auf dem Feld der Naturwissenschaften kannst du dir alles mögliche ausdenken, aber irgendwann kommt die Stunde der Wahrheit, und du mußt dich auf das ewige Chaos der Natur einlassen, die auch noch bei den nüchternsten Messungen mit Überraschungen aufwarten kann. Vielleicht würde ich ja, wenn ich mich einmal auf die Welt der Niedriglohnarbeiter eingelassen hatte, ein paar bislang verborgene Einsparungssquellen entdecken. Wenn in den USA fast 30 Prozent der Beschäftigten für einen Stundenlohn von acht Dollar und weniger schuften, wie das Economic Policy Institute in Washington 1998 ermittelte, dann hatten diese Menschen womöglich ein paar Überlebenstricks entdeckt, die ich noch gar nicht kannte. Vielleicht würde ich sogar an mir selbst die aufmöbelnde psychologische Wirkung entdecken, die sich bei Frauen einstellen soll, sobald sie das Haus verlassen. Jedenfalls behaupten das die politischen Macher, die uns diese ganze »Reform« des Wohlfahrtssystems beschert haben. Doch es könnte auch ganz anders kommen. Vielleicht würden unerwartete Kosten – physischer, finanzieller oder emotionaler Art – meine ganzen Berechnungen über den Haufen werfen. Aber das konnte ich nur herausfinden, wenn ich vom Schreibtisch aufstand und mir die Hände schmutzig machte.

Ganz im Geist der Naturwissenschaften legte ich zuerst gewisse Regeln und Parameter fest. Regel eins lag auf der Hand: Bei meiner Jobsuche durfte ich auf keinerlei Fertigkeiten zurückgreifen, die mit meiner akademischen Ausbildung oder meiner normalen Arbeit zu tun hatten – davon abgesehen sind mir Stellenangebote für Verfasser politischer Essays nicht besonders häufig begegnet. Regel zwei: Ich mußte den bestbezahlten Job nehmen, der mir angeboten wurde, und alles daransetzen, ihn zu behalten; das heißt, ich durfte mir keine marxistischen Sprüche leisten oder mich auf die Toilette verdrücken und Romane lesen. Regel drei: Ich mußte eine möglichst billige Unterkunft finden, oder jedenfalls die billigste, die mir ein akzeptables Maß an persönlicher Sicherheit und Privatsphäre gewährte, obwohl meine Anforderungen in diesem Punkt verschwommen waren und ich mit der Zeit deutliche Abstriche vornehmen mußte.

An diese Regeln versuchte ich mich zu halten, und doch habe ich sie im Verlauf meines Experiments allesamt irgendwann einmal strapaziert oder gebrochen. In einem Einstellungsinterview bei einer Restaurantkette in Key West, wo ich im späten Frühjahr 1998 mit meinen Recherchen begann, protzte ich zum Beispiel mit dem Hinweis, ich könne europäische Touristen je nachdem mit »bonjour« oder »Guten Tag« begrüßen, aber das war das einzige Mal, daß ich mich auf irgendwelche Relikte meiner tatsächlichen Ausbildung berufen habe. In Minneapolis, wo ich im Frühsommer 2000 arbeitete, verstieß ich gegen eine andere Regel, als ich mich nicht für den bestbezahlten Job entschied (ob es dafür gute Gründe gab, sei dem Urteil des geneigten Lesers überlassen). Und ganz am Ende meines Experiments bin ich dann auch noch ausgerastet und habe unflätig geflucht – wenn auch nur allein für mich und stets außer Hörweite des Managements.

Des weiteren stellte sich die Frage, wie ich mich potentiellen Arbeitgebern vorstellen und – wichtiger noch – meinen eklatanten Mangel an einschlägiger Berufserfahrung erklären sollte. Am einfachsten erschien es mir, die Wahrheit zu sagen, oder sagen wir die Wahrheit in einer drastisch getrimmten Fassung: Ich stellte mich in den Interviews als Hausfrau dar, die sich nach vielen Ehejahren und einer Scheidung wieder auf dem Arbeitsmarkt versucht, was ja auch nicht völlig falsch war. Manchmal, aber keineswegs immer, erwähnte ich ein paar Putzjobs, wobei ich als Referenz frühere Mitbewohner und eine Freundin in Key West nannte, der ich ab und zu nach dem Abendessen beim Abräumen und Abwaschen geholfen hatte. Auf den Bewerbungsformularen gibt es allerdings auch die Rubrik Ausbildung; aber hier wäre es, glaube ich, überhaupt nicht hilfreich gewesen, wenn ich meinen Doktortitel eingetragen hätte. In dem Fall hätte der potentielle Arbeitgeber in mir wohl eher eine beruflich gescheiterte Alkoholikerin oder noch Schlimmeres vermutet. Also vermerkte ich lediglich drei Collegejahre an der Universität, die ich tatsächlich, wenn auch viel länger, besucht habe. Wie sich herausstellen sollte, wurden diese Angaben über meinen beruflichen Background niemals angezweifelt, und nur einer von mehreren Dutzend Arbeitgebern machte sich überhaupt die Mühe, meine Referenzen zu überprüfen. Als mich eine besonders redselige Interviewerin einmal nach meinen Hobbys fragte, sagte ich automatisch »Schreiben«. Aber das schien sie nicht weiter zu irritieren, obwohl es um einen Job ging, dem auch eine Analphabetin voll gewachsen gewesen wäre.

Um mich gegen die bevorstehenden Unbilden zu wappnen, genehmigte ich mir aber doch noch ein paar Privilegien. Erstens wollte ich immer ein Auto haben. In Key West fuhr ich mein eigenes, in den anderen Städten lieh ich mir eine Schrottkiste, die ich nicht mit meinem verdienten Geld, sondern per Kreditkarte bezahlte. Natürlich hätte ich mehr zu Fuß gehen oder nur solche Arbeitsplätze akzeptieren können, die mit öffentlichen Verkehrsmitteln erreichbar waren.

Aber dann machte ich mir klar, daß eine Geschichte über das endlose Warten an Bushaltestellen keine besonders interessante Lektüre ist. Zweitens wollte ich unter keinen Umständen Obdachlosigkeit riskieren. Meine Versuchsanordnung sah vor, daß ich an einem bestimmten Ort jeweils einen Monat lang arbeiten und dann am Ende sehen wollte, ob ich in dieser Zeit genug verdienen konnte, um die Miete für den zweiten Monat aufzubringen. Sollte mir das Geld ausgehen, weil ich eine viel teurere Wochenmiete zahlen mußte, würde ich das Experiment einfach für beendet erklären. Im Obdachlosenheim oder im Auto zu nächtigen kam jedenfalls nicht in Frage. Drittens wollte ich auf keinen Fall hungern. Sollte es so weit kommen, daß mir das Geld für die nächste Mahlzeit fehlte – so gelobte ich mir, als der Beginn des »Experiments« näher rückte –, würde ich zum nächsten Geldautomaten gehen und einfach schummeln.

Dieses Buch handelt also keinesfalls von einem todesmutigen Abenteuer in geheimer Kommandosache. Fast jeder Mensch könnte dasselbe machen: sich einen oder mehrere Jobs besorgen und dann arbeiten und versuchen, mit dem verdienten Geld auszukommen. Nichts anderes tun im übrigen Millionen von Amerikanern, und zwar täglich, wenn auch mit viel weniger Zittern und Zagen und mit erheblich weniger Trara.

Von den Menschen, die in den USA normalerweise die unattraktivsten Arbeitsplätze ausfüllen, unterscheidet mich natürlich eine Menge – was für mich teils hilfreich und teils hinderlich war. Der augenfälligste Unterschied bestand darin, daß ich nur als Besucherin in einer Welt auftauchte, in der andere Menschen sich auf Dauer einrichten müssen – häufig sogar für den größten Teil ihres Lebens. Angesichts der materiellen Errungenschaften, zu denen ich es in meinem realen Leben mit fünfzig Jahren gebracht habe – Bankkonto, private Altersvorsorge, Krankenversicherung, Mehrzimmerwohnung – und die mir als beruhigende Rückendeckung erhalten bleiben, konnte ich Armut unmöglich »erleben« oder herausfinden, wie man sich als Arbeitskraft im Niedriglohnsektor »wirklich fühlt«. Ich hatte mir ein viel einfacheres und objektiveres Ziel gesetzt: Ich wollte schlicht herausfinden, ob ich es schaffen würde, mein Einkommen und meine Ausgaben zur Deckung zu bringen, so wie es die wirklichen Armen tagtäglich versuchen. Im übrigen war ich im Lauf meines Lebens oft genug unfreiwillig mit Armut in Berührung gekommen, um zu wissen, daß es sich dabei nicht um eine Idylle handelt, die man als touristisches Ziel entdecken wollte – dafür riecht sie zu sehr nach Angst.

Es gibt zwei weitere Vorteile, die ich vielen Arbeitern im Niedriglohnsektor voraus habe: die weiße Hautfarbe und Englisch als Muttersprache. Beide dürften aber meine Chancen, einen Job zu bekommen, nicht merklich beeinflußt haben, denn angesichts des leergefegten Arbeitsmarkts im Zeitraum 1998 bis 2000 waren die Unternehmen bereit, praktisch jedermann und jedefrau einzustellen. Aber mit ziemlicher Sicherheit hatten beide Faktoren Einfluß auf die *Art* der mir angebotenen Arbeit. In Key West suchte ich ursprünglich einen vermeintlich leichteren Reinigungsjob in einem Hotelbetrieb, aber dann machte man mich mit sanftem Druck zur Serviererin, was ganz sicher mit meiner ethnischen Zugehörigkeit und meinen Englischkenntnissen zu tun hatte. Wie sich dann herausstellte, bringt Kellnern finanziell auch nicht viel mehr als Hotelzimmerputzen, zumindest nicht in der trinkgeldarmen Zeit, d.h. außerhalb der touristischen Hochsaison. Aber diese Erfahrung kam mir bei der Auswahl der anderen Orte zugute, an denen ich mein Experiment anschließend fortsetzen wollte. New York und Los Angeles zum Beispiel konnte ich gleich abschreiben, denn dort setzt sich die Arbeiterklasse vorwiegend aus Menschen dunkler Hautfarbe zusammen, weshalb man eine weiße Frau mit akzentfreiem Englisch, die einen Job zum Einstiegslohn sucht, wohl nur für verschroben oder für eine verkrachte Existenz halten würde.

Das Auto war ein weiteres Privileg, das ich vielen – aber keineswegs allen – meinen Kolleginnen und Kollegen voraus hatte. Und eigentlich hätte ich auch – zumindest wenn ich die Erfahrung einer Frau simulieren wollte, die zuvor von Sozialhilfe gelebt hat – mindestens zwei Kinder im Schlepptau haben müssen. Aber meine eigenen Kinder sind schon erwachsen, und keine meiner Bekannten war bereit, mir die ihren für einen vierwöchigen Ausflug in die Welt der Armut leihweise zu überlassen. Abgesehen davon, daß ich motorisiert und ohne Anhang war, ist meine gesundheitliche Verfassung wahrscheinlich auch weit besser als die der meisten Menschen, die auf Dauer im Niedriglohnsektor arbeiten. Ich hatte also alle Vorteile auf meiner Seite.

Wenn es noch andere, feinere Unterschiede gab, so hat mich jedenfalls niemand auf sie hingewiesen. Mit Sicherheit habe ich nicht versucht, eine bestimmte Rolle zu spielen oder mich nach irgendeinem ausgedachten Klischee von Niedriglohnarbeiterin zu benehmen. Wo immer erlaubt, trug ich meine normale Kleidung, meine gewohnte Frisur und mein übliches Make-up. Mit meinen Kolleginnen unterhielt ich mich über meine wirklichen Kinder, meinen Familienstand und meine sonstigen Beziehungen; es gab keinen Grund, mir ein ganz neues Leben auszudenken. Allerdings habe ich meinen Wortschatz in einer Hinsicht zensiert: Zumindest wenn ich neu in einem Job war und nicht als vorlaut oder aufmüpfig auffallen wollte, verbot ich mir die lästerlichen Flüche, die nun mal – vor allem aufgrund der Teamster-Einflüsse – zu meiner Umgangssprache gehören. Ansonsten scherzte und frotzelte ich herum wie immer, gab Meinungen und Vermutungen von mir, und gelegentlich auch eine Menge Gesundheitstips, ganz so, wie ich es überall sonst auch getan hätte.

Nach Beendigung dieses Projekts wurde ich mehrfach von Bekannten gefragt, ob die Menschen, mit denen ich es zu tun hatte, ob die denn – na ja – gar nichts »gemerkt« hätten. Womit sie unterstellten, daß eine gebildete Person unverkennbar anders (sprich: höherwertig) sei als die große Masse der Arbeitsbienen. Nun würde ich ja gern berichten, daß mir ein Vorgesetzter oder eine Kollegin auch nur einmal mitgeteilt hätten, ich sei in irgendeinem beneidenswerten Sinne ein besonderer Mensch, zum Beispiel intelligenter oder merklich besser ausgebildet als die meisten anderen. Aber das ist nie geschehen, denn das einzig »Besondere« an mir dürfte meine Unerfahrenheit gewesen sein. Man kann es auch umgekehrt sagen: Schlecht bezahlte

Arbeitskräfte sind, was ihre persönlichen Eigenschaften und Fähigkeiten betrifft, keineswegs eine homogenere Gruppe als Leute, die vom Schreiben leben, und man kann unter ihnen genauso viele bzw. wenige lustige oder intelligente Typen finden. Bildungsbürgern, die anderer Meinung sind, kann ich nur raten, ihren Freundeskreis auszuweiten.

Aber natürlich war da ständig der Unterschied präsent, der nur mir bewußt war: Ich arbeitete nicht für Geld, sondern um Material für einen Artikel und für ein späteres Buch zu sammeln. Wenn ich nach der Arbeit nach Hause ging, erwartete mich dort kein auch nur halbwegs normaler Feierabend, sondern ein Laptop, an dem ich ein oder zwei Stunden verbrachte, um die Ereignisse des Tages aufzuzeichnen (und zwar sehr sorgfältig, da ich tagsüber nur selten Notizen machen konnte). Daß ich diese wichtige Information verheimlicht habe, ist eine Art Betrug. Und dieser Betrug – dessen Symbol mein Laptop war, der die Verbindung zu meiner Vergangenheit und meiner Zukunft darstellte – hat mir zu schaffen gemacht, zumindest gegenüber den Menschen, an denen mir etwas lag und die ich näher kennenlernen wollte. (An dieser Stelle sollte ich erwähnen, daß ich die Namen und persönlichen Merkmale verändert habe, um die Privatsphäre der Menschen zu schützen, mit denen ich gearbeitet oder die ich im Laufe meiner Erkundungen an anderen Stellen getroffen habe. Geändert habe ich zumeist auch die Namen meiner Arbeitsstellen und deren exakte Lage, um die Anonymität der Menschen noch besser zu wahren.)

An jedem meiner drei Einsatzorte habe ich mich jedoch am Ende meines Arbeitsaufenthalts – und mit großem Bangen – gegenüber einigen wenigen Menschen »offenbart«. Die Reaktion war in allen Fällen absolut ernüchternd. Hier mein Lieblingszitat, der Ausspruch einer Kollegin: »Willst du etwa sagen, daß du nächste Woche nicht mehr zur Abendschicht erscheinst?« Ich habe viel darüber nachgedacht, warum die Reaktionen nicht erstaunter oder gar empörter ausfielen, und die Antwort dürfte zum Teil damit zu tun haben, was normale Menschen unter »schreiben« verstehen. Als ich vor Jahren meinen zweiten Ehemann heiratete, erzählte der voller Stolz seinem Onkel, der damals Parkwächter war, seine künftige Ehefrau sei »writer«. Aber der Onkel meinte nur: »Wer ist das nicht.« Tatsächlich schreiben ja alle Menschen, soweit sie keine Analphabeten sind; einige der Kolleginnen aus dem Niedriglohnsektor, denen ich im Verlauf meines Experimentes begegnet bin, schreiben Tagebücher oder Gedichte und eine sogar an einem längeren Science-fiction-Roman.

Wie mir erst ganz am Ende aufging, könnte diese Gleichgültigkeit allerdings auch damit zu tun haben, daß mein »Betrug« gar nicht so weit ging, wie ich es mir damals eingebildet habe. Zum Beispiel kann man Kellnern nicht einfach spielen. Das Essen muß nun einmal auf den Tisch. Von meiner Umgebung wurde ich nicht deshalb als Kellnerin, Putzfrau, Krankenpflegerin oder Verkäuferin wahrgenommen, weil ich ihnen diese Rollen vorgespielt hätte, sondern weil ich tatsächlich eine Kellnerin, Putzfrau usw. war, jedenfalls für die Zeit, die ich an dem jeweiligen Arbeitsplatz verbrachte. In jedem Job, an jedem Ort, an dem ich wohnte, hat die Arbeit meine ganze Energie und einen Großteil meiner geistigen Kräfte beansprucht. Und ich machte das ja auch nicht aus Jux. Ich hatte zwar von Beginn an vermutet, daß die Arithmetik von Löhnen und Mieten für mich nicht aufgehen würde, aber ich habe mich nichtsdestotrotz nach Kräften bemüht, es doch zu schaffen.

Ich behaupte nicht, daß meine Erfahrungen für andere Menschen von Belang sein müssen, denn meine Geschichte ist alles andere als typisch. Aber wenn ich bei meinem experimentellen Ausflug auf den Arbeitsmarkt ins Straucheln komme, sollte man stets im Kopf behalten, daß es sich in Wirklichkeit um ein best-case-Szenario handelt: um den Versuch einer Person, die aufgrund ihrer ethnischen Abstammung und Ausbildung, ihrer gesundheitlichen Verfassung und Motivation höchst privilegierte Voraussetzungen mitbringt, in einer Ära satten Wohlstands in den unteren Gefilden unserer Volkswirtschaft zu überleben.

1

SERVIEREN IN FLORIDA

Hauptsächlich aus Faulheit beschließe ich, mein Niedriglohnleben in der Stadt zu beginnen, die meinem tatsächlichen Wohnort am nächsten liegt. Key West, Florida, hat etwa 25.000 Einwohner und ist im Begriff, sich zu einer richtigen Stadt hochzuarbeiten. Wie ich bald herausfinde, hat die vertraute Umgebung eine Kehrseite, denn es ist gar nicht so leicht, sich am selben Ort aus einer Konsumentin, die beim Einkaufen, beim Tanken und beim Kinobesuch nicht aufs Geld achten muß, in eine Arbeiterin zu verwandeln. Vor allem am Anfang habe ich Angst, irgendwo von einem freundlichen Ladenbesitzer oder einer ehemaligen Nachbarin erkannt zu werden und mir eine Erklärung für mein Vorhaben abringen zu müssen. Doch zum Glück erweisen sich meine Befürchtungen als völlig unbegründet. Während der vier Wochen, die ich mich auf Armut und Plackerei einlasse, erkennt niemand mein Gesicht, und mein Name wird überhaupt nicht registriert und nur ganz selten ausgesprochen. In dieser Parallelwelt, in der mein Vater nie aus seinem Bergwerk herausgekommen ist und ich nie ein College zu Ende gebracht habe, nennt man mich »Baby«, »Honey«, »Blondie«, oder zumeist einfach »girl«.

Meine erste Aufgabe ist es, eine Unterkunft zu finden. Ich kalkuliere, daß ich mir bei einem Stundenlohn von sieben Dollar (der nach den Stellenangeboten realistisch erscheint) 500 Dollar Monatsmiete leisten kann, bei eisernem Sparen vielleicht auch 600 Dollar, und dann immer noch 400 oder 500 Dollar für Essen und Benzin übrig habe. Damit bin ich in Key West und Umgebung weitgehend auf miese Pensionen und Mietwohnwagen verwiesen. Etwa auf den Trailer, der bequeme 15 Autominuten von der Stadt entfernt steht, aber keine Klimaanlage, keine Sonnenjalousien, keine Ventilatoren und keinen

Fernseher hat, dafür aber einen anderen Zeitvertreib bietet, nämlich die Aufgabe, dem Dobermann des Vermieters zu entkommen. Das große Problem dieser Unterkunft ist allerdings die Miete, die mit 675 Dollar pro Monat meine Möglichkeiten weit übersteigt. Ich wußte es ja, Key West ist teuer. Aber das gilt auch für New York City oder für San Francisco und die Bay Area, für Jackson, Wyoming, oder für Telluride, Colorado, oder für Boston, eben für alle Gegenden, wo die Touristen und die Reichen mit den Leuten, die ihre Toiletten putzen und ihre Bratkartoffeln zubereiten, um knappen Wohnraum konkurrieren. Und doch ist es wie ein Schock, als mir klar wird, daß »trailer trash« (Wohnwagenpack) nunmehr eine demographische Kategorie ist, in die ich mich erst hocharbeiten muß.

So entschließe ich mich denn zu dem üblichen Kompromiß zwischen erschwinglich und bequem und miete eine Billigbehausung für 500 Dollar pro Monat, die fast 50 Kilometer von Key West und seinen Jobmöglichkeiten entfernt liegt. Das bedeutet 45 Minuten Fahrzeit auf einer zweispurigen Autobahn, wenn es keine Baustellen gibt und ich nicht hinter irgendwelchen sonnengeschädigten kanadischen Touristen festhänge. Ich hasse die Fahrerei auf dieser Autobahn, wo die vielen Kreuze am Straßenrand an die folgenreichsten Frontalzusammenstöße erinnern; aber mein kleines Zuhause ist richtig nett. Im Grunde ist es nur eine Art Hütte, die im sumpfigen Hinterhof eines zum Haus ausgebauten Wohnwagens steht, den mein Vermieter, ein freundlicher Fernseh-Elektriker, mit seiner Freundin bewohnt, die in einer Bar arbeitet. Aus ethnologischer Sicht wäre zwar ein Trailerpark die bessere Wahl, aber hier habe ich einen strahlend weißen Fußboden und eine stramme Matratze. Und die wenigen Wanzen sind rasch in die Flucht geschlagen.

Als nächstes muß ich die Stellenangebote sichten. Aus diversen Gründen schließe ich einige Berufe aus: Hotelrezeptionistin zum Beispiel scheidet aus, weil ich acht Stunden täglich auf demselben Fleck stehen müßte (zu meiner Überraschung gilt diese Arbeit als unqualifiziert und bringt ohnehin nur sechs oder sieben Dollar pro Stunde). Auch Kellnern würde ich lieber vermeiden, denn ich kann mich noch zu gut erinnern, wie mir das im Alter von 18 Jahren auf die Knochen gegangen ist, und seitdem habe ich mich einige Jahrzehnte lang mit Rückenschmerzen und Krampfadern herumgeplagt. Telefonmarketing, der erste Job, in den sich viele verarmte Existenzen flüchten, scheidet bei meinem Naturell von vornherein aus. Bleiben also nur gewisse Supermarktjobs wie Sandwich-Verkäuferin oder Putzen im Hotel- und Gaststättengewerbe, womit man auf sieben Dollar pro Stunde kommen kann. Außerdem stelle ich mir vor, daß ich als Putzkraft weitgehend die gleiche Arbeit habe, die ich schon mein Leben lang als Teilzeitkraft in meinem eigenen Haushalt verrichte.

Also wähle ich eine Garderobe, in der ich mich ausreichend gediegen angezogen fühle – gebügelte Bermuda-Shorts und T-Shirt mit Rundausschnitt –, und mache mich auf, um die Hotels und Supermärkte von Key West abzuklappern. Bei Best Western, Econo Lodge und HoJo's muß ich Bewerbungsformulare ausfüllen. Zu meiner Erleichterung sind diese Hotelketten vornehmlich an der Frage interessiert, ob ich mich legal in den Vereinigten Staaten aufhalte und ob ich irgendwelche Kapitalverbrechen begangen habe. Meine nächste Station ist die Supermarktkette Winn-Dixie, die ein besonders mühseliges Bewerbungsverfahren praktiziert: Das 20-minütige »Interview« wird von einem Computer vorgenommen, da man in der Firma offenbar kein menschliches Wesen für fähig hält, den Unternehmerstandpunkt zu vertreten. Man führt mich in einen großen Raum mit einer Reihe von Postern, die zum einen »professionelles« Aussehen illustrieren sollen (offensichtlich ist es hilfreich, weiße Haut und – als Frau – Dauerwellen zu haben), zum anderen vor den raffinierten Versprechungen warnen, mit denen mich Gewerkschaftsfunktionäre zu ködern versuchen könnten. Das Interview läuft nach dem multiple-choice-Verfahren, die anzukreuzenden Antworten lauten zum Beispiel: Gibt es etwas, was es mir erschweren könnte, pünktlich zur Arbeit zu erscheinen, etwa zu versorgende Kinder? Glaube ich, daß für die Sicherheit am Arbeitsplatz das Management verantwortlich ist? Und dann überfallartig die tückische Frage, wie viele Dollars ich innerhalb des letzten Jahres für Hehlerware ausgegeben habe. Ob ich andere Angestellte anzeigen würde, wenn ich sie beim Stehlen erwische? Und als allerletztes: »Sind Sie eine ehrliche Person?«

Offensichtlich habe ich das Interview glanzvoll absolviert, denn man teilt mir mit, ich müsse nur noch am nächsten Tag zum Betriebsarzt gehen und einen Urintest machen. Das scheint die allgemeine Regel zu sein: Wenn du in diesem chemikal-faschistischen Amerika im Supermarkt Kartons stapeln oder im Hotel die Zimmer saugen willst, muß du bereit sein, dich hinzuhocken und vor irgendeiner Arzthelferin in ein Glas zu pinkeln (wobei die Helferin bei ihrer Einstellung garantiert dasselbe tun mußte).[1] Ich befinde, daß die von Winn-Dixie gebotene Bezahlung – als Anfangslohn sechs Dollar und ein paar Zerquetschte – diese Demütigung nicht aufwiegt.

Bei Wendy's, wo man im mexikanischen Sektor der Super-Bar für 4.99 Dollar unbegrenzt nachfassen kann, tröste ich mich mit einer satten Portion gebackener Bohnen mit Käsesoße. Eine halbwüchsige Angestellte sieht, wie ich die Stellenangebote durchsehe, und bringt mir ein Bewerbungsformular, das ich ausfülle, obwohl auch hier der Stundenlohn nur knapp über sechs Dollar liegt. Dann mache ich noch eine Runde durch die kleineren einheimischen Gaststätten und Pensionen in der »Altstadt« von Key West, wo die meisten Sightseeing-Gruppen abgefüllt werden. Diese Altstadt liegt drei Kilometer von dem Teil der Insel entfernt, wo sich die billigen Hotels angesiedelt haben. In einer Pension, die ich mal »The Palms« nennen will, zeigt mir ein alerter Manager sogar die Zimmer und macht mich mit den vorhandenen Reinigungskräften bekannt. Mit innerer Befriedigung stelle ich fest, daß die meisten mir ziemlich ähnlich sehen: leicht verwelkte Ex-Hippie-Frauen in Shorts mit langen, nach hinten geflochtenen Haaren. Doch meisten sagen die Manager gar nichts und sehen mich nicht einmal an, es sei denn, um mir stillschweigend ein Bewerbungsformular auszuhändigen. Meine letzte Station ist ein luxuriöses B&B-Hotel, wo ich zwanzig Minuten auf einen gewissen »Max« warte, von dem ich dann nur erfahre, daß es zur Zeit keine Jobs gibt, aber es müßte bald wieder welche geben, weil »niemand länger als zwei Wochen bleibt«.

Als drei Tage vorbei sind, hat zu meinem Leidwesen noch keine der 20 Firmen, bei denen ich meine Bewerbung hinterlassen habe, mich zu einem Einstellungsgespräch eingeladen. Eitel, wie ich bin, war mir der Gedanke gekommen, ich könnte für die gewünschten Jobs vielleicht als zu gebildet erscheinen. Aber offenbar war niemand willens, den Grad meiner Überqualifikation auch nur zu ermitteln. Erst später wird mir klar, daß die Stellenangebote keineswegs ein verläßlicher Maßstab für die Zahl der gerade offenen Stellen sind. Sie dienen vielmehr, wie ich auch aus der Bemerkung von Max hätte schließen können, als Vorsorgemaßnahme der Unternehmen, die sie gegen die für den Niedriglohnsektor so typische Personalfluktuation absichern soll. Die meisten großen Hotels haben fast ständig Anzeigen geschaltet, die einzig und allein dem Zweck dienen, sich einen Bewerbervorrat zuzulegen, damit sie jederzeit Ersatz haben, wenn ihre alten Leute wegbleiben oder gefeuert werden.

Um einen Job zu finden, muß man also nur zum richtigen Zeitpunkt am richtigen Ort sein – und flexibel genug, um einen der gerade angebotenen Jobs auch antreten zu können. In meinem Fall klappt es schließlich bei einer der großen Billighotelketten, bei der ich mich wie immer als Reinigungskraft bewerbe. Statt dessen werde ich probehalber als Kellnerin in dem angeschlossenen »Familienrestaurant« eingestellt. Der trostlose Laden – mit Ausblick auf ein Parkhaus – präsentiert seinen Gästen an diesem 35-Grad-Tag als heißen Tip »Pollish (sic!) sausage and BBQ sauce«.

Phillip, der smarte junge Westindier, der sich als Manager vorstellt, interviewt mich etwa so begeistert wie ein Medicare-Angestellter, der mich für die staatliche Krankenkasse durchchecken muß, wobei ihn am meisten interessiert, welche Schichten ich übernehmen und wann ich anfangen kann. Ich murmele noch vor mich hin, wie schrecklich lange ich schon nicht mehr gekellnert habe, da erklärt er mir bereits die Arbeitskleidung: Ich habe morgen mit schwarzen langen Hosen und schwarzen Schuhen anzutreten; er wird das rostfarbene Polohemd mit dem aufgestickten Logo »Hearthside« stellen, aber zur Arbeit käme ich ja vielleicht doch lieber im eigenen Hemd, haha. Bei dem Wort »morgen« steigt ein Gefühl zwischen Angst und Empörung in mir hoch. Ich will noch sagen: »Danke Sir, daß Sie sich die Zeit genommen haben, aber dies ist bloß ein Experiment und nicht mein wirkliches Leben.« Doch da hat meine Karriere als Serviererin schon begonnen.

Im Hearthside arbeite ich zwei Wochen lang von zwei Uhr nachmittags bis zehn Uhr abends für 2.43 Dollar pro Stunde, plus Trinkgelder.[2] Die Angestellten dürfen die Eingangstür des Restaurants nicht benutzen, also trete ich am ersten Tag durch die Küche ein, wo ein rotgesichtiger Mann mit schulterlangem blonden Haar gefrorene Steaks gegen die Wand pfeffert und »Fuck this shit!« brüllt.

»Das ist bloß Billy«, kommentiert Gail, die drahtige Kellnerin mittleren Alters, die mich anlernen soll. »Er ist wieder mal ausgerastet« – dieses Mal offenbar, weil der Koch von der Morgenschicht vergessen hatte, die Steaks aufzutauen. In den nächsten acht Stunden renne ich hinter der agilen Gail her und absorbiere ihre bruchstückhaften Instruktionen, die sie mit Fragmenten ihrer persönlichen Tragödie anreichert. Alles Essen muß auf dem Tablett serviert werden; und daß sie heute so müde ist, liegt daran, daß sie in der Nacht schweißgebadet aufgewacht ist, weil sie an ihren Freund denken mußte, der vor ein paar Monaten in einem Gefängnis bei einer Schlägerei getötet wurde. Limonade wird nicht nachgefüllt. Und daß er im Gefängnis war, lag daran, daß ihn die Polizei mit Alkohol am Steuer erwischt hat – kann ja jedem mal passieren. Bring die Kaffeesahne immer auf einem Tellerchen zum Tisch, niemals in der Hand. Und nachdem er weg war, wohnte sie mehrere Monate in ihrem Lastwagen, wo sie in eine Plastikflasche pinkeln und nachts bei Kerzenlicht lesen mußte, aber man kann nicht den Sommer über in einem Lastwagen wohnen, denn man muß die Fenster herunterkurbeln, was bedeutet, daß alles mögliche reinkommen kann, angefangen mit Moskitos.

Wenigstens nimmt mir Gail meine Ängste, daß man mich für überqualifiziert halten könnte. Ich merke vom ersten Tag an, daß ich von allem, was ich zurückgelassen habe – meine Wohnung zum Beispiel und meine Identität –, am stärksten das Gefühl von Kompetenz vermisse. Auch beim Schreiben, wo der Erfolg von heute schon morgen vielleicht nicht mehr zählt, fühle ich mich nie hundertprozentig kompetent, aber in meinem Autorenleben habe ich wenigstens einen Begriff davon, wie man die Sache professionell anpackt: zuerst die Recherche, dann die Gliederung, dann eine Rohfassung usw. Aber beim Kellnern kommen die Anforderungen auf dich zu wie ein Bienenschwarm: Hier noch mehr Eistee, dort fehlt das Ketchup, eine Einpackbox für Tisch 14, und wo sind eigentlich die hohen Kinderstühle? Von den 27 Tischen muß ich normalerweise sechs bedienen, aber an weniger belebten Nachmittagen oder wenn Gail frei hat kann es vorkommen, daß ich für den ganzen Laden zuständig bin. Da muß ich mit dem Bestellsystem zurechtkommen, das per Touch-screen-Computer funktioniert, was eigentlich die Kontakte zwischen Serviererin und Küche auf ein Minimum reduzieren soll, in der Praxis aber eine ständige verbale Feinabstimmung erfordert: »Bei dem hier die Bratensoße nur aufs Kartoffelpüree, o.k.? Nicht aufs Fleisch«, undsoweiter. Hinzu kommt etwas, was mir entfallen war, seit ich mit 18 zum ersten Mal gekellnert habe: Zu einem Drittel besteht der Job aus »Nebenarbeiten«, die für die Gäste unsichtbar bleiben – Wischen, Scheuern, Käse reiben, Zucker nachfüllen, Vorräte nachbestellen usw. Wenn du das alles nicht bis ins kleinste Detail erledigt hast, bist du dem Ansturm der Gäste, der ab sechs Uhr abends einsetzt, nicht gewachsen und wirst wahrscheinlich heroisch scheitern. Am Anfang habe ich dutzendfach Mist gebaut, wobei mir Gail mit ihrem guten Zuspruch (»Macht nichts, Baby, das passiert jedem einmal!«) das Gefühl der Schmach nur noch verstärkte. Denn zu meiner völligen Überraschung – und trotz der naturwissenschaftlichen Distanz, an der ich soweit wie möglich festhalten will – muß ich feststellen: Ich nehme den Job ernst.

Das macht die Sache nicht leichter. Doch ich wurde nun mal nach dem absurden Rezept des Booker T. Washington erzogen, das da lautet: »Wenn du etwas machst, so mach es gut. Und gut ist bei weitem nicht gut genug. Mach es besser als alle anderen vor dir.« So oder ähnlich hat es mein Vater gesagt, und der wußte, wovon er spricht, denn er hatte es geschafft, sich selbst – und damit auch uns – aus den Tiefen der Kupferminen von Butte in die baumbeschatteten Vororte des Nordostens hochzuarbeiten, was zugleich den sozialen Aufstieg von Boilermaker (Bier mit Whisky) zu Dry Martini bedeutete, bis der berufliche Ehrgeiz am Ende dem Suff unterlag.

Der Vorsatz, »es besser als alle anderen« zu machen, hat sich auch bei den meisten Vorhaben in meinem normalen Leben nicht als vernünftig erwiesen. Und doch denke ich, wenn ich um vier Uhr morgens schweißgebadet aufwache, nicht etwa an die Zeitungsbeiträge, die ich nicht rechtzeitig geliefert habe, nein, ich denke an jenen Tisch, bei dem ich die Bestellung vermasselt habe, weshalb ein Kind seine Kinderportion erst bekam, als der Rest der Familie schon den Zitronenkuchen vor sich hatte. Damit sind wir beim zweiten wichtigen Motivationsfaktor. Das sind die Kunden, für die mir unwillkürlich immer das Wort »Patienten« einfällt, und zwar aufgrund ihrer geheimnisvollen Hilflosigkeit, die zu bewirken scheint, daß sie sich vorübergehend nicht mehr selbst ernähren können. Nachdem ich ein paar Tage im Hearthside gekellnert habe, spüre ich, wie die Bedienungsethik in mich einschießt wie das Hormon Oxytocin, das die Nahrungsaufnahme steuert. Meine Kunden sind mehrheitlich hart arbeitende Leute aus der Gegend: Lastwagenfahrer, Bauarbeiter und sogar Putzfrauen aus dem angegliederten Hotel. All diesen Leuten will ich etwas bieten, was einem »Schick-Essen-gehen« so nahe kommt, wie das schmuddlige Ambiente meines Arbeitsplatzes es irgend zuläßt. Bei mir heißt es nicht: »Ihr Jungs da drüben«, wer älter als zwölf ist, wird mit »Sir« oder »Ma'am« angesprochen. Ich schenke ihnen laufend Eistee und Kaffee nach, ich erkundige mich während des Essens, ob alles in Ordnung ist, ich dekoriere ihren Salat mit gehackten rohen Pilzen und Kürbisscheibchen oder anderen Kleinigkeiten, die sich im Kühlraum auftreiben lassen und noch nicht verschimmelt sind.

Da ist etwa Benny, ein untersetzter, muskelbepackter Kanalisationsarbeiter, dem nach Essen erst zumute ist, wenn er sich eine halbe Stunde lang gekühlte Luft und Eiswasser zugeführt hat. Wir plaudern über Elektrolyten und körperliche Überhitzung, bis er bereit ist, eine ausgewogene Speisefolge zu bestellten, also etwa die Tagessuppe, frischen Salat und als Beilage Maisgrütze. Da sind die deutschen Touristen, die sich von meinem mühsamen »Willkommen« oder »Ist alles gut?« so gerührt zeigen, daß sie tatsächlich ein Trinkgeld herausrücken. (Die Europäer sind offenbar von ihrem gewerkschaftsverpesteten und von hohen Löhnen geplagten Wohlfahrtsstaat verdorben und wissen deshalb zumeist nicht, daß von den Gästen ein Trinkgeld erwartet wird. Einige Restaraunts, so auch das Hearthside, erlauben ihrem Personal deshalb, bei ausländischen Gästen ein Trinkgeld auf die Rechnung zu setzen. Da dieser Aufschlag erfolgt, bevor die Gäste über ein Trinkgeld entschieden haben, ist er im Grunde eine automatische Strafgebühr für unvollkommenes Englisch.)

Da sind auch die beiden Lesben, die gerade mit ihrer Putzschicht fertig sind, weshalb sie noch Dreckspuren im Gesicht haben. Sie sind so angetan von der eleganten Bewegung, mit der ich die Fliege aus ihrer Piña colada fische, daß sie Zeit finden, beim stellvertretenden Geschäftsführer Stu ein Lob für mich einzulegen. Und da ist Sam, der freundliche pensionierte Polizist mit dem Loch im Hals, das von einem Luftröhrenschnitt stammt und das er mit einem Finger zuhalten muß, damit der Zigarettenrauch den Weg in seine Lungen findet.

Manchmal spiele ich mit der Phantasie, daß ich eine Prinzessin bin, die als Buße für irgendein winziges Vergehen gelobt hat, ihre sämtlichen Untertanen eigenhändig durchzufüttern. Aber die anderen Kellnerinnen, die sich nicht als Prinzessinnen fühlen, sind genauso großzügig, selbst wenn sie dafür die Anweisungen der Geschäftsführung mißachten müssen, zum Beispiel bezüglich der Anzahl der Croutons, die auf dem Salat sein dürfen (exakt sechs). »Mach so viel drauf, wie du willst«, flüstert Gail, »solange Stu nicht hinsieht.« Von ihrem eigenen Trinkgeld kauft sie Kekse und Fleischsoße für einen arbeitslosen Mechaniker, der sein ganzes Geld zum Zahnarzt getragen hat, was mich darauf bringt, die Rechnung für seinen Kuchen und seine Milch zu begleichen. Vielleicht ist diese Art großherziger agape im »Gastgewerbe« allgemein verbreitet. In einer der Wohnungen, die ich besichtigt habe, hing ein Poster mit einem Satz, der ungefähr so ging: »Wenn du das Glück für dich selbst suchst, wirst du es nie finden. Nur wenn du das Glück für andere suchst, wird es auch zu dir kommen.« Ich war überrascht, denn eine solche Gesinnung hätte ich jedenfalls nicht in der muffigen Kellerwohnung eines Hotelpagen bei Best Western vermutet. Im Hearthside nutzen wir noch unsere kleinsten Entscheidungsbefugnisse, um den Gästen jene unerlaubten Kalorien zukommen zu lassen, die ihnen unsere Zuneigung signalisieren. Als Serviererinnen haben wir das Dressing auf den Salat und die Schlagsahne auf das Dessert zu plazieren. Und wir teilen unseren Kunden auch die Butterkrönchen zu und die saure Sahne auf den Ofenkartoffeln. Wer sich über den durchschnittlichen Leibesumfang der Amerikaner wundert, muß diese zusätzlichen Fettrationen in Rechnung stellen, mit denen die Kellnerinnen ihre mitmenschlichen Gefühle ausdrücken und zugleich ihre Trinkgelder aufbessern.

Nach zehn Tagen habe ich allmählich das Gefühl, daß sich mit diesem Job durchaus leben läßt. Ich mag Gail, die auf die Fünfzig zugeht, aber sich so fix bewegt, daß man sie mal hier und gleich darauf ganz woanders erblickt, ohne daß man sie zwischen beiden Punkten wahrgenommen hätte. Mit Lionel, dem aus Haiti stammenden Pikkolo, kann ich wunderbar herumalbern, obwohl wir kaum einen gemeinsamen Sprachschatz haben. Ich halte mich auch gern in der Nähe der Hauptspüle auf, um den älteren Tellerwäscherinnen aus Haiti und ihrem melodisches Kreolisch zu lauschen, das sich bei ihren tiefen, vollen Stimmen wie Französisch mit einer Dosis Testosteron anhört. Auch mit Timmy, dem weißen Teenager, der in der Nachtschicht als Pikkolo arbeitet, bin ich dick befreundet, seitdem ich ihm gesagt habe, daß ich Leute nicht mag, die ihren Babysitz einfach auf dem Tisch abstellen, weil das Baby dann fast wie eine Essensbeilage aussieht. Timmy kichert entzückt und erzählt mir dafür an einem ruhigen Abend die Handlung von allen Weiße-Hai-Filmen (die in den Kinos der haiverseuchten Gegend von Key West als Dauerbrenner laufen):

»Sie sieht sich um, und der Wasserskifahrer ist nicht mehr da, und dann – SCHNAPP! – ist das ganze Boot weg…«

Joan habe ich besonders ins Herz geschlossen. Die grazile Hosteß von vielleicht 40 Jahren entpuppt sich als militante Feministin und setzt mir eines Tages unter vier Augen auseinander: »Die Männer haben überall das Sagen. Wir haben keine Chance, wenn wir nicht zusammenhalten.« Daran hält sie sich und richtet mich wieder auf, wenn mir die Bestellungen über den Kopf wachsen, und ich trete ihr dafür einen Teil meiner Trinkgelder ab und stehe Schmiere, wenn sie sich eine unerlaubte Zigarettenpause genehmigt. Alle Frauen bewundern sie, weil sie sich mit Billy angelegt hat, als sie ihm nach einer seiner üblichen ordinären Sprüche über uns Serviererinnen ins Gesicht sagte, er solle endlich mit seinem »fuck up« aufhören. Aber selbst mit diesem Billy werde ich ein bißchen warm, wenn er mir an einem ruhigeren Abend – vielleicht um eine besonders ungerechte Bemerkung über meine Fähigkeiten wiedergutzumachen – von seinen glorreichen Tagen in Brooklyn erzählt, wo er als junger Mann mit einem hinreißenden puertoricanischen Mädchen ausging, von der er natürlich nur als »Küken« (chick) spricht.

Abends ist meine Schicht um zehn oder halb elf zu Ende, je nachdem, wie viele Nebenarbeiten ich neben dem Kellnern geschafft habe. Dann gondle ich nach Hause und höre im Auto die Kassetten, die ich mir beim Aufbruch aus meiner richtigen Wohnung auf gut Glück gegriffen habe: Marianne Faithful, Tracy Chapman, Enigma, King Sunny Ade, die Violent Femmes. Ich bin so abgeschlafft, daß mein Schädel im Rhythmus der Musik vibriert, aber doch nicht total erledigt. Als mitternächtlichen Imbiß gibt es Knäckebrot mit Käse, dazu billigen Weißwein mit Eiswürfeln und einen alten Film, der gerade im AMC-Kanal (American Movie Classics) läuft. Ins Bett komme ich zwischen halb zwei und zwei, um neun oder zehn Uhr morgens bin ich wieder auf und lese eine Stunde, während meine Dienstkleidung in der Waschmaschine meiner Vermieterin kreist. Und dann heißt es wieder acht Stunden ranklotzen, getreu der zentralen Weisung aus der Mao-Bibel, die da lautet: »Dem Volke dienen.«

Ich könnte jetzt meine idyllischen Träume über proletarische Solidarität weiterspinnen, aber dem stehen zwei Faktoren entgegen. Der eine ist das Management. Ich habe dieses Thema bisher nur am Rande erwähnt, weil ich noch heute bei dem Gedanken zusammenzucke, daß ich während all dieser Wochen der Aufsicht von Männern (und später von Frauen) unterworfen war, deren Job darin besteht, mein Verhalten auf Anzeichen von Faulheit, Diebstahl, Drogenmißbrauch oder noch Schlimmerem zu beobachten. Ich will damit nicht sagen, daß der Manager und speziell der »assistant manager« in einem Niedriglohnbetrieb in Florida der Inbegriff des Klassenfeinds wäre. Im Gaststättengewerbe sitzen auf diesen Posten zumeist ehemalige Köche, die zur Not auch noch in der Küche aushelfen können (in den Hotels sind es vorzugsweise ehemalige Büroangestellte), und ihr Einkommen beträgt etwa 400 Dollar pro Woche. Aber jeder dieser Manager weiß im Grunde, daß er ein Überläufer ist, daß er jetzt, hart formuliert, auf der Seite der Unternehmer statt auf der Seite der Menschen steht. Ein Koch will schmackhafte Speisen zubereiten und eine Kellnerin will sie möglicht freundlich servieren. Ein Manager hingegen hat nur einen Daseinszweck: Er muß dafür sorgen, daß sein Unternehmen Geld macht. Und dieses Unternehmen existiert als irgendeine theoretische Größe im fernen Chicago oder in New York, wenn man einem Unternehmen überhaupt eine physische Existenz zuschreiben kann. Gail erzählt mir resigniert, daß sie sich aufgrund ihrer beruflichen Erfahrung schon vor Jahren geschworen hat, nicht mehr auf Unternehmerseite zu arbeiten. »Die pressen dich einfach aus. Du gibst und gibst, und die nehmen nur.«

Ein Manager kann, wenn er will, stundenlang herumsitzen, aber zugleich muß er dafür sorgen, daß niemand anders dasselbe tut, auch wenn es gar keine Arbeit gibt. Für das Personal kann daher ein Lokal in den Flautestunden genauso anstrengend sein wie in den Stoßzeiten. Deshalb ziehst du als Serviererin noch die kleinste Arbeit in die Länge, denn wenn dich der diensthabende Geschäftsführer in einem unbeschäftigten Moment erwischt, verordnet er dir sofort eine weit unangenehmere Arbeit. Folglich bin ich ständig am Wischen und Putzen, rücke die Ketchup-Flaschen zurecht oder kontrolliere zum hundertsten Mal, wie lange der Käsekuchen noch reicht, gehe sogar die Tische ab, um zu checken, ob die Gästefragebogen keck genug plaziert sind. Und dabei frage ich mich ständig, wie viele Kalorien ich bei diesen Trockenübungen verbrenne. Wenn mir gar nichts mehr einfällt, hole ich sogar die Ansichts-Desserts aus ihrer Glasvitrine und frische sie mit Schlagsahne und leuchtenden neuen Maraschino-Kirschen auf. Hauptsache, es sieht nach Arbeit aus. Als der Manager mich an einem besonders ruhigen Nachmittag beim Blick in eine liegengebliebene *USA-Today* ertappt, läßt er mich den ganzen Teppichboden absaugen, und dies mit einem defekten Staubsauger mit zu kurzem Rohr, so daß ich auf den Knien von Fleck zu Fleck rutschen muß, was die einzige Methode ist, bei der man keinen orthopädischen Dauerschaden riskiert.

Am Freitag meiner ersten Arbeitswoche im Hearthside ist eine »Pflichtversammlung für das gesamte Restaurantpersonal« anberaumt. Ich gehe in der Erwartung hin, daß ich etwas über unsere Gesamtstrategie erfahren werde oder über die genaue Marktnische, auf die wir zielen (vielleicht »deftige Ohio-Küche mit einem tropischen Kick«?). Aber das Wort »wir« fällt in der Versammlung nicht. Statt dessen eröffnet Phillip, unser oberster Manager (abgesehen von einem »Berater«, den die Firmenzentrale ab und zu vorbeischickt), die Versammlung mit einem Anpfiff: »Der Pausenraum – einfach ekelhaft: die Aschenbecher quellen von Kippen über, Zeitungen liegen herum, überall sind Krümel.« Der sogenannte Pausenraum ist ein fensterloses Zimmer, in dem auch die Stechuhr für das ganze Hotel untergebracht ist. Hier können wir unsere Taschen und zivilen Kleider einschließen und unsere halbstündigen Essenspausen verbringen. Aber, teilt uns Phillip mit, auf einen Pausenraum gibt es keinen Rechtsanspruch, man kann ihn auch wieder abschaffen. Zudem sollten wir wissen, daß die verschließbaren Schränke – und ihr ganzer Inhalt – jederzeit durchsucht werden können. Und dann kommt er auf das Thema Klatsch. Es wird geklatscht (wobei der Begriff offenbar alles umfaßt, was die Angestellten untereinander reden). Dieser Klatsch muß aufhören.

Fortan dürfen dienstfreie Angestellte nicht mehr im Restaurant essen, weil »andere Serviererinnen bei ihnen herumstehen und klatschen«. Als Phillip mit seiner Liste von Vorwürfen durch ist, beschwert sich Joan über den Zustand des Damentoilette, und ich werfe meine zwei Sätze über den Staubsauger in die Runde. Aber von meinen Kolleginnen kommt keinerlei Unterstützung, jede hat sich in ihre eigenen individuellen Ängste eingesponnen. Mein Rollenvorbild Gail starrt mit sorgenvoller Miene immer auf denselben Punkt. Die Versammlung endet abrupt, als Andy, einer der Köche, aufsteht und losmault, wegen dieser Allmachtsscheiße müsse man nun an seinem freien Tag antanzen.

Vier Tage später müssen wir plötzlich nachmittags um halb vier in der Küche antreten, obwohl im Lokal ein paar Tische besetzt sind. Zu zehnt stehen wir um Phillip herum, der uns mit grimmiger Miene verkündet, es gebe Berichte über gewisse »Drogenaktivitäten« in der Spätschicht. Deshalb haben wir ab jetzt ein »drogenfreier« Betrieb zu sein, was bedeutet, daß künftig alle neu Eingestellten einem Test unterzogen werden und stichprobenartig womöglich auch das übrige Personal. Ich bin froh, daß es in dieser Ecke der Küche so dunkel ist, denn ich spüre, wie ich rot angelaufen bin, so als sei ich selber auf dem Damenklo beim Marihuana-Rauchen erwischt worden. Eine solche Behandlung ist mir seit meiner Schulzeit nicht mehr widerfahren: Man läßt uns auf dem Korridor antreten, man droht mit der Durchsuchung unserer Garderobenschränke, man bombardiert uns mit irgendwelchen vagen Anschuldigungen. Als wir in den Gastraum zurückgehen, lästert Joan: »Das nächste Mal werden sie uns sagen, daß Sex bei der Arbeit verboten ist.« Als ich Stu frage, was denn diese Strafpredigt ausgelöst haben könnte, murmelt er so was wie »Anordnungen von oben« und hält mir und Gail bei der Gelegenheit gleich vor, daß wir zu freigiebig mit den Brötchen seien. Von jetzt an, sagt er, gibt es nur eins pro Kunde, und das kommt mit dem Hauptgericht auf den Tisch, nicht schon mit dem Salat. Stu hat auch schon die Köche zusammengestaucht, was Andy veranlaßt hat, aus der Küche zu kommen und mit der Gemütsruhe eines Mannes, der täglich mit dem Schlachtermesser hantiert, die Feststellung zu machen: »Stu hat heute einen Todeswunsch.«

Im Lauf des Abends verdichtet sich der Klatsch zu der Theorie, Stu selbst sei der Drogensünder, der Marihuana über das Restauranttelefon bestelle und eine der Kellnerinnen von der Spätschicht losschicke, um den Stoff für ihn abzuholen. Die Kellnerin sei geschnappt worden und habe Stu womöglich verpfiffen oder zumindest genug geplaudert, um den Verdacht auf ihn zu lenken, was sein unleidliches Benehmen erklären würde. Wer weiß? Was mich betrifft, so bin ich bereit, alles erdenklich Schlechte über einen Mann zu denken, der keine erkennbare Funkion wahrnimmt und allzusehr auf unserer gemeinsamen ethnischen Abstammung herumreitet. Zum Beispiel hat er sich eines Abends an mich herangemacht, um mir mit der üblichen Masche gegen die Einwanderer aus Haiti zu kommen: »Ich fühle mich hier wie ein Ausländer. Sie werden noch das ganze Land übernehmen.« Am späteren Abend eskaliert die mutmaßliche Droge zu Crack. Und der Hotelpage Lionel unterhält uns bis Schichtende mit seinen Faxen, indem er hinter Stus Rücken ganz verzückt an einem imaginären Joint zieht. Aber es könnte auch ein Pfeifchen sein.

Das zweite Problem ist noch weniger erbaulich als das Verhalten des Managements. Es hat ganz den Anschein, als würde ich mit diesem Job finanziell nicht über die Runden kommen. Aus bequemer Distanz betrachtet, könnte man meinen, daß Menschen, die jahraus, jahrein mit einem Stundenlohn zwischen sechs und zehn Dollar auskommen, gewisse Überlebensstrategeme entdeckt haben müßten, die in gutbürgerlichen Kreisen unbekannt sind. Dem ist nicht so. Nehmen wir das Wohnproblem, über das ich mit den Kolleginnen leicht ins Gespräch komme, weil die Wohnsituation bei fast allen die Hauptursache für ihr chaotisches Leben ist und entsprechend das erste Thema, mit dem sie mich bei Schichtbeginn überfallen. Nach einer Woche habe ich einen vollständigen Überblick über die Wohnverhältnisse:

– Gail hat ein Zimmer in einer Absteige im Zentrum, für das sie und ihr Freund pro Woche rund 250 Dollar zahlen. Seit sie von ihrem

Wohngenossen verprügelt wird, hält sie den Zustand nicht mehr aus, aber allein kann sie unmöglich die Miete aufbringen.

- Claude, der Koch aus Haiti, will unbedingt aus der Zwei-Zimmer-Wohnung raus, die er mit seiner Freundin und zwei wildfremden Menschen teilt. Soweit ich feststellen konnte, wohnen die anderen Haitianer (die meisten sprechen nur Kreolisch) in ähnlich beengten Verhältnissen.
- Annette, eine 20-jährige Kellnerin, im sechsten Monat schwanger und von ihrem Freund verlassen, wohnt bei ihrer Mutter, einer Postangestellten.
- Marianne, eine Kollegin von der Frühstücksschicht, zahlt für einen Ein-Personen-Trailer, den sie zusammen mit ihrem Freund bewohnt, pro Woche 170 Dollar.
- Billy, der mit 10 Dollar Stundenlohn am meisten Geld hat, besitzt einen eigenen Trailer und zahlt deshalb nur eine Stellplatzmiete von monatlich 400 Dollar.
- Andy, der andere weiße Koch, wohnt in seinem aufgedockten Boot, das höchstens sechs Meter lang sein dürfte (wie ich aus seinen fast zärtlichen Beschreibungen schließe). Er will mich, wenn das Boot einmal repariert ist, auf eine Fahrt mitnehmen, aber da seine Einladung immer mit Nachfragen über meinen Familienstand verknüpft ist, lasse ich mich nicht darauf ein.
- Tina und ihr Mann zahlen 60 Dollar pro Nacht für ihr Doppelzimmer in der Pension Days Inn. Mangels Auto haben sie keine andere Wahl, denn vom Days Inn können sie ihren Arbeitsplatz zu Fuß erreichen. Als Marianne aus ihrem Trailer rausgeschmissen wird (weil Untervermietung in diesem Trailer Park verboten ist), verläßt sie ihren Freund und zieht zu Tina und ihrem Mann in deren Motelzimmer.
- Die Hosteß Joan, von deren zahlreichen schicken Klamotten ich mich zunächst blenden ließ (Hostessen tragen ihre eigenen Kleider), wohnt in einem Lieferwagen, den sie nachts hinter einem Einkaufszentrum parkt. Sie duscht in Tinas Motelzimmer und ihre Kleidung stammt, wie ich inzwischen weiß, aus Billigläden.[3]

Das Erstaunliche an diesen Wohnverhältnissen ist für mich – angesichts meines eigenen ängstlichen Mittelschichts-Solipsismus – die unbekümmerte Art, mit der sich die Leute arrangieren. So erzählt mir einmal Gail, während wir Silberbestecke in Servietten einschlagen (das ist die einzige Arbeit, bei der wir sitzen dürfen), daß sie ihren Zimmergenossen loswerden will und deshalb plant, sich ebenfalls im Days Inn einzuquartieren. Ich frage erstaunt, wie sie sich denn vorstellt, 40 bis 60 Dollar Miete pro Tag zu zahlen. Meine Befürchtung, wie eine Sozialarbeiterin zu klingen, ist unbegründet; wer so fragt, ist für Gail nichts als ein Dummkopf. Sie sieht mich ungläubig an und fragt spitz: »Und wo soll ich die Monatsmiete plus Kaution für ein Apartment herkriegen?«

Ich hatte mir etwas selbstgefällig eingebildet, mit dem Billigquartier für 500 Dollar würde meine Rechnung aufgehen, aber das tat sie natürlich nur, weil ich mir zu Beginn meines Niedriglohnlebens 1300 Dollar als Anlaufkosten genehmigt hatte: 1000 Dollar für die erste Monatsmiete und die Kaution, 100 Dollar für die ersten Einkäufe und kleinere Ausgaben, und 200 Dollar als eiserne Reserve in der Schublade. Für die Armut gilt dasselbe wie für gewisse physikalische Lehrsätze: Es hängt alles von den Ausgangsbedingungen ab.

Tatsache ist: Es gibt keine geheimnisvollen Sparmöglichkeiten, die den Armen zugute kämen. Die haben im Gegenteil eine Unmenge Extrakosten. Wer die zwei Monatsmieten, ohne die man keine Wohnung bekommt, nicht aufbringen kann, muß am Ende um so mehr bluten, weil ein Zimmer mit wöchentlicher Miete viel teurer ist. Und wenn du nur einen Raum hast – mit bestenfalls einer Kochplatte –, kannst du nicht sparen, also etwa Riesenmengen Linseneintopf kochen, den du für den Rest der Woche einfrieren kannst. Statt dessen ißt du Fastfood oder die Hotdogs und die Suppen aus dem Kaufladen, wo du sie dir gleich im Mikrowellenherd warm machen lassen kannst. Wenn du kein Geld für die Krankenversicherung hast – und Hearthside ist so knausrig, daß der Versicherungsschutz erst drei Monate nach der Einstellung beginnt –, stehst du ohne ärztliche Grundversorgung und ohne verschreibungspflichtige Medikamente da. Und das wird am

Ende teuer. Bei Gail zum Beispiel ging alles gut, zumindest gesundheitlich, bis sie kein Geld mehr für ihre Östrogenpillen hatte. Inzwischen sollte sie eigentlich über den Betrieb versichert sein, aber die Geschäftsführung behauptet, man habe ihr Antragsformular versiebt und müsse nun mit dem ganzen Papierkram wieder von vorne anfangen. Also muß sie neun Dollar für eine Packung Migränetabletten hinlegen, damit sie die Kopfschmerzen aushalten kann, die sie nach eigener Aussage gar nicht hätte, wenn sie ihr Östrogenpräparat bezahlen könnte. Ähnlich ist es dem Freund von Marianne ergangen: Er hat seinen Job als Dachdecker verloren, weil er zu lange ausfiel, nachdem er eine Schnittwunde am Fuß erlitten hatte und sich die verschriebenen Antibiotika nicht leisten konnte.

Meine eigene Situation würde bei einem Kassensturz nach zwei Wochen Arbeit auch nicht viel besser aussehen, wenn ich von meiner Tätigkeit tatsächlich leben müßte. Das Kellnern hat die verführerische Seite, daß du schon vor dem Zahltag ein paar Scheine in der Tasche hast. Meine Trinkgelder reichen in der Regel für Essen und Benzin, und es bleibt sogar noch ein Rest, den ich in die Küchenschublade stopfen kann, die zu meiner »Bank« geworden ist. Aber wenn aufgrund der sommerlichen Hitze die Touristen ausbleiben, gehe ich an manchen Abenden mit nur 20 Dollar Trinkgeld nach Hause (brutto sind es mehr, aber wir Serviererinnen führen etwa 15 Prozent der Trinkgelder an die Hotelpagen und das Barpersonal ab). Damit komme ich, zusammen mit dem Lohn, in etwa auf den Mindestlohn von 5.15 Dollar pro Stunde. Obwohl sich die Geldscheine in der Schublade stapeln, werden mir bei stabiler Akkumulationsrate am Monatsende mehr als 100 Dollar an der Miete fehlen. Und ich sehe auch keine Ausgaben, die zu kürzen wären. Nun gut, die Linseneintopfstrategie habe ich noch nicht gefahren, aber dazu brauchst du einen großen Kochtopf, Topflappen und eine Schöpfkelle zum Umrühren (alles zusammen würde im Supermarkt an die 30 Dollar kosten, etwas weniger in einem Billigladen), und dann fehlen mir immer noch Zwiebeln, Karotten und der unentbehrliche Lorbeer. Dabei esse ich fast jeden Mittag zu Hause, in der Regel etwas, das satt macht und viel Proteine enthält, wie Hühnerfleischpasteten (aus dem Tiefkühlfach) mit Schmelzkäse überbacken und dazu rote Bohnen aus der Dose. Abends esse ich im Hearthside, wo das Personal zwischen einem Speck-und-Tomaten-Sandwich, einem Fisch-Sandwich und einem Burger wählen kann, was jeweils nur zwei Dollar kostet. Der Burger hält am längsten vor – vor allem, wenn man reichlich Jalapeno draufpackt, was den Darm zusammenzieht –, aber gegen Mitternacht beginnt mein Magen erneut zu knurren.

Wenn ich nicht in mein Auto ziehen will, muß ich also einen zusätzlichen, das heißt einen Zweitjob finden. Ich rufe alle Hotels an, bei denen ich Wochen zuvor Bewerbungsformulare für einen Putzjob ausgefüllt habe: das Hyatt, das Holiday Inn, das Econo Lodge, HoJo's und Best Western, dazu fünf, sechs der kleinen örtlichen Pensionen. Nichts. Dann begebe ich mich erneut auf meine Bewerbungsrunden, vergeude ganze Vormittage mit Warten, bis sich irgendein »assistant manager« blicken läßt, und gerate dabei an ziemlich gruslige Etablissements, wo die Gestalt an der Rezeption hinter schußsicherem Glas sitzt und Whisky in Halbliterflaschen über den Tresen verkauft.

Doch entweder hat jemand ausgeplaudert, wie ich im realen Leben meinen Hausfrauenpflichten nachkomme (sagen wir eher lässig), oder ich falle schlicht aus der allgemeingültigen Ethno-Gleichung heraus: Jedenfalls sind die meisten Putzkräfte, die mir bei der Jobsuche begegnen, afro-amerikanische bzw. spanischsprachige Frauen oder Flüchtlinge aus den postkommunistischen Ländern Zentraleuropas – die Kellnerinnen hingegen fast ausnahmslos weiße und englischsprachige Frauen. Als ich schließlich einen positiven Bescheid bekomme, hat man mich wieder als Bedienung identifiziert. Jerry's Restaurant will mich vom Fleck weg einstellen. Das Jerry's (auch dies ist nicht der richtige Name) gehört zu einer bekannten landesweiten Restaurantkette und ist hier in Key West direkt an ein anderes Massenhotel angeschlossen. Der neue Job bietet eine aufregende Perspektive, die mir aber zugleich Angst macht, denn Jerry's hat zwar genauso viele Tische und Thekenstühle wie das triste alte Hearthside, aber drei- bis viermal so viele Kunden.

In der Hölle für Dicke muß es wie bei Jerry's aussehen, aber nicht in dem Sinne, daß es nichts zu essen gäbe. Nein, hier gibt es alles, was man womöglich essen würde, wenn der Verzehr – zum Beispiel von gebratenem Käse, panierten Hühnersteaks und einem mit Fondant überfrachteten Dessert – keine physischen Nebenwirkungen hätte. Aber die Menschen, die in dieser Hölle arbeiten, bezahlen für jeden Bissen ihrer Gäste mit Pein und Qualen. Die Küche ist eine Höhle, einem Magen ähnlich, der in den Dickdarm des Abfall- und Geschirrspülbereichs übergeht, aus dem bizarre Dünste entfleuchen, die simultan nach Eßbarem und nach Abfällen riechen: nach wabbligen, verdorbenen Fleischstücken und erbrochener Pizza, abgerundet durch das einzigartige und rätselhafte Jerry-Aroma – den Duft von Zitrusfürzen. Der Küchenboden ist von verschütteten Soßen und Säften so glitschig, daß wir nur Trippelschritte machen können, wie Susan McDougal in dem Film, in dem sie die Beine eingegipst hat. Sämtliche Ausgüsse sind verstopft mit Salatresten, faulenden Zitronenstücken und Toastresten, die sich mit Wasser vollgesogen haben. Wenn du dich mit der Hand auf eine Arbeitsplatte stützt, bleibt die wahrscheinlich an einer Schicht vorzeitlicher Sirupreste kleben, was deshalb lästig ist, weil du deine Hände brauchst, um den Salat zu arrangieren, die Kuchenstücke auf die Teller zu schieben oder die Bratkartoffeln von einer Platte auf die andere zu expedieren. Im einzigen Wasch- und Toilettenraum (für beide Geschlechter) hängt ein Plakat mit den Hygienevorschriften, das zu gründlichem Händewäschen ermahnt, sogar mit genauen Instruktionen; aber von den entscheidenden materiellen Voraussetzungen – Seife, Papierhandtücher, Toilettenpapier – fehlt immer mindestens eine. Also gewöhnst du dir an, deine Taschen mit Servietten vollzustopfen, wenn du auf die Toilette gehst, wobei du besser nicht an die Gäste denkst, die uns fast buchstäblich aus der Hand essen müssen, ohne es freilich zu merken.

Der Pausenraum bringt die Verhältnisse auf den Punkt. Es gibt nämlich keinen, weil es bei Jerry's keine Pausen gibt. Über sechs oder acht Stunden kommt man nicht zum Sitzen, es sei denn beim Pinkeln. Direkt neben der Klotür steht zwar ein Tisch mit drei Klappstühlen, aber hier, sozusagen im Mastdarm dieses gastro-architektonischen Organismus, läßt sich kaum jemand nieder. Der Toilettenvorraum ist eigentlich nur für die Aschenbecher da, auf denen die Serviererinnen und die Tellerwäscher ihre Zigaretten ablegen(die wie Kirchenkerzen ewig vor sich hin glimmen), damit sie keine Zeit mit dem Wiederanzünden verlieren, wenn sie auf ein, zwei hastige Züge vorbeikommen. Bei Jerry's rauchen fast alle, als hinge ihr Lungenheil davon ab. Das gilt für die gesamte Multi-Kulti-Truppe der Köche, der Tellerwäscher, die hier durchweg Tschechen sind, und der einheimischen Serviererinnen, die zusammen eine Atmosphäre produzieren, die Sauerstoff nur als eher seltenen Schadstoff enthält. Als ich an meinem ersten Morgen bei Jerry's ein hypoglykämisches Muskelzittern verspüre, klage ich einer Kollegin mein Leid und frage, wie sie es so lange ohne Essen aushält. »Und ich verstehe nicht, wie du es so lange ohne Zigarette aushältst«, antwortet sie in vorwurfsvollem Ton. Denn für sie ist Arbeit das, was man für die anderen, Rauchen hingegen das, was man für sich selber tut. Ich weiß nicht, warum die Anführer des Antiraucher-Kreuzzugs nie dieses Element trotziger Selbstbehauptung erkannt haben, das die Zigarettensucht für ihre Opfer so reizvoll macht. So als gäbe es in der Arbeitswelt der USA für die Menschen nur zwei Dinge, die ihnen wirklich allein gehören – ihren Tumor, den sie hegen und pflegen, und die seltenen Momente, die sie dieser Pflege widmen.

Die industrielle Revolution ist wahrlich kein leicht zu bewältigender Transformationsprozeß, zumal wenn man ihn im Eiltempo – in meinem Fall in gerade zwei Tagen – durchlaufen muß. Ich geriet von der gemütlichen Werkstatt direkt in die Fabrik, vom klimatisierten Leichenschauhaus des Hearthside direkt ins Feuer. Bei Jerry's bricht die Kundschaft in wahren Menschenwogen über uns herein, wenn etwa an die 50 nörgelnde und greinende Touristen auf einmal aus den Reisebussen schwappen. Und hier bedienen im Restaurant nicht nur zwei »Mädchen«, hier wuseln bis zu sechs Bedienungen in rosa-plus-orange glitzernden Hawaihemden umher. Gespräche mit Gästen oder anderen Kellnerinnen dauern bei Jerry's selten länger als 20 Sekunden, und am ersten Tag fühle ich mich angesichts der Kälte meiner Kolleginnen richtig verletzt. Meine Betreuerin an diesem ersten Tag ist eine äußerst kompetente, aber emotional völlig erstarrte 23-jährige; die anderen tuscheln nur untereinander, etwa über die wahren Gründe, warum sich heute eine Kollegin krank gemeldet hat, oder über die Höhe einer Wechselbürgschaft, die eine andere zu zahlen hat, aber mich ignorieren sie total. Den Grund erfahre ich an meinem zweiten Tag. »Ach wie schön, dich wiederzusehen«, begrüßt mich eine Kollegin, »nach dem ersten Tag taucht hier kaum eine wieder auf.« Ich fühle mich triumphal bestätigt – als Überlebenskünsterlin –, aber es würde lange, wahrscheinlich sogar Monate dauern, bis man mich in diese Frauengemeinschaft aufnehmen würde.

In mir regt sich die heroische Vorstellung, daß ich zwei Jobs gleichzeitig bewältigen kann, und zwei Tage lang schaffe ich es fast: erst die Frühstücks-Mittags-Schicht bei Jerry's, die von acht Uhr früh bis zwei Uhr mittags dauert, ab zehn nach zwei im Hearthside, wo ich bis 22 Uhr durchzuhalten versuche. In den zehn Minuten zwischen beiden Jobs greife ich mir ein leckeres Hühnchenfleisch-Sandwich an Wendy's Drive-through-Schalter, würge es im Auto hinunter und wechsle die Arbeitskleidung: statt der khakifarbenen die schwarze Hose, statt der Hawaii-bunten Bluse das rostfarbene Polohemd. Aber da gibt es ein Problem. Als ich mich in der toten Zeit zwischen drei und vier Uhr nachmittags endlich hinsetzen kann, um die Bestecke einzuwickeln, fühle ich mich auf dem Stuhl wie festgenagelt. Ich versuche, mit einer stibitzten Tasse Suppe wieder zu Kräften zu kommen, wie ich es so oft bei Gail und Joan beobachtet habe, aber dabei erwischt mich Stu. »Nicht essen!«, zischt er, obwohl weit und breit kein Kunde da ist, der daran Anstoß nehmen könnte, daß die Lippen einer Kellnerin mit Essen in Berührung kommen. Kurz entschlossen sage ich zu Gail, daß ich kündige, und sie nimmt mich in den Arm und meint, vielleicht würde sie nachkommen und auch bei Jerry's anfangen.

Aber das ist gänzlich unwahrscheinlich. Sie hat die billige Absteige und ihren lästigen Zimmergefährten verlassen und wohnt jetzt wieder in ihrem kaputten alten Laster. Aber später am Abend erzählt sie mir ganz aufgeregt, daß Phillip ihr erlaubt hat, nachts auf dem Hotelparkplatz zu parken, so lange sie von niemandem gesehen wird, und denk nur, der Parkplatz müßte völlig sicher sein, weil er vom Sicherheitsdienst des Hotels bewacht wird! Bei einer Firma, die derartige Vergünstigungen bietet, kann doch niemand im Ernst ans Aufhören denken. Davon scheint Phillip ohnehin auszugehen, denn er nimmt meine Kündigung mit einem Achselzucken entgegen. Hauptsache, ich gebe meine zwei Polohemden und Schürzen zurück.

Ich bin sicher, daß Gail bei Jerry's voll eingeschlagen hätte; aber für mich wird es zu einem Crash-Kurs in Erschöpfungsprophylaxe. Vor Jahren hat mir der nette Bratenkoch, der mir in einer Trucker-Raststätte in Los Angeles das Kellnern beibrachte, die folgenden Ermahnungen gegeben: Mach nie einen unnötigen Gang; wenn du nicht schnell gehen mußt, geh langsam; wenn du nicht gehen mußt, bleib stehen. Aber bei Jerry's hätte mich bereits das Bemühen, zwischen notwendig und unnötig oder zwischen dringend und irgendwann später zu unterscheiden, zuviel Energie gekostet. Bleibt nur eine Möglichkeit, nämlich jede Schicht wie eine einmalige Notstandsübung anzugehen: Da draußen hängen 50 hungrige Leute herum, wie Verwundete auf einem Schlachtfeld, also geh raus und bring ihnen das Essen. Vergiß, daß du es morgen wieder machen mußt; vergiß, daß du noch wach genug sein mußt, um den Besoffenen ausweichen zu können, wenn du spät mit dem Auto nach Hause fährst – du mußt einfach rennen, rennen und noch mal rennen! Im Idealfall setzt irgendwann das ein, was die Kellner »Rhythmus« und die Psychologen einen »flow state« nennen, bei dem die Signale direkt, unter Umgehung der Großhirnrinde, von den Sinnesorganen in die Muskeln gelangen, was eine Zen-artige Empfindung der Leere bewirkt. Ein Kollege aus der Morgenschicht erzählt mir, wie er einmal ununterbrochen drei Schichten durchgearbeitet hat, einmal rund um die Uhr; und wie er dann nach Hause gegangen ist und sich einen Drink genehmigt hat und wie er dann diese Frau getroffen hat, und dann, aber vielleicht sollte er mir das besser nicht erzählen, hat er mit ihr sofort und auf der Stelle Sex gehabt, und es war einfach »wunderbar«.

Doch es gibt noch eine andere Regung des Nerven-Muskel-Systems, nämlich Schmerz. Ich beginne, mir Ibuprofen-Pillen aus dem Drugstore einzuwerfen, als wären es Vitamin-C-Tabletten; vier vor jeder Schicht, denn durch das ständige Tablettschleppen hat sich meine alte – vom Klicken mit der PC-Mouse herrührende – vegetative Disregulation in der oberen Rückenpartie mit voller Krampfeswucht zurückgemeldet. In meinem normalen Leben würde ich mir bei diesen Symptomen vielleicht einen ganzen Tag mit Eispackungen und Dehnübungen verordnen. Hier ziehe ich Trost aus dem Werbespot für den Schmerzkiller Aleve, in dem der clevere Arbeiter fragt: »Wenn du dich nach vier Stunden Arbeit verdrücken würdest, was würde da dein Boss sagen?« Und der nicht so clevere Arbeitertyp antwortet: »Er würde mich feuern, was denn sonst.« Aber Gott sei Dank, sagt uns der Werbespot, können wir Arbeiter unsere Medikamente genauso autoritär behandeln, wie es die Bosse mit uns tun. Wenn das Schmerzmittel Tylenol nicht länger als vier Stunden arbeiten will, gibst du ihm einen Tritt in den Hintern und holst dir Aleve.

Ab und zu, ich gestehe es, nehme ich eine Auszeit von meinem Arbeitsleben und gehe nach Hause, um nach meiner e-mail zu sehen und meinen Ehemann zu besuchen, wobei ich Wert darauf lege, für das häusliche Essen zu »zahlen« (und zwar jedes Mal fünf Dollar, die ich in einem Glas deponiere), oder mit Freunden ins Kino zu gehen, wobei ich sie mein Ticket zahlen lasse. Und bei der Arbeit als Kellnerin habe ich immer noch diese Was-tust-du-hier-eigentlich-Momente, wo ich mich so sehr nach dem gedruckten Wort sehne, daß ich zum x-ten Mal wie süchtig die sechsseitige Speisekarte lese. Aber mit der Zeit beginnt mir mein altes Leben überaus fremd zu werden. Die e-mails und die Nachrichten auf dem Anrufbeantworter, die an mein früheres Ich gerichtet sind, stammen von einem weit entfernt lebenden Menschenschlag mit exotischen Sorgen und viel zuviel freier Zeit. Der Markt in der Nachbarschaft, auf dem ich immer meine Einkäufe machte, kommt mir jetzt so fatal fremd vor wie eine Yuppie-Boutiquen-Galerie in Manhattan. Und als ich mich eines Morgens in meiner richtigen Wohnung hinsetze, um Rechnungen aus meinem früheren Leben zu erledigen, starre ich entgeistert auf die zwei- und dreistelligen Dollarbeträge, die ich Modefirmen wie Club Body Tech und Amazon.com schulde.

Das Management bei Jerry's ist umsichtiger und »professioneller« als im Hearthside. Mit zwei Ausnahmen. Die eine heißt Joy und ist eine untersetzte, dickliche Frau Anfang 30, die mir anfangs freundlicherweise ein paar Minuten ihrer Zeit geschenkt hat, um mir die korrekte Technik beizubringen, wie man das Tablett mit einer Hand trägt, die aber auch irritierenden Stimmungsschwankungen unterliegt, was sogar innerhalb derselben Schicht passieren kann. Die andere Ausnahme ist B.J., auch B.J. die Meckerziege genannt, deren Führungsaufgabe sich darin erschöpft, an der Küchentheke zu stehen und zu schreien »Nita, deine Bestellung ist da, hol das Zeug ab«, oder »Barbara, siehst du nicht, daß noch ein Tisch besetzt ist? Mach zu, Mädchen!« Verhaßt ist sie auch deshalb, weil sie die Schlagsahnedosen mit Spritzdüsen durch große Plastikbeutel ersetzt hat, aus denen man die Sahne mit beiden Händen rausquetschen muß. Und zwar angeblich, weil sie gesehen hat oder gesehen haben will, wie Angestellte das Treibgas der Sahnedosen zu inhalieren versuchten, weil sie es für Stickstoffoxyd, also ein Lustgas hielten. An meinem dritten Abend zieht B.J. mich plötzlich beiseite und schiebt ihr Gesicht so dicht an meines, als wolle sie mich mit ihrer Stirn zurechtstoßen. Aber statt zu sagen »Du bist entlassen«, sagt sie »Du arbeitest gut«. Nur eines hat sie zu bemängeln, daß ich zu viel mit den Gästen rede: »Auf die Art wickeln sie dich bloß ein.« Auch ist sie der Meinung, ich ließe mich zu viel »herumhetzen« und mit ständigen Forderungen belästigen: Du bringst das Ketchup, und sie wollen noch mehr Salatdressing, das bringst du ihnen, und dann verkünden sie, jetzt brauchen sie eine Portion Bratkartoffeln, und so weiter, bis du durchdrehst. Zum Schluß meint J.B., ich solle sie nicht falsch verstehen. Sie will es ja immer auf die nette Art sagen, aber »dann rastet man einfach aus, weil alles so schnell gehen muß«.[4]

Ich murmele schönen Dank für die Ratschläge und fühle mich, als sei ich gerade von der irrsinnigen Hüterin irgendeiner altertümlichen

Ständeordnung bloßgestellt worden: Mit den Gästen plaudern ist nichts für dich, Mädchen. Diese luxuriöse Auffassung von Bedienen steht den Leibeigenen nicht zu. Mit den Gästen plaudern, das ist was für die gutaussehenden jungen College-Absolventinnen, die in den Carpaccio- und Cappuccino-Kneipen der Innenstadt bedienen, für die jungen Dinger, die pro Abend auf 70 bis 100 Dollar kommen können. Aber was hatte ich mir denn vorgestellt? Mein Job besteht darin, Bestellungen von den Tischen zur Küche und Tablette von der Küche zu den Tischen zu bringen. Dabei sind die Gäste eigentlich nur das Haupthindernis für die reibungslose Transformation von Information in Essen und von Essen in Geld. Sie sind mit einem Wort: der Feind. Und am schmerzlichsten ist dabei, daß ich anfange, diese Sicht der Gäste selbst zu übernehmen. Was für Granatenarschlöcher sind zum Beispiel diese Knaben aus den Studentenverbindungen, die ein Budweiser nach dem anderen runterkippen und sich dann groß beschweren, daß die Steaks zu trocken und die Bratkartoffeln zu spärlich sind. Desgleichen die Kunden mit den diversen Macken, die aufgrund ihres Alters, ihrer Diabetes oder ihrer Leseschwäche eine geduldige Speisekartenberatung erforderlich machen. Aber am schlimmsten sind – aus unterschiedlichen Gründen – die angeblich praktizierenden Christen, die sich »Living Christians« nennen. Eines Abends habe ich zehn von ihnen an einem Tisch, die mich – noch ganz beseelt und entsühnt von ihrem Sonntagabendgottesdienst – gnadenlos umherhetzen und dann bei einer 92-Dollar-Rechnung einen Dollar Trinkgeld dalassen. Oder der Typ mit dem Gekreuzigten auf dem T-Shirt (JEMAND, ZU DEM MAN AUFSCHAUEN KANN), der sich über zu harte Ofenkartoffeln und zu kalten Eistee beschwert (beide Probleme löse ich sofort), um am Ende überhaupt kein Trinkgeld zu geben. Meine Faustregel lautet, daß Leute mit Kreuz um den Hals oder einem »Was würde Jesus tun?«-Button uns sowieso verachten, egal wie wir sie bedienen, als würden sie den Job der Serviererin mit dem Beruf verwechseln, den dereinst Maria Magdalena ausgeübt hat.

Nach und nach beginne ich mit den anderen »Mädchen« meiner Schicht warm zu werden. Da ist Nita, knapp über 20 und tätowiert, die uns ständig aufzieht, indem sie bei allen auftaucht und fröhlich fragt: »Haben wir schon angefangen, Geld zu machen?« Da ist Ellen, deren halbwüchsiger Sohn in der zweiten Nachtschicht kocht und die früher einmal ein Restaurant in Massachussetts geleitet hat, die sich hier aber nicht als Managerin bewerben will, weil sie lieber »eine gewöhnliche Arbeiterin« sein will, als »andere Leute herumzukommandieren«. Und da ist die lockere Lucy, etwa Mitte 50, die ein rauhes Lachen hat und gegen Ende der Schicht immer zu hinken beginnt, weil etwas mit ihrem Bein nicht stimmt, aber was das genau ist, läßt sich mangels Krankenversicherung leider nicht herausfinden. Wir unterhalten uns über die üblichen Frauenthemen (Männer, Kinder, die fatale Anziehungskraft, die von Jerry's Schokoladen-Erdnußbutter-Sahne-Torte ausgeht), und dabei fällt mir auf, daß keine der Kolleginnen je von potentiell kostspieligen Unternehmungen wie einem Kinobesuch oder einem Einkaufsbummel berichtet. Als einziges Freizeitvergnügen erwähnen sie private Partys, wozu man nicht viel mehr braucht als Bier, einen Joint und ein paar gute Freunde. Doch immerhin ist keine von ihnen obdachlos oder droht es zu werden, schon weil sie in der Regel mit einem arbeitenden Ehemann oder einem Freund zusammenwohnen. Insgesamt bilden wir eine Gruppe, in der man sich aufeinander verlassen kann. Wenn sich eine von uns unwohl oder überfordert fühlt, serviert eine andere die Getränke für ihren Tisch oder nimmt ihr sogar die Tabletts ab. Wenn eine pinkeln geht oder sich für eine Zigarette verdrückt, tun die anderen alles, damit die Vollstrecker der Shareholder-Logik nichts mitbekommen.[5]

Aber meine entscheidende Bezugsperson ist George, der 19-jährige tschechische Tellerwäscher, der erst seit genau einer Woche im Lande ist. Wir kommen ins Gespräch, als er mich radebrechend fragt, wie viel die Zigaretten bei Jerry's kosten. Ich versuche ihm zu erklären, daß er hier über einen Dollar mehr zahlt als in einem normalen Laden und schlage ihm vor, er soll sich doch einfach eine aus den halbvollen Schachteln nehmen, die auf dem Tisch im Pausenraum herumliegen. Aber das ist für ihn unvorstellbar. Bis auf seinen winzigen Ohrring, der eine vage Neigung zu alternativen Ideen andeutet, ist George ein völlig angepaßter, korrekter Mensch: mit kurz getrimmten Haaren, einem enormen Arbeitswillen und einem ständigen Bedürfnis nach Blickkontakt. Ich frage »Tschechische Republik oder Slowakei?«, und er freut sich ersichtlich, daß ich den Unterschied kenne. Ich probiere es mit anderen Stichworten: »Vaclav Havel, Samtene Revolution, Frank Zappa?« – »Ja, ja, 1989«, antwortet er, und ich merke, daß für ihn das alles schon Geschichte ist.

Ich beschließe, George etwas Englisch beizubringen. »How are you today, George?« sage ich zu Beginn jeder Schicht. »I am good, and how are you today, Barbara?« Ich erfahre, daß er seinen Lohn nicht von Jerry's bezieht, sondern von dem »Agenten«, der ihn aus Europa herübergebracht hat. Er bekommt fünf Dollar pro Stunde, der Agent behält etwa einen Dollar – die Differenz zu dem Stundenlohn, den Jerry's für Tellerwäscher zahlt. Wie ich weiter erfahre, wohnt George in einem Apartment zusammen mit vielen anderen tschechischen »dishers« (wie er sie nennt) und kann sich erst schlafen legen, wenn einer seiner Wohngenossen zur Schicht geht und ihm ein leeres Bett hinterläßt. Als die strenge B.J. uns an einem Spätnachmittag bei einer Englisch-Lektion erwischt, weist sie »Joseph« prompt an, die Gummimatten vor den Geschirrspülbecken hochzunehmen und darunter aufzuwischen. »Ich dachte, du heißt George«, sage ich so laut, daß B.J. es hören kann. Ist ihr das peinlich? Vielleicht, denn gleich darauf empfängt sich mich an der Bestelltheke mit den Worten: »George, Joseph – von denen sind jetzt so viele hier!« Ich reagiere nicht, auch nicht mit einem Nicken oder einem Lächeln. Die Strafe erfolgt am Abend, als ich mich auf den Heimweg machen will: B.J. erklärt mir, daß ich noch 50 Besteckstätze in Servietten einwickeln muß, und ob es nicht an der Zeit sei, eine neue Portion Dressing für den blue cheese zusammenzumixen. Wenn Blicke sprechen könnten, hätte B.J. diesen Fluch zu hören bekommen: Alt und grau sollst du werden in diesem Laden, und deine Füße sollen für immer in den Siruplachen steckenbleiben.

Ich bin entschlossen, eine Wohnung zu finden, von der es nach Key West nicht so weit zu fahren ist. Dafür gibt es drei gute Gründe: erstens die Fahrerei, zweitens die Fahrerei, drittens die Fahrerei. Das Benzin kostet mich täglich vier bis fünf Dollar, und obwohl Jerry's Restaurant ständig randvoll ist, liegen die Trinkgelder durchschnittlich nur bei zehn Prozent, und das nicht nur für eine Anfängerin wie mich. Bei dem Grundlohn von 2.15 Dollar pro Stunde – und weil wir die Trinkgelder mit den Hotelpagen und den Tellerwäschern teilen – kommen wir im Durchschnitt auf etwa 7.50 Dollar. Dazu mußte ich noch 30 Dollar für die gelb-braunen Hosen ausgeben, die Jerry's Kellnerinnen tragen müssen, woran ich vielleicht noch Wochen zu knapsen habe. (Zunächst hatte ich die beiden Billigkaufhäuser der Stadt nach etwas Preiswerterem durchforstet, aber am Ende befand ich, daß die von 49 auf 30 Dollar herabgesetzten Dockers das tägliche Waschen besser überstehen würden.) Alle meine Kolleginnen, die nicht mit einem berufstätigen Ehemann oder Freund zusammenleben, scheinen einen zweiten Job zu haben. Nita macht acht Stunden täglich irgendwas am Computer, eine andere arbeitet als Schweißerin. Wenn ich nicht mehr 45 Minuten zur Arbeit fahren muß, kann auch ich mir vorstellen, zwei Jobs zu haben, und dazwischen vielleicht sogar noch Zeit zum Duschen.

Also nehme ich die 500 Dollar Kaution, die ich von meinem Vermieter zurückbekomme, plus die 400 Dollar, die ich für die nächste Monatsmiete einspare, plus die 200 Dollar, die ich für Notfälle beiseite gelegt habe. Mit diesen 1100 Dollar zahle ich Miete und Kaution für den Trailer Nummer 46 im Overseas Trailer Park, der nur eine Meile von den Billighotels entfernt liegt, die sozusagen die Industriezone von Key West darstellen. Trailer Nummer 46 ist etwa 2,40 m breit, aber der Innenraum hat den Grundriß einer Kugelhantel: ein durch Spülbecken und Herd verengter Gang bildet die Verbindung zwischen der Schlafkoje und dem anderen Bereich, den man angesichts des Zwei-Personen-Tisches und der halben Couch mit viel Wohlwollen als »Wohnecke« bezeichnen könnte. Das Klo ist so winzig, daß meine Knie an der Duschbox scheuern, wenn ich auf der Toilette sitze; und aus dem Bett kann man nicht einfach rausspringen, man muß sich am Fußende hinunterhangeln, um erst mal ein Stück Boden zum Stehen zu finden. Immerhin gibt es nur wenige Meter von meinem Trailer entfernt einen Getränkekiosk, eine Bar mit der Dauerwerbung »morgen Freibier«, einen Lebensmittelladen und eine Burger-King-Station – aber keinen Supermarkt, geschweige denn einen Waschsalon. Der Overseas Park ist als Hort von Verbrechen und Rauschgift verschrien, und so erhoffe ich mir zumindest ein Stück vibrierenden multikulturellen Straßenlebens. In Wirklichkeit ist dies nachts wie am Tage eine trostlose Ödnis; das einzige Lebenszeichen ist ein dünner Strom von Fußgängern, die sich zur Arbeit im nahen Sheraton oder im 7-Eleven-Hotel aufmachen. Dies ist keine Gegend für Menschen im eigentlichen Sinne, sondern für eine Art Arbeitskraftkonserven, die zwischen den Schichten so gelagert werden, daß sie die Hitze überstehen.

Meinen geschrumpften Wohnverhältnissen entsprechend, wird es auch bei Jerry's eng. Zuerst gibt man uns über die Computer, in die wir unsere Bestellungen eintippen, eine neue Anordnung, wonach Restaurantangestellte ab sofort keinen Zutritt mehr zur Hotelbar haben. Die Sünderin war in diesem Fall, wie sich schnell herumspricht, jene supereffiziente 23-jährige, die mich eingearbeitet hat (auch sie wohnt übrigens in einem Trailer, zusammen mit ihren drei Kindern). Irgend etwas hatte sie eines Morgens aus der Fassung gebracht, worauf sie in die Bar entschwand und später leicht angesäuselt ins Restaurant zurückkehrte. Am härtesten trifft das Verbot unsere Kollegin Ellen, die es sich angewöhnt hat, nach Schichtende ihre Haare von dem Gummiband zu befreien und sich vor dem Heimweg in der Hotelbar zwei Gin-Tonic zu genehmigen. Aber das Klima wird für alle ungemütlicher. Als ich am nächsten Tag neue Trinkhalme aus dem Vorratsraum holen will, ist die Tür abgeschlossen. Das war vorher nie der Fall, schließlich müssen wir den ganzen Tag an die dort verstauten Sachen ran, an Servietten, Marmeladeneimer, Plastikbehälter für die Außer-Haus-Mahlzeiten. Als Vic, der fette »assistant manager«, mir die Tür aufschließt, erzählt er, wie er einen der Tellerwäscher bei einem Diebstahlversuch ertappt hat, und daß der Missetäter – leider – noch weiterarbeiten werde, bis ein Ersatz gefunden ist – deshalb die verschlossene Tür. Ich frage nicht, was er zu stehlen versucht hat, aber Ted sagt mir, wer der Übeltäter ist: der junge Bursche mit dem Kurzhaar und dem Ohrring, der da hinten in der Küche.

Ich wünschte, ich könnte jetzt berichten, daß ich in die Küche rannte und mir von George seine Version der Geschichte erzählen ließ. Ich wünschte, ich könnte sagen, daß ich Vic die Hölle heiß gemacht und darauf bestanden habe, George einen Übersetzer zu besorgen, damit er sich verteidigen kann, oder daß ich verkündet habe, daß ich einen Anwalt für ihn finden würde, der seine Interessen vertritt. Zum allermindesten hätte ich sagen müssen, daß ich George für einen ehrlichen Jungen halte. Das Rätselhafte an der ganzen Geschichte ist für mich, daß es in dem Vorratsraum kaum etwas gibt, das sich zu stehlen lohnte, zumindest nicht in Mengen, die sich als Hehlerware losschlagen ließen (was macht man mit 250 Ketchup-Packungen?). Nach meiner Vermutung hat George, wenn er denn geklaut hat, ein paar Packungen Salzstangen oder irgendeine Konserve mitlaufen lassen, und auch das nur, weil er Hunger hatte.

Warum also habe ich mich nicht eingemischt? Ganz sicher war es keine moralische Paralyse, die mich – unter dem Vorwand journalistischer Objektivität – zurückgehalten hätte. Im Gegenteil. Es hatte sich ein ganz neuer Zug, etwas ekelhaft Serviles an mich geheftet, so nachhaltig wie die Küchendünste, die ich, wenn ich nachts meine Kleider ablegte, noch an meinem BH erschnüffeln konnte. In meinem realen Leben bin ich einigermaßen mutig, aber als Kriegsgefangene haben auch viele mutige Menschen ihren Mut verloren, und vielleicht geschieht etwas Ähnliches auch in dem unendlich viel harmloseren Milieu des amerikanischen Niedriglohnsektors. Vielleicht hätte ich nach ein, zwei weiteren Monaten bei Jerry's wieder meinen alten Kampfgeist entwickelt. Vielleicht. Aber vielleicht wäre in diesen ein, zwei Monaten auch ein völlig anderer Mensch aus mir geworden. Vielleicht sogar einer, der George verpfiffen hätte?

Dies herauszufinden, blieb mir erspart. Mein auf einen Monat geplantes Abtauchen in die Armut war fast schon zu Ende, als ich endlich meinen Traumjob fand – Putzen. Ich war einfach in das Personalbüro des einzigen Unternehmens marschiert, bei dem ich auf einen gewissen Vertrauensvorschuß zählen konnte. In dem Hotel, das dem Jerry's-Restaurant angeschlossen ist, legte ich eindringlich dar, daß ich einen zweiten Job finden müsse, wenn ich meine Miete bezahlen wolle, und daß ich, nein danke, nicht an der Rezeption arbeiten könne.

»Nun gut«, meint die Personalleiterin etwas spitz, »dann eben Zimmerreinigung«, und reicht mich an Millie weiter, die über das Reinigungspersonal gebietet. Millie ist eine winzige, hektische Frau hispanischer Herkunft, die mich mit »Babe« begrüßt und mir eine Broschüre aushändigt, in der die Notwendigkeit einer positiven Einstellung hervorgehoben wird. Die Arbeitszeit beginnt um neun Uhr morgens und endet, wann man fertig ist, was hoffentlich spätestens um zwei Uhr sein wird; der Stundenlohn beträgt 6.10 Dollar. Nach der Krankenversicherung brauche ich gar nicht zu fragen, nachdem ich Carlotta getroffen habe, eine Afro-Amerikanerin mittleren Alters, die mich ausbilden wird. In ihrem Mund fehlen sämtliche oberen Schneidezähne.

An meinem ersten Tag als Putzfrau (es war zugleich mein letzter Tag als Niedriglohnarbeiterin in Key West, was ich aber noch nicht wußte) ist Carlie, wie sich Carlotta nennen läßt, ganz schlecht drauf. Wir müssen 19 Zimmer reinigen, die meisten davon »check-outs«, bei denen (im Gegensatz zu den »stay-overs«) das volle Programm angesagt ist: Bettenabziehen, Staubsaugen, Bad- und Toiletteputzen. Als ein Zimmer, das als »stay-over« aufgelistet ist, sich als »check-out«-Fall herausstellt, beschwert sich Carlie bei Millie, aber natürlich ohne Erfolg. Daraufhin weist sie mich an: »Mach du das Scheißzimmer«, und ich mache gehorsam die Betten, während sie das Badezimmer auswischt. Ich muß vier Stunden lang ununterbrochen Bettwäsche ab- und wieder aufziehen; für jedes der fürstlich großen Betten brauche ich viereinhalb Minuten, aber ich könnte es auch in drei Minuten schaffen, wenn es irgendeinen Grund dafür gäbe. Staubsaugen versuchen wir uns zu schenken, indem wir die größeren Fusseln mit der Hand auflesen, aber häufig müssen wir dann doch das monströse

Gerät (es wiegt an die 30 Pfund) von unserem Reinigungswagen heben und versuchen, mit ihm den Zimmerboden abzugrasen. Manchmal reicht mir Carlie die Sprühdose mit »Bam« (die irgend etwas Chemisches enthält, das verdächtigerweise mit »Butyl« beginnt, die restliche Aufschrift ist nicht mehr zu lesen) und läßt mich Bad und Toilette machen. Hier kann mich keine Dienstleistungsethik mehr zu neuen Höchstleistungen anstacheln. Ich beschränke mich darauf, die Schamhaare aus den Toilettenbecken zu entfernen, oder zumindest die dunkleren, die mit bloßem Auge zu sehen sind.

Ich hatte mich bei dem neuen Job vor allem auf die Einbrecherperspektive gefreut, die man beim Aufräumen der nicht ausgecheckten Zimmer gewinnen kann, also auf die Chance, etwas über das geheime physische Leben fremder Menschen herauszufinden. Aber was wir in den Räumen vorfinden, ist immer nur banal und überraschend ordentlich: korrekt zugemachte Reißverschlußtaschen für Trockenrasierer und Toilettenartikel, akkurat an der Wand aufgereihte Schuhe (Wandschränke sind nicht vorhanden), Reklamezettel für Schnorcheltouren und höchstens mal ein, zwei leere Weinflaschen. Für Spannung sorgt nur das Fernsehen, mit Talkshows wie »Jerry« oder »Sally«, mit »Hawaii-501« oder irgendeiner Seifenoper. Wenn eine besonders fesselnde Folge läuft – wie etwa bei Jerry die Folge zum Thema »Mit einem Nein lasse ich mich nicht abspeisen« –, setzen wir uns auf den Bettrand und kichern, als seien wir auf einer Pyjama-Party und nicht auf den untersten Rängen der Billiglohntabelle. Die Seifenopern sind am besten, und Carlie dreht den Ton voll auf, damit wir auch in der Toilette oder bei laufendem Staubsauger nichts verpassen. In Zimmer 503 befragt Marcia ihren Mann Jeff über dessen Geliebte Lauren. In Zimmer 505 verhöhnt Lauren die arme betrogene Marcia. In Zimmer 511 offeriert Helen ihrer Rivalin Amanda zehntausend Dollar, wenn sie sich nicht mehr mit Eric trifft, was Carlie veranlaßt, aus dem Bad aufzutauchen und beim Anblick von Amandas verstörtem Gesicht zu rufen: »Nimm das Geld, Mädchen – ich würde es garantiert einstecken.«

Nach einiger Zeit beginnen die Touristenzimmer, die wir saubermachen, und die weit teurer ausgestatteten Schauplätze der Seifenoper ineinander zu verschwimmen. Wir sind in eine bessere Welt eingetreten: in eine Luxuswelt, wo jeder Tag ein Urlaubstag ist, den es mit sexuellen Abenteuern auszufüllen gilt. Doch in dieser Phantasiewelt sind wir lediglich ungeladene Gäste, die ihre Präsenz mit Rückenschmerzen und ständigem Durst bezahlen. Und die Spiegel, von denen es in Hotelzimmern viel zu viele gibt, zeigen eine Person, wie ich sie eigentlich nur von der Straße kenne: verdreckt, eine Art Einkaufswagen vor sich herschiebend, in einem verschwitzten, zwei Nummer zu großen Polohemd, mit Schweißspuren im Gesicht, die ihr wie Speichel am Kinn herunterfließen. Als Carlie eine halbe Stunde Essenspause ansagt, bin ich furchtbar erleichtert, aber dann vergeht mir der Appetit, als ich sehe, daß die Tüte, die schon die ganze Zeit auf ihrem Wagen gelegen hat, nicht etwa Abfall aus einem der Zimmer enthält, sondern ihre mitgebrachte Mittagsmahlzeit.

Weil der Fernseher ständig läuft und weil ich als Anfängerin keine neuen Themen anschneiden kann, erfahre ich über Carlie nicht viel mehr, als daß sie alle möglichen Schmerzen hat. Bei der Arbeit bewegt sie sich langsam und stöhnt ständig über Gelenkschmerzen. Das wird ihr vermutlich zum Verhängnis werden, denn die jungen Kräfte – Einwanderinnen aus Polen und El Salvador – wollen ihr Pensum schon bis zwei Uhr nachmittags erledigt haben, während sich die Arbeit bei Carlie bis sechs Uhr hinzieht. Es hat doch keinen Sinn, sich zu hetzen, wenn man stundenweise bezahlt wird, erklärt sie mir. Aber das Management hat schon eine Frau bestellt, die eine Art Zeit-Bewegungs-Analyse anfertigen soll, und es gibt das Gerücht, daß die Bezahlung auf eine Summe für jedes gereinigte Zimmer umgestellt werden soll.[6] Außerdem nimmt sich Carlie selbst das kleinste Anzeichen von Geringschätzung zu Herzen, das sie – nicht nur von der Geschäftsleitung – erfährt. »Wir sind ihnen doch egal«, sagt sie über die Hotelgäste. »Die nehmen uns gar nicht wahr, außer es wird was aus ihrem Zimmer gestohlen – dann fallen sie über dich her.«

Einmal sitzen wir im Pausenraum und essen, als ein weißer Typ in Monteurskleidung vorbeikommt. Carlie ruft ihm freundlich zu:

»Hey du, wie heißt du?« Der Typ antwortet »Peter Pan« und ist schon wieder weg. »Das war aber nicht lustig«, sagt Carlie zu mir gewandt. »Das war doch keine Antwort. Warum mußte er sich so merkwürdig benehmen?« Vielleicht hat er Probleme mit anderen Leuten, spekuliere ich, und Carlie nickt, als sei das schon eine präzise Diagnose: »Ja, vielleicht hat er Probleme mit anderen Leuten.« »Vielleicht hat er auch einen schlechten Tag«, versuche ich zu präzisieren, nicht weil ich mich verpflichtet fühle, die weiße Rasse zu verteidigen, sondern weil ihr die Verletzung ins Gesicht geschrieben steht.

Als ich um die Erlaubnis bitte, um halb vier Uhr nachmittags Schluß zu machen, warnt mich eine Kollegin, bis jetzt habe es noch keine geschafft, den Hoteljob mit dem Kellnern bei Jerry's zu kombinieren: »Ein junges Mädchen hat es mal fünf Tage lang gemacht, aber du bist kein junges Mädchen.« Mit dieser hilfreichen Information im Kopf steuere ich meinen Trailer Nr. 46 an, schlucke vier Actren-Tabletten (diesmal die Markenpillen), dusche im Bücken (um in die Duschkabine zu passen) und versuche, mich für die bevorstehende Schicht ein bißchen auszuruhen. Es wird also nichts mit dem, was Marx die »Reproduktion der Arbeitskraft« genannt hat, womit er all das meinte, was die Arbeiter tun müssen, um weiterarbeiten zu können. In meinem Fall gibt es nur ein unerwartetes Hindernis für den reibungslosen Übergang von einem Job zum nächsten: Die hellbraunen Diensthosen für Jerry's, die in der Nacht zuvor, als ich mein Hawaiihemd mit der Hand gewaschen habe, im Schein einer 40-Watt-Birne noch relativ sauber ausgesehen haben, lassen bei Tageslicht deutliche Ketchup-Spritzer und Ranch-Dressing-Flecken erkennen. Also verbringe ich den größten Teil meiner einstündigen Pause zwischen den beiden Jobs damit, mit Hilfe eines Schwamms die Essensspuren zu beseitigen und die Hosen auf dem Kühler meines Autos in der Sonne zu trocknen.

Ich bin dem doppelten Job gewachsen – so meine Theorie –, wenn ich ausreichend Koffein trinke und mich nicht davon ablenken lasse, daß George immer offensichtlicher leidet.[7] In den ersten Tagen nach dem angeblichen Diebstahl war ihm offenbar gar nicht klar, wie tief er im Schlamassel steckt, und unsere Unterhaltungen gingen ganz unbefangen und fröhlich weiter. Aber seit zwei Schichten hängt er unrasiert und apathisch herum, und heute sieht er – mit den dunklen Ringen unter den Augen – wie das Gespenst aus, das er für uns alle auch ist. Als ich einmal nicht herumhetze, weil ich die saure Sahne für die Ofenkartoffeln in kleine Papptassen abfüllen muß, kommt er zu mir und will offenbar unser gemeinsames Vokabular erproben, aber dann werde ich wieder von den Gästen verlangt. An diesem Abend entschließe ich mich, George mein ganzes Trinkgeld zu geben und dieses Experiment, mit einem Niedriglohn auszukommen, endgültig einzustellen. Um acht Uhr schnappen Ellen und ich uns einen Imbiß, den wir am stinkigen Ende der Küchentheke im Stehen verzehren, aber ich schaffe nur zwei oder drei Mozzarella-Scheiben, obwohl ich zu Mittag nur eine Handvoll McNuggets gegessen habe. Ich rede mir ein, überhaupt nicht müde zu sein, aber vielleicht ist da einfach kein »Ich« mehr übrig, das meine Übermüdung registrieren könnte. Würde ich meine Umgebung aufmerksamer wahrnehmen, müßte ich eigentlich merken, wie sich bereits die Kräfte formieren, die mich zerstören werden. An diesem Tag ist nur ein Koch im Dienst, ein junger Mann namens Jesus (oder vielmehr »Hay-Sue«), und der ist neu. Zudem taucht Joy erst mitten in der Schicht auf, mit hochhackigen Schuhen und einem hautengen Latex-Oberteil und einer Fahne, als komme sie direkt aus einer Cocktail-Bar.

Und dann brechen die Gäste herein wie ein Ungewitter. Im Handstreich sind vier meiner Tische besetzt. Eigentlich sind vier Tische kein Problem für mich, allerdings nur, so lange nicht alle gleichzeitig bestellen wollen. Als ich Tisch 27 die Getränke bringe, blicken die Tische 25, 28 und 24 schon neidisch herüber. Als ich Tisch 25 die Getränke bringe, blickt Tisch 24 schon finster, weil sie ihre Getränke noch nicht mal bestellt haben. Am Tisch 28 sitzen vier Yuppie-Typen und ordern die ganze Speisekarte und geben noch umständliche Anweisungen, wie sie den Hühnchensalat haben wollen. Tisch 25 ist ein schwarzes Paar mittleren Alters, das sich mit einer gewissen Berechtigung beschwert, daß der Eistee nicht frisch ist und das Tischtuch klebt. Aber Tisch 24 ist der Hurrikan des Jahrhunderts: zehn britische Touristen, die offenbar wild entschlossen sind, Amerika exklusiv durch den Mund zu erleben. Die ganze Runde genehmigt sich mindestens zwei Getränke – Eistee plus Milchshake oder Bier oder Mineralwasser (die Zitronenscheibe im Wasser und nicht am Rand, bitte) – und anschließend eine gigantische promiske Freßorgie: Spezialfrühstück, Mozzarellascheiben, Hühnchenbruststreifen, Quesadillas, Burgers mit und ohne Käse, Bratkartoffeln mit Cheddarkäse, mit Zwiebeln, mit Fleischsoße, Bratkartoffeln würzig, Bratkartoffeln einfach, Banana Split. Der arme Jesus. Die Küche ist fix und fertig, und ich bin es auch. Denn als ich mit der ersten Ladung Essen eintreffe – zuvor habe ich schon dreimal Getränke serviert –, weigert sich diese Princess-Di-Type, ihre Hühnchenstreifen zusammen mit den Pancakes und den Würstchen zu essen, da die Hühnchenstreifen eigentlich, wie sie nunmehr darlegt, als Vorspeise gedacht waren. Die anderen hätten ihr Essen vielleicht akzeptiert, aber Di, die ihr drittes Bier schon fast geschafft hat, besteht darauf, daß alles zurückgeht, während sich die ganze Truppe auf ihre Vorspeisen wirft. Dazwischen will der Yuppie-Tisch noch mehr koffeinfreien Kaffee und das schwarze Paar macht Anstalten, zum Handy zu greifen und den Schutzverband gegen rassische Diskriminierung anzurufen.

Was dann geschah, verliert sich in meiner Erinnerung weitgehend im Schlachtennebel. Am Bestellcomputer muß Jesus die Waffen strecken. Der kleine Drucker spuckt die Bestellungen so schnell aus, daß er mit dem Abreißen nicht nachkommt, geschweige denn mit dem Herstellen der Gerichte. Von den Tischen, die inzwischen alle besetzt sind, geht eine bedrohliche Ungeduld aus. Selbst die unerschütterliche Ellen ist vor Stress aschfahl geworden. Ich serviere den aufgewärmten Hauptgang für Tisch 24, der unverzüglich zurückgeschickt wird, weil er entweder zu kalt oder zu mikrowellenverschrumpelt ist. Als ich mit den Tabletts (drei Tabletts, dreimal laufen) in die Küche zurückkomme, schreit Joy, die Hände in die Hüften gestemmt, auf mich ein: »Was ist das?« Sie meint das Essen, also die Platten mit den zurückgegangenen Pancakes, diversen Bratkartoffelarten, Toasts, Burgers,

Würstchen, Eiern. Ich versuche zu erklären: »Äh, das ist Rührei mit Cheddar, und das ist...« – »Nein«, schreit sie mir ins Gesicht, »ist das ein normales oder ein Super-Rührei, oder ein Katerfrühstücksrührei?«

Ich tue so, als würde ich die Lösung auf meinem Bestellblock suchen, aber das Gesetz der Entropie hat sich nicht nur auf den Tellern, sondern auch in meinem Kopf durchgesetzt. Ich muß zugeben, daß ich die ursprüngliche Bestellung nicht mehr rekonstruieren kann. »Du weißt den Unterschied zwischen einem normalen und einem Katerfrühstücksrührei nicht?« fragt Joy völlig außer sich. Tatsächlich weiß ich nur noch, daß sich meine Beine nicht mehr für den Lauf der Dinge interessieren und mir wegzusacken drohen. Meine Rettung ist ein Yuppie (gottlob keiner von meinen), der genau in diesem Moment in die Küche stürmt und losbrüllt, er müsse schon 25 Minuten auf sein Essen warten. Joy blafft zurück, er solle verdammt noch mal aus der Küche verschwinden, bitte. Und dann wütet sie erneut gegen Jesus, wobei sie ihrer Wut Nachdruck verleiht, indem sie ein leeres Tablett durch den Raum feuert.

Ich gehe. Ich verlasse meinen Arbeitsplatz nicht unter Protest, nein, ich gehe einfach. Ich mache meine Nebenarbeiten nicht mehr zu Ende, ich sehe nicht mehr nach, ob mir noch Kreditkartentrinkgelder aus der Registrierkasse zustehen, und erst recht nicht frage ich Joy um Erlaubnis. Und das ist die eigentliche Überraschung: Ich kann mich tatsächlich ohne Erlaubnis davonmachen, die Tür geht auf, die stickige tropische Nachtluft teilt sich vor mir, um mich durchzulassen, und mein Auto steht noch da, wo ich es geparkt habe. Mein Auszug verläuft ohne Rechtfertigungsorgie, ohne daß mich eine Woge von Leckt-mich-doch-alle-Erleichterung überkommt, ich verspüre lediglich ein übermächtig dumpfes Gefühl des Scheiterns, das auf mir und dem ganzen Parkplatz lastet. Ich habe mich auf dieses Abenteuer aus wissenschaftlicher Neugier eingelassen, um eine mathematische Hypothese zu überprüfen, aber irgendwann auf diesem Weg hat sich das Experiment – durch den von langen Arbeitsschichten und unbarmherziger Konzentration erzwungenen Tunnelblick – in einen Test für mich selbst verwandelt. Und den habe ich eindeutig nicht bestanden. Nicht nur war ich meinem Doppeljob als Zimmermädchen und Serviererin nicht gewachsen, ich habe auch vergessen, George meine Trinkgelder zu überlassen. Und das tut richtig weh, aus Gründen, die so hart arbeitende und großzügige Menschen wie Gail und Ellen vielleicht am besten kennen. Ich weine zwar nicht, aber ich spüre immerhin – das erste Mal nach vielen Jahren –, daß meine Tränendrüsen noch vorhanden und daß wenigstens sie noch in der Lage sind, ihren Job zu machen.

Als ich aus dem Trailer Park auszog, habe ich den Schlüssel für die Nummer 46 an Gail übergeben und veranlaßt, meine Kaution an sie zu überweisen. Bei der Gelegenheit erzählte sie mir, daß Joan noch immer in ihrem Lieferauto wohnt und daß Stu vom Hearthside-Management gefeuert wurde. Nach den jüngsten Gerüchten hat es sich bei den Drogen, die er vom Restaurant aus bestellte, um Crack gehandelt, und man hat ihn erwischt, wie er in die Kasse langte, um die Ware zu bezahlen. Was aus George geworden ist, habe ich nie herausgefunden.

2

SCHRUBBEN IN MAINE

Meine Wahl fiel auf Maine, weil der Bundesstaat so weiß ist. Ein paar Monate zuvor hatte ich an einem College in der Nähe von Portland einen Vortrag gehalten. Dabei hatte ich mich über die Zusammensetzung des Publikums gewundert: ein krasser Fall von demographischem Albinismus. Hier waren nicht nur die Professoren und Studenten weiß, was natürlich nicht ungewöhnlich ist; weiß waren auch die Putzkräfte im Hotel, die Bettler und die Taxifahrer; und letztere waren nicht nur weißhäutig, sondern sprachen auch Englisch, jedenfalls so, wie man es an der Ostküste spricht (nämlich ohne R). Das macht Maine nicht unbedingt zu einer Gegend, wo man sich auf Dauer niederlassen wollte, aber durchaus zur perfekten Umgebung für eine blauäugige, anglophone Weiße, die sich in den Niedriglohnsektor einschleichen will, ohne mit Fragen belästigt zu werden. Als zusätzlichen Anreiz hatte ich bei meinem Besuch im Frühling vermerkt, daß die Unternehmen im Großraum Portland flehentlich um frische, arbeitsfähige Körper betteln. Die lokalen Fernsehnachrichten ermunterten ihr Publikum, bei einer Telefonmarketing-Firma anzuheuern, die eine spezielle »Schicht für Mütter« anbietet; der Classic-Rock-Sender warb für eine »Jobmesse«, auf der man wie beim Einkaufsbummel in einer Ladenpassage zwischen den Firmentischen herumspazieren und den wählerischen Kunden mimen konnte. Bevor ich mich erneut nach Maine aufmachte, diesmal als Arbeiterin zum Einstiegslohn, lud ich mir von der Website des *Portland Press Herald* die »Haushaltshilfe-gesucht«-Anzeigen herunter, worüber mein PC ins Röcheln kam. Mindestens drei der vielleicht tausend gesichteten Anzeigen versprachen eine Arbeit in »lockerer, zwangsloser« Umgebung, und ich sah mich schon in der Nachmittagspause bei Cidre und Pfannkuchen mit lauter netten Kollegen in Flanellhemden herumscherzen. Wenn man einen ganzen Staat exklusiv weißen Menschen überläßt, dachte ich bei mir, dann werden die vielleicht sogar richtig nett zueinander sein.

Als ich am Abend des 24. August auf dem Trailway-Busbahnhof in Portland ankomme, ist es noch Sommer, aber alle Einkaufszentren machen schon heftig Reklame für ihre Sonderangebote zum Schulbeginn. Da es schon zu spät ist, um mir eine billige Leihkarre zu besorgen, fahre ich mit einem Taxi zum Motel 6, das mir als Basislager dienen wird, bis ich Job und Wohnung, die Grundausstattung für eine normale bürgerliche Existenz, gefunden habe. Für jemanden, der noch nie im Rahmen eines Zeugenschutzprogramms an einen wildfremden Ort verpflanzt wurde, ist dies zugegebenermaßen ein seltsames Abenteuer: Ich habe Haus und Partner zurückgelassen, um mich an einem 3000 Kilometer entfernten Ort niederzulassen, wo ich fast niemanden kenne und von dem ich überhaupt nichts weiß, nicht einmal die elementarsten geographischen Fakten, noch wie das Wetter ist oder wo man anständig essen kann. Aber ich denke auch, daß dieser plötzliche Umzug in eine fremde Umgebung nicht viel anders sein wird als die Art von Ortswechsel, zu denen die wirklich Armen regelmäßig gezwungen werden und die so tief in ihr Leben einschneiden. Auch da verlierst du den Job, das Auto oder den Babysitter, oder du verlierst deine Unterkunft, weil deine Mutter oder eine Schwester, bei der du gewohnt hast, dich rausschmeißt, weil ihr Boyfriend zurückkommt oder weil das Bett oder das Sofa, auf dem du geschlafen hast, für ein anderes heimkehrendes Familienmitglied gebraucht wird. Und dann stehst du dumm da. So wie ich hier in Maine – einsam und verloren wie nie zuvor, seit ich erwachsen bin.

Bei den Anonymen Alkoholikern verlangt man von den Kandidaten, die vom Alkohol wegkommen wollen, »eine gründliche und vorbehaltlose moralische Bestandsaufnahme«. Ich hingegen sitze jetzt ganz allein in meinem Motel und denke nur noch über meine stofflichen Ressourcen nach: was ich besitze und wie lange es reichen wird. Meine Inventur ergibt einen Koffer mit T-Shirts, Jeans und Khakihosen, drei langärmligen Hemden, einem Paar Shorts, Vitaminpillen und diversen Toilettenartikeln. Ich habe eine Einkaufstasche voller Bücher, die sich – neben den Wanderstiefeln für die Wochenendausflüge – als die nutzlosesten Artikel in meinem Inventar erweisen werden. Ich habe 1000 Dollar und ein paar zerknüllte Dollarnoten in irgendwelchen Hosentaschen. Und jetzt habe ich – für beängstigende 59 Dollar pro Nacht – noch ein Bett, einen Fernseher, ein Telefon und eine fast unverstellte Aussicht auf die Staatsstraße 25.

In den USA gibt es zwei Typen von billigen Motel-Zimmern. Da ist erstens der Typ Hampton Inn, dessen strikt standardisierte Ausstattung eine Atmosphäre bedrohlicher Sterilität hervorbringt; und zweitens das genaue Gegenteil: das Motel, in dem sich die Geschichte der Zimmer vielschichtig ablagern durfte, in Form von Flecken auf der Tapete, von in Teppich und Gardinen eingelagertem Zigarettenmuff und von Kekskrümeln unter dem Bett. Das Motel 6 gehört zum zweiten Typ, den man als anheimelnder oder je nach Stimmung auch als unheimlicher empfinden kann. Wenn man aus dem Haupteingang ins Freie tritt, gelangt man über den Parkplatz eines Autozubehörlagers zu einer Texaco-Tankstelle mit angeschlossenem Supermarkt. Wenn man die Autobahn bei der Tankstelle zu Fuß überquert – was Sprintertalente und gute Nerven erfordert –, stößt man auf ergiebigere Nahrungsmittelquellen, zum Beispiel eine Pizza Hut-Filiale und einen Shop-n-Save-Laden. Das ist natürlich ein erheblicher Fortschritt gegenüber der fatalen Situation, die J. G. Ballard seinem Helden in dem Horrorroman »Concrete Island« zumutet. Der sieht sich nach einem Unfall auf dem Mittelstreifen einer Autobahn ausgesetzt, wo er sich verkehrsumtost von den Dingen ernährt, die er in seinem Auto findet, und von den Essensresten, die er aus dem Müll herausklauben kann, den die Autofahrer als Strandgut hinterlassen haben. Ich habe immerhin eine Pizza und eine Salatauswahl für mein Abendessen erbeutet. Als ich wieder in meinem Motelzimmer sitze, rede ich mir ein, daß eine Mahlzeit, für die man Leib und Leben riskiert hat, auf alle Fälle schon mal besser schmeckt, wie frisch von der Jagd.

Von Vertriebenen und Flüchtlingen abgesehen, wird es nicht

viele Menschen geben, die sich der Erfahrung aussetzen, alle früheren Beziehungen und Gewohnheiten samt Bergen unbeantworteter Post und diversen Anfragen auf dem Anrufbeantworter hinter sich zu lassen, um ganz von vorn anzufangen, mit Führerschein und Sozialversicherungsausweis als einziger Nabelschnur, die sie mit der Vergangenheit verbindet. Ein solches Abenteuer müßte eigentlich so belebend wirken wie ein Sprung in die eiskalten Atlantikfluten an der New England-Küste und wie das anschließende entspannte Schwimmen jenseits der Brecherlinie. Doch während meiner ersten Tage in Portland packen mich die Ängste, die von meiner aktuellen Klassenlage herrühren. Gutbürgerliche, akademisch gebildete Freiberufler stolpern ja nicht einfach auf gut Glück in die Zukunft, wo alle möglichen unliebsamen Überraschungen auf sie lauern können. Wir haben ja stets einen Plan oder zumindest eine Aufgabenliste vorbereitet, wir wollen gern alle Risiken vorausbedacht haben, wollen unser Leben in einem gewissen Sinne immer schon vor-leben. Was also will ich hier in Maine machen? Und in welcher Reihenfolge packe ich es am besten an? Ich brauche einen Job und eine Wohnung, aber um einen Job zu kriegen, brauche ich eine Adresse und eine Telefonnummer, und um eine Wohnung zu finden, ist es hilfreich, wenn ich einen festen Arbeitsplatz nachweisen kann. Der einzige Plan, auf den ich komme, lautet schlicht und einfach: Ich muß alles gleichzeitig tun und dabei hoffen, daß sich die Teenager am Telefonschaltbrett des Motels als verläßliche Anrufbeantworter erweisen.

In der Zeitung, die ich im Supermarkt gekauft habe, steht die unerwartete Nachricht, daß es in Portland keine Wohnungen gibt. Tatsächlich gibt es eine Menge Eigentumswohnungen, und »executive apartments« für mindestens 1000 Dollar Monatsmiete, aber die billigen Mietobjekte scheinen sich in einem Gebiet zu ballen, das eine halbe Autostunde weiter südlich liegt, in einer Stadt mit dem anheimelnden Namen Old Orchard Beach (Alter Obstgartenstrand). Aber selbst dort liegen die Mieten auf dem Niveau von Key West – weit über 500 Dollar für ein Apartment mit Minimalkomfort. Ein paar Anrufe bestätigen meinen Eindruck, daß als Winterquartiere für die

Armen vornehmlich die Motels dienen, die im Sommer von besserverdienenden Urlaubern belegt sind.[1] Die niedrigen Mieten gelten für die Zeit zwischen Labor Day (dem ersten Montag im September) und Ende Juni.

Doch es gibt ja die Möglichkeit, eine Wohnung mit anderen zu teilen. Glenwood Apartments (nicht der richtige Name) in Old Orchard Beach inserieren ein Zimmer für 65 Dollar die Woche, Bad und Küche sind mit einer Frau zu teilen, die man mir am Telefon als »etwas eigenwillig, aber sauber« beschreibt. Ich denke, die Beschreibung könnte direkt auf mich zutreffen, oder zumindest auf meine beste Freundin. Mit Hilfe meiner im Supermarkt erstandenen Straßenkarte steuere ich das Küstenstädtchen an, in dem keine Obstgärten, dafür aber deutliche Zeichen des Verfalls zu sehen sind. Als ich um zehn Uhr morgens eintreffe, führt mich ein gewisser Earl in der Glenwood Wohnanlage herum. Auch er nennt meine potentielle Hausgenossin »etwas eigenwillig, aber sauber«, wobei er hinzufügt, man wolle »ihr eine Chance geben«. Ich frage, ob sie einen Job hat. Ja, sie geht putzen. Aber ich werde sie nie treffen, denn die Anlage bietet ein so verstörendes Bild, daß man fast an illegale Zustände denken könnte. Wir betreten das Parterre eines heruntergekommenen Komplexes – halb Motel, halb Logierhaus –, und Earl zeigt auf eine verschlossene Tür. Die Küche, erklärt er, aber da können wir jetzt nicht rein, da schläft nämlich ein Typ. Und er gluckst in sich hinein, als gehöre ein schlafender Mann in der Küche zu den mannigfachen Absonderlichkeiten, mit denen man sich als Vermieter abfinden muß. Wie kann man dann kochen, frage ich. Na ja, der ist da ja nicht dauernd drin. Mein eigentliches Zimmer liegt von der »Küche« aus gesehen am anderen Ende des Flurs, ist halb so groß wie mein kleines Basislager im Motel 6 und enthält zwei ungemachte Doppelbetten, eine Kommode mit zwei Schubladen, zwei Glühbirnen an der Decke und sonst nichts. Ein Fenster gibt es nicht. Zwar ist da eine fensterähnliche Öffnung knapp unter der Zimmerdecke, aber dahinter ist nur eine Schicht Erde zu sehen. Ein Anblick, wie er sich vom Grunde eines Grabes bieten würde.

Ich gehe zur Hauptstraße zurück und mache die Telefonzelle in der Nähe der Mole zu meinem »Büro«, von dem aus ich die Besichtigungstermine für ein paar weitere Apartments verabrede (der Gedanke an Wohnung-teilen ist abgehakt). Im SeaBreeze-Motel führt mich ein dicker Mann herum, der verächtlich dreinblickt und mir mitteilt, daß es hier keine Probleme gibt. Denn er ist pensionierter Polizist, und sein Schwiegersohn ist auch Polizist, und das wissen alle hier, aber ich weiß nicht recht, ob das als Beruhigung oder als Warnung gemeint ist. Dann verweist er auf ein weiteres vermeintliches Plus: Er hält die Zahl der Kinder im SeaBreeze möglichst niedrig, und die wenigen, die hier sind, machen keinen Ärger, darauf können Sie sich verlassen. Aber ein Zimmer kostet 150 Dollar pro Woche, also fahre ich weiter zum Motel Biarritz , wo mir ein fröhliches Mädchen das Einfach-Apartment zeigt, das für 110 Dollar Wochenmiete zu haben ist: ohne Fernseher, ohne Bettwäsche, ohne Geschirr. Außerdem mißfällt mir die Lage im Erdgeschoß, unmittelbar an einer belebten Geschäftsstraße, so daß du dich ständig entscheiden mußt, ob du es ungestört oder hell haben willst. Das ist noch nicht alles, was mir nicht behagt, aber es reicht. Ich gebe mich geschlagen und trete den Rückzug nach Portland an. Doch als ich auf der Autobahn Nr. 1 am Blue Haven Motel vorbeikomme, sehe ich ein Schild »Apartments frei«. Mit einer Zeile winziger weißer Häuschen vor dunkelblauen Kiefern, die an ein Alpendorf erinnern, macht die Anlage einen so putzigen Eindruck, daß ich einfach anhalten muß. Für 120 Dollar pro Woche kann ich ein Wohn-Schlafzimmer haben, an das eine Küche angebaut ist; im Preis inbegriffen sind Bettwäsche und ein Fernseher, der sogar Kabelprogramme bietet, bis die Kabelfirma merkt, daß der frühere Bewohner seine Rechnung nicht mehr zahlt. Und dann kommt das Beste: Die Kaution beträgt lediglich 100 Dollar, die ich auf der Stelle hinlege.

Hätte ich ein paar Tage oder Wochen länger gesucht, hätte ich vielleicht noch etwas Besseres finden können. Aber meine Bude im Motel 6 nagt mir jeden Tag 59 Dollar von meinem Konto weg, abgesehen davon, daß sie immer mehr der Szenerie aus einem Ballard-Roman ähnelt. Als ich an meinem dritten Tag ins Motel zurückkomme, reagiert meine Zimmertür nicht mehr auf den Schlüssel. Wie sich herausstellt, ist dies die übliche Methode der Direktion, mich daran zu erinnern, daß wieder Geld fällig ist. Aber es ist ein schlimmer Moment, und er dauert so lange, daß ich mir auszumalen beginne, wie ich die nächsten Tage ohne Zahnbürste und frische Kleidung auf der Straße verbringe.

Jetzt also die Jobsuche. Meine Erfahrung in Key West besagt, daß man sich um möglichst viele Jobs bewerben muß, denn eine »Haushaltshilfe gesucht«-Anzeige heißt nicht unbedingt, daß diese Hilfe genau in diesem Moment gebraucht wird. Serviererinnen werden jetzt, da die Touristensaison vorbei ist, nicht viel gebraucht, und ich bin ohnehin auf neue Herausforderungen aus. Bürojobs scheiden aus, weil ich nicht die nötige Garderobe dabei habe. Die bürofähigen Klamotten in meinem Reisegepäck – ja selbst in meinem Kleiderschrank zu Hause – reichen nicht einmal für eine Woche. Also bewerbe ich mich nur bei Reinigungsfirmen (für Büros und für Privatwohnungen), im Großhandel und als Kinderbetreuerin sowie für Fabrikjobs und für Stellen, die in den Anzeigen unter dem Titel »allgemeine Aushilfe« laufen, was nett und altruistisch klingt. So eine Bewerbung um einen Niedriglohnjob ist eine erniedrigende Sache, denn du bietest dich – und das heißt deine Energie, dein Lächeln, deine tatsächliche oder vorgetäuschte Lebenserfahrung – lauter Leuten an, die sich überhaupt nicht für dieses konkrete Qualifikationspaket interessieren. In einer Tortilla-Fabrik, wo ich Teigbatzen auf ein Fließband zu schaufeln hätte, wird das »Interview« von einer Sekretärin abgewickelt, die nicht einmal ein »Hallo, wie geht's« über die Lippen bringt. Richtig neugierig bin ich auf die Firma Goodwill, die gebrauchte Kleidung vermarktet und über die ich schon mal Recherchen angestellt habe. Goodwill präsentiert sich überall in den USA als vorbildlicher Arbeitgeber für Behinderte und für Arme, die aus der Sozialhilfe herausgefallen sind. Ich fülle das Bewerbungsformular aus und erfahre, daß der Stundenlohn sieben Dollar beträgt und daß man mir in etwa zwei Wochen Bescheid geben wird. Das Ganze spielt sich in einer Lagerhalle ab, wo vielleicht 30 männliche und weibliche Arbeitskräfte gebrauchte Kleidungsstücke in Kisten sortieren, aber während der ganzen Prozedur nimmt kein einziger Mensch Augenkontakt mit mir auf. Halt, das stimmt nicht ganz. Als ich den Ausgang suche, steht da ein dürrer, verkrüppelter Mann – auf einem Fuß, den anderen hat er hinter das Knie geklemmt – und starrt mich drohend an, während seine Hände so etwas wie Schwimmbewegungen über dem Kopf vollführen. Wobei unklar bleibt, ob er die Balance halten oder mich verscheuchen will.

Nicht überall geht es so formlos zu. In einem Vorort veranstaltet ein Wal-Mart-Supermarkt eine »Jobmesse«. Ich setze mich an einen Tisch, an dem ein paar Luftballons angebunden sind (es soll ja nach »Messe« aussehen), und warte auf Julie. Als sie nach etwa zehn Minuten auftaucht, ist sie nervös,und sie erklärt mir auch warum: Sie ist nur Verkäuferin und hat noch nie jemanden interviewt. Zu ihrem Glück besteht das »Interview« praktisch nur aus einem vierseitigen »Meinungsbild«, das nicht etwa »richtig-oder-falsch-Antworten« erfordert, wie mir Julie versichert. Es geht nur um meine persönliche Meinung, die ich mit Hilfe einer zehngradigen Skala zwischen »völlige Zustimmung« und »völlige Ablehnung« audrücken soll.[2] Wie bei dem Winn-Dixie-Einstellungstext, den ich in Key West absolviert habe, kommen die üblichen Fragen, ob du einen Kollegen, den du beim Stehlen beobachtet hast, anzeigen oder übersehen sollst; ob nur das Management schuld ist, wenn etwas schiefgeht; oder ob du schon mal zu spät zur Arbeit erscheinen darfst, wenn du eine »gute Entschuldigung« vorbringst. Das Besondere an diesem Test sind allerdings die obsessiven Fragen nach Marihuana, die darauf schließen lassen, daß sein Erfinder ein ernsthaftes Suchtproblem hat und verzweifelt bemüht ist, den Anforderungen des Unternehmens gerecht zu werden. Eine der Behauptungen, zu denen ich Stellung beziehen soll, lautet: »Einige Menschen arbeiten besser, wenn sie ein bißchen high sind.« Oder auch: »Marihuana probiert doch jeder mal aus.« Und dann der verblüffende Satz: »Marihuana ist dasselbe wie ein Drink.« Hm, was für ein Drink ist gemeint? will ich fragen. Und was heißt »dasselbe«? Ist das im chemischem oder im moralischen Sinn gemeint? Oder soll ich eine flapsige Antwort eintragen, wie zum Beispiel: »Weiß ich nicht, weil ich nicht trinke«? Dann sagt mir Julie, daß ich am Anfang 6.50 Dollar Stundenlohn bekomme, aber der kann ziemlich schnell auf sieben Dollar steigen. Und dann meint sie noch, ich werde mich in der Damenbekleidungsabteilung bestimmt ganz toll machen, und ich sage, das denke ich auch.

Was die Unternehmen mit solchen Tests über potentielle Angestellte herausfinden wollen, ist mir völlig unklar, denn für alle, die einmal mit den Prinzipien von Hierarchie und Unterordnung zu tun hatten, sind die »richtigen« Antworten ohnehin klar. Arbeite ich gut mit anderen Angestellten zusammen? Aber gewiß doch, wenn auch nie so gut, daß ich zögern würde, die Geschäftsführung über das kleinste Vergehen zu informieren. Bin ich fähig, selbständige Entscheidungen zu treffen? O ja, aber das heißt natürlich nicht, daß mich diese Fähigkeit je an der sklavischen Befolgung dienstlicher Befehle hindern könnte. Bei der Firma The Maids, einem Reinigungsservice für Privathaushalte, legt man mir den sogenannten »Accutrac Persönlichkeitstest« vor, der gleich mit der Warnung beginnt: »Accutrac enthält eine Vielzahl von Indikatoren, die jeden Versuch aufdecken, die Fragen zurechtzubiegen oder psychologisch auszutricksen.« Und so bekenne ich natürlich, daß es mir »nie« schwerfällt, »Gefühle von Selbstmitleid zu bremsen«; und ich bilde mir auch nicht ein, daß andere hinter meinem Rücken über mich reden; und ich glaube keinesfalls, daß »Geschäftsführung und Angestellte immer in Konflikt stehen werden, weil sie völlig unterschiedliche Ziele haben«. Ich bin mir ganz sicher, daß der eigentliche Sinn dieser Tests darin besteht, nicht etwa dem Arbeitgeber, sondern dem potentiellen Angestellten bestimmte Informationen zu übermitteln. Und die wichtigste Information lautet stets: Du wirst keine Geheimnisse vor uns haben. Wir wollen nicht nur deine Muskeln und den Teil deines Gehirns, das diese Muskeln direkt steuert. Nein, wir wollen dein innerstes Ich.

Bei dieser Jobsuche erfahre ich vor allem eines: Trotz aller Stellenangebote und Jobmessen verdient man in Portland auch nur sechs bis sieben Dollar in der Stunde. Diese Information müßte für die Wirtschaftswissenschaftler eigentlich ebenso alarmierend sein wie die

Entdeckung einer unerklärlichen Strahlung für die Astronomen. Wenn das Angebot (von Arbeitskraft) gemessen an der Nachfrage niedrig ist, müßte der Preis steigen, korrekt? So lautet jedenfalls das »Gesetz«. Als ich mich bei Merry Maids bewerbe (einer Firma, die Hausangestellte vermittelt), gibt sich meine potentielle Vorgesetzte eineinviertel Stunden mit mir ab, wobei sie mir die meiste Zeit vorjammert, wie schwierig es sei, zuverlässige Haushaltshilfen zu finden. Dabei liegt die Lösung auf der Hand. Denn die Chefin von Merry Maids bietet mir einen Wochenlohn von »200 bis 250 Dollar«, bei durchschnittlich 40 Arbeitsstunden. »Versuchen Sie nicht, das in Stundenlohn umzurechnen«, warnt sie mich, als sie an meinen zusammengezogenen Augenbrauen merkt, daß ich diese gar nicht so komplizierte Bruchrechnung anstelle. »So kalkulieren wir nicht.« Aber ich kalkuliere so und komme auf fünf bis sechs Dollar pro Stunde. Und das für einen Job, von dem die Dame freimütig zugibt, daß es sich um schwere körperliche Arbeit handelt, bei der aufgrund von repetitivem Stress das Risiko einer chronischen Erkrankung besonders hoch liegt. Die Rechnung müßte eigentlich jeden Jobsucher mit mathematischen Grundkenntnissen abschrecken. Aber mich zwingt sie zu dem Schluß, daß ich auch hier – wie in Key West – mit nur einem Job niemals auskommen werde. Die neue Version des Gesetzes von Angebot und Nachfrage besagt demnach: Die Jobs sind so billig, sprich schlecht bezahlt, damit sich die Arbeitsuchenden gezwungen sehen, so viele Jobs anzunehmen, wie sie nur können.

Nachdem ich meine Bewerbungen zwei Tage lang über den Großraum Portland ausgestreut habe, zwinge ich mich, in meinem Zimmer im Motel 6 auszuharren (wo ich festsitze, bis ich am Sonntag ins Blue Haven einziehen kann) und auf das Telefon aufzupassen. Das ist anstrengender, als man annehmen sollte, weil das Zimmer zu klein ist, um rumzulaufen, und zu schmuddelig, um Tagträumen nachzuhängen, wofür ich allerdings ohnehin nicht die Ruhe hätte. Zum Glück klingelt das Telefon schon am Vormittag zwei Mal und ich akzeptierte gleich die ersten beiden Jobangebote, mehr aus einer klaustrophoben Stimmung heraus als aufgrund eines seriösen ökonomischen Kalküls. Ein Pflegeheim will mich als Aushilfe fürs Wochenende und bietet sieben Dollar die Stunde, Arbeitsantritt morgen. Und die Firma The Maids freut sich, mir mitteilen zu können, daß ich den Accutrac-Test »bestanden« habe und am Montagmorgen um halb acht anfangen darf. Von den Putzhilfe-Unternehmen, mit denen ich Kontakt hatte, ist The Maids das freundlichste, und es zahlt auch am besten: 6.65 Dollar Stundenlohn, der freilich, wenn ich einen Tag ausfallen sollte, zwei Wochen lang auf sechs Dollar sinkt.[3] Ich weiß zwar nicht genau, wozu solche Serviceunternehmen für Putzhilfen da sind und was sie von Service-Agenturen unterscheidet, aber Tammy, die Büroleiterin von The Maids versichert mir, es handle sich um eine leichte und vertraute Arbeit, weil »uns ja das Putzen im Blut liegt«. Was die »leichte« Arbeit betrifft, so bin ich mir nach den bei Merry Maids erhaltenen Warnungen nicht so sicher, aber ich denke schon, daß mein Rücken eine Woche durchhalten müßte. Und da unser Tagespensum um halb vier Uhr beendet sein soll, bliebe noch reichlich Zeit, um meine Jobsuche fortzusetzen. Zum Beispiel habe ich eine Kartoffelchips-Fabrik im Auge, die nur zehn Autominuten vom Blue Haven-Motel entfernt liegt, oder ich könnte einen Job beim Kleiderversandhaus L. L. Bean ergattern und – auf einem hoffentlich ergonomisch perfekten Sessel sitzend – Katalogbestellungen auswerten. Das Ganze sieht allmählich aus wie ein richtiger Plan: Ich steige bei dem Putzhilfe-Service ein, suche von dieser Basis aus etwas Besseres und halte mich in der Übergangszeit mit dem Job im Pflegeheim über Wasser. Zur Feier des Plans gehe ich am Abend ins Appleby's und genehmige mir für 11.95 Dollar plus Trinkgeld einen Burger und ein Glas Rotwein, und weil ich mich zum Essen an die Bar setze, wird mir als unbestellte Beilage noch das Programm des ESPD-Sportkanals serviert.

An meinem vierten Tag stehe ich morgens um Viertel vor fünf auf, damit ich rechtzeitig zum Schichtbeginn um sieben Uhr im Woodcrest-Pflegeheim bin. Ich arbeite als Diätassistentin, was bedeutend und technisch klingt, und zunächst finde ich die Arbeit auch ziemlich annehmbar. Ich kann meine eigene Kleidung tragen, also T-Shirt und Khakihosen oder Jeans, dazu das obligatorische Haarnetz und wenn ich will eine Schürze. Ich muß nicht einmal mein Mittagessen mitbringen, da wir alles essen können, was die »Bewohner« (wie wir sie respektvoll nennen) übrig lassen. Linda, meine Vorgesetzte, eine etwa 30-jährige Frau mit freundlichen Augen, nimmt sich sogar die Zeit, mich über meine Rechte zu informieren: Ich muß mir keinerlei sexuelle Belästigung gefallen lassen, vor allem nicht von Robert, auch wenn er der Sohn des Besitzers ist. Wenn irgendwas vorkommt, soll ich mich direkt an sie wenden, und ich habe das Gefühl, daß es ihr gerade recht wäre, wenn sich ab und zu jemand über Robert beschweren würde. Aber sie betont auch, daß Fehler von Mitarbeitern, die ein Leben in Gefahr bringen könnten, streng geahndet werden. So haben einige der Teenager, die an den Wochenenden aushelfen, geschmolzene Butter auf den Fußboden tropfen lassen, was dann eine gefährlich rutschige Stelle entstehen ließ – aber mit derartigem rechnet sie bei mir natürlich nicht. Heute werden wir die geschlossene Alzheimerstation mit Frühstück versorgen. Das bedeutet im einzelnen: das warme Essen von der zentralen Küche in die kleine Stationsküche schaffen, es dann den Heimbewohnern servieren, danach die Tische abräumen und gleich darauf mit den Vorbereitungen für das Mittagessen beginnen.

Für jemanden wie mich, der schon gekellnert hat, ist der Job eigentlich ganz erholsam. 40 Minuten bevor das Frühstück fertig ist, treffen die ersten Bewohner im Rollstuhl oder mit Gehgestell ein oder auch staksig auf den eigenen Füßen. Sie zanken sich dann ein bißchen, wer wo sitzen darf. Ich wusle mit der Kaffeekanne umher (nur koffeinfrei, mahnt Linda, sonst könnte es hier ganz schön lebhaft werden) und nehme »Bestellungen« auf, wobei ich versuche, mir diese Alzheimerstation als Restaurant vorzustellen, obwohl natürlich in einem normalen Restaurant nur sehr wenige Gäste so riechen, als hätten sie die Hosen voll. Wenn jemand French Toast ablehnt, machen wir statt dessen einen Toast oder ein Sandwich mit Erdnußbutter. Denn speziell beim Frühstück kommt es darauf an, daß sie rasch etwas essen, bevor sie wegen Unterzucker über ihren Tellern zusammenbrechen oder wieder in den Korridor entkommen. Ich muß wie eine Bedienung herumhetzen, aber dafür brauche ich keine Angst zu haben, daß ich eine Bestellung vergesse, denn mit dem Gedächtnis steht es auch bei unseren »Kunden« nicht mehr so toll. Ich gebe mir Mühe, die Namen zu lernen: Marguerite, die den Eßraum mit einen Teddybären im Arm betritt und unterhalb der Hüfte nur mit einer Windel bekleidet ist; Grace, die mich mit ihrem anklagenden Blick verfolgt und mich ständig auffordert, ihre Tasse nachzufüllen, die sie gar nicht angerührt hat; Letty, eine Diabetikern, die man nicht aus den Augen lassen darf, weil sie sich verbotene Doughnuts von fremden Tellern stibitzt. Ruthie, die ihren French Toast aufweicht, indem sie ihn und den halben Tisch mit Orangensaft übergießt, gehört zu den aufgeweckteren Mädchen. Sie fragt mich nach meinen Namen, und als ich ihn sage, johlt sie los »Barbara Bush!« Trotz meiner heftigen Proteste läßt sie diesen Witz im Verlauf des Frühstücks noch zwei Mal los.

Der unangenehme Teil der Arbeit ist das Saubermachen. Ich hatte mir nicht klargemacht, daß eine Diätassistentin vor allem eine Tellerwäscherin ist, und hier muß ich hinter 40 Personen herputzen, denn da sind auch noch die Krankenschwestern und Altenpflegerinnen, die sich beim Frühstück mitbedienen. Zuerst mußt du die Essensreste von den Tellern kratzen und mit der Hand in den Mülleimer befördern, dann spülst du die Teller unter fließend Wasser ab, weichst sie kurz ein und stellst sie in einen Drahtkorb, der in den Geschirrspüler wandert. Dabei mußt du dich mit dem vollen Korb praktisch bis zum Boden runterbeugen, das heißt, schätzungsweise 15 bis 20 Pfund mit den Armen vor dem Bauch halten. Wenn das Spülprogramm durch ist, läßt du die Teller abkühlen, hebst den Korb heraus und füllst den Geschirrspüler erneut, und das alles, während auch noch die Tische abgeräumt und die Nachzügler bedient werden müssen. Entscheidend ist dabei, daß ein neues gefülltes Tellergestell schon bereitsteht, sobald die letzte Geschirrladung durchgespült ist.

Geschirr abgewaschen habe ich schon im Alter von sechs Jahren. Damals hat mich meine Mutter dazu verdonnert, damit sie nach dem Essen in Ruhe ihre Zigarette rauchen konnte. Auch mit Wasser habe ich eigentlich gern zu tun, aber hier versuche ich immer nur verzweifelt, mit dem Geschirrspüler und dem Nachschub an schmutzigen Tellern Schritt zu halten. Nachdem das Geschirr geschafft ist, läßt mich Linda den Teppich im Eßraum saugen, was allerdings gegen die klebrigen Flecken überhaupt nichts ausrichtet, so daß ich ständig unter die Tische kriechen muß, um die zermanschten Muffins mit den Fingernägeln vom Fußboden zu kratzen.

Am Vormittag gibt es eine Pause, zu der ich mich mit Pete, einem der beiden Köche aus der Hauptküche, zu einer Zigarette verabredet habe (ich war mit ihm schon am Morgen, noch bevor Linda auftauchte, ins Gespräch gekommen). Pete stellte mir drei Fragen: Wo ich herkomme, wo ich jetzt wohne und ob ich verheiratet bin. Bei der letzten Frage verweigere ich die Auskunft, lasse fürs erste also auch meinen aktuellen Freund beiseite. Zum einen, weil es witzlos ist, den »Mann, mit dem ich lebe« zu erwähnen, wenn ich momentan gerade nicht mit ihm zusammenlebe; zum anderen aber auch – zugegeben –, weil sich in mir der zaghafte Wunsch regt, Pete als Bundesgenossen zu rekrutieren, wenn sich dazu irgendeine Gelegenheit ergeben sollte. Eine Diätassistentin ist nämlich, wie ich den Job kapiert habe, im selben Maße von dem Koch abhängig wie eine Kellnerin. Er kann ihr das Leben relativ leicht machen, er kann sie aber auch, wenn er es darauf anlegt, voll auflaufen lassen. Also gehe ich mit Pete auf den Parkplatz, setze mich in sein Auto und lasse mir eine Marlboro anbieten, was sich auf peinliche Weise wie ein richtiges Date anläßt, außer daß die Autotüren weit offenstehen, damit der Rauch abzieht. Wie es mir gefällt, will Pete wissen. Ganz gut, sage ich, und daß ich mich fast wie zu Hause fühle, weil mein Vater seine letzten Jahre in einem Alzheimer-Pflegeheim verbracht hat, was greulicherweise sogar die Wahrheit ist. Nimm dich vor Molly in Acht, warnt er mich, du kannst gut mit ihr arbeiten, aber irgendwann jagt sie dir das Messer in den Rücken. Linda ist o.k., aber letzte Woche hat sie Pete zusammengeschissen, weil ein Dessert versehentlich auf einem Diabetiker-Tablett gelandet war (für Heimbewohner, die es nicht zum Eßraum schaffen, muß er die Tabletts in der Küche zusammenstellen). Was die sich wohl denkt, was das hier ist – ein gottverdammtes Krankenhaus?

Mal ehrlich, hier kommt doch niemand lebend heraus. Auf Leon mußt du auch aufpassen, der hat die Angewohnheit, den Kolleginnen in die Vorratsräume nachzusteigen. Im Grunde mußt du vor allen auf der Hut sein, weil in diesem Laden der Klatsch blüht und alles, was du sagst, innerhalb weniger Stunden herum ist. Womit ich mich denn so in meiner Freizeit vergnüge? »Oh, ich lese.« Wie steht's mit trinken oder mal richtig einen Saufen gehen? Ich verneine mit einem sittsamen Kopfschütteln und fühle mich dabei wie eine keusche Musterschülerin oder zumindest wie eine Kollegin, die sich als Klatschobjekt verweigert, auch gegenüber dem Kollegen Pete.

An dieser Stelle sollte ich klarstellen, daß wir hier nicht über einen möglichen Boyfriend reden. Pete ist wahrscheinlich zehn Jahre jünger als ich (obwohl er das offenbar nicht wahrnimmt und ich keinen Grund habe, ihn auf mein Alter hinzuweisen) und läßt, trotz einer frappierenden äußerlichen Ähnlichkeit mit einem populären Filmkomiker, nicht einen Funken Humor erkennen. Wenn man seine Story glauben will, macht er der Heimleitung auf ähnliche Weise was vor wie ich (obwohl er letzteres natürlich nicht weiß). Auch er bekommt als Koch nur sieben Dollar die Stunde, sagt er mir, obwohl er in Restaurants schon eine Menge mehr verdient hat, aber das juckt ihn nicht, schließlich hat er vor ein paar Jahren beim Glücksspiel viel Geld gewonnen und anschließend clever investiert. Aber wenn er so reich ist, kommen mir unvermeidlich ein paar Fragen. Zum Beispiel, warum er dann diese durchgerostete alte Karre fährt und warum seine Schneidezähne so schief und unvollständig sind? Und wie gerät ein gestandener Restaurantkoch überhaupt in eine so wenig kulinarische Umgebung, wo jedes zweite oder dritte Gericht schon zu Püree zermanscht wird, ehe es auf den Teller kommt? Aber natürlich formuliere ich die Frage anders: Warum er überhaupt arbeitet, wenn er so viel Geld hat? Nun ja, er hat versucht, zu Hause zu bleiben, aber da gehst du ja die Wände hoch, du beginnst dich wie ein Ausgestoßener zu fühlen. Das berührt mich irgendwie noch mehr als die mutmaßliche Lüge über seine Reichtümer. Könnte sich dieses Pflegeheim, das er als halbtotes Abstellgleis beschrieben hat, am Ende womöglich als eine wirkliche und faszinierende menschliche Gemeinschaft herausstellen? Zum Schluß fragt Pete, ob ich Lust habe, irgendwann mal nach der Arbeit am Strand spazierenzugehen? Na ja, o.k., sage ich und verabschiede mich rasch, um mit den Vorbereitungen für das Mittagessen zu beginnen.

Zu meiner Überraschung scheinen einige der wahrnehmungsfähigen Heimbewohner mich beim Servieren des Mittagessens wiederzuerkennen. Als ich einer Frau das Schinkensteak hinstelle, packt sie mich am Arm und flüstert: »Sie sind ein guter Mensch, wissen Sie das?« und wiederholt ihren Lobesspruch jedesmal, wenn ich ihr etwas bringe. Eine andere Bewohnerin erklärt mir, daß ich »wunderbar« aussehe, und eine der Krankenpflegerinnen erinnert sich sogar an meinen Namen. Das läßt sich gut an, denke ich bei mir. Ich werde hier noch zum strahlenden Leuchtfeuer inmitten der hereinbrechenden Dämmerung der Altersdemenz und leiste damit – auf einer Ebene kosmischer Gerechtigkeit – Wiedergutmachung für die unpersönliche Pflege, die meinem Vater in einer weit weniger liebevollen Einrichtung zuteil wurde. Ich bin ganz beglückt. Ich erfülle alle Extrawünsche nach Eis und getoasteten Käsesandwiches, und wenn wieder mal der Barbara Bush-Scherz fällt, lache ich herzlich mit. Meine beseligte Stimmung hält an, bis ich einem unserer Problemfälle das Milchglas nachfülle: Die winzige alte Dame mit ihren struppigen weißen Haaren hockt in ihrem Rollstuhl wie zusammengefaltet und eingestampft. »Ich will dich schmeißen«, scheint sie zu sagen, und als ich mich herabbeuge, um mir dieses unwahrscheinliche Ansinnen bestätigen zu lassen, schmeißt der alte Drachen das ganze Glas nach mir. Meine Khakihosen sind von der Leistengegend abwärts total durchnäßt. »Hihi«, kichern meine ehemaligen Verehrerinnen, »sie hat in die Hosen gemacht!« Aber jetzt bin ich in diesem seltsamen weißen Staat wenigstens keine Ausgestoßene mehr, wie Pete sagen würde. Man hat mich in eine Welt eingeführt, in der die Intrigen und der Klatsch blühen. Und jetzt habe ich also meine Taufe abbekommen – mit einer ausgesprochen weißen Flüssigkeit.

Der Samstagabend ist mein letzter im Motel 6, und den will ich nicht in meiner Zimmerkonserve verbringen. Aber was soll jemand wie ich, der knapp bei Kasse ist und nicht gerne »einen saufen geht«, an einem solchen Abend anfangen? Während der Woche bin ich mehrmals an der Erlösungs-Kirche im Stadtzentrum vorbeigefahren, und schon dieser Name übt eine gruslige Anziehungkraft auf mich aus. Sollte es wirklich noch eine ganze Gemeinde geben, die noch nie etwas von dem gleichnamigen James Dickey-Roman gehört hat, und von dem Film, der danach gedreht wurde? Dann kommt mir ein noch schlimmerer Gedanke: Womöglich kennt diese Christenschar die Geschichte von der homosexuellen Vergewaltigung in den Wäldern nur zu gut?

Vor der Kirche steht ein großes Zelt, an dem für Samstagabend ein »tent revival«, eine »Erweckungs«versammlung angekündigt ist. Das verspricht einer Atheistin, die allein unterwegs ist, den perfekten Zeitvertreib. Ich fahre durch eine furchteinflößende Gegend mit lauter verlassenen Lagerhallen (wie in der Dickey-Verfilmung), bis das Zelt als drohender Schatten aus der Dunkelheit aufragt. Drinnen sind von den vielleicht 300 Klappstühlen leider nur etwa 60 besetzt, was im Hinblick auf den erwarteten Zeitvertreib ziemlich schade ist. Unter den Anwesenden zähle ich nur drei oder vier Nichtweiße, ich tippe mal auf Afro- oder Mexico-Amerikaner; ansonsten sitzen hier nur traurig dreinschauende Hinterwäldler-Typen. Genetisch gesprochen sind das meine eigenen Leute (den Namen Ehrenreich habe ich durch Heirat erworben; mein Mädchenname Alexander stammt direkt aus dem hinterwäldlerischen Kentucky).

Ich plaudere mit einer Frau, die neben mir sitzt (»Schöner Abend«, »Sind Sie von weit her?« und dergleichen), und sie leiht mir ihre Bibel, da ich offenbar die einzige anwesende Person bin, die kein persönliches Exemplar dabei hat. Ich bin heilfroh, als einer der vielleicht zehn Männer, die auf der Bühne stehen, uns auffordert, wir sollten uns erheben und ein Lied singen, denn der Klappstuhl ist eine wahre Tortur für meinen strapazierten Rücken. Ich mache sogar mit, als alle rhythmisch klatschen und sich in den Hüften wiegen, was hier offenbar als minimale Geste des Mitmachens gilt. Aber es sind auch ein paar echte Adepten zugegen, die sich verzückt der Musik überlassen und mit geschlossenen Augen und erhobenen Armen ganz unzweifelhaft auf den Augenblick warten, da sie anheben, in Zungen zu reden.

Doch bevor sich etwas Interessantes ereignen kann, beginnt die Predigt. Ein Mann in Hemdsärmeln erzählt uns, was für ein wundervolles Buch die Bibel ist, und beklagt die Tatsache, daß die Menschen so viele minderwertige Bücher kaufen, wo man in Wahrheit doch nur das eine braucht. Da erzählt euch irgend jemand im Fernsehen, ihr sollt das und das (weltliche) Buch lesen, »und schon steigt die – na ihr wißt schon – wie heißt das Wort?« Vermutlich ist »Verkaufsziffer« das gesuchte Wort, aber niemand im Zelt kann ihm auf die Sprünge helfen. Macht nichts: »Sagen wir es sind 300, und danach sind es zehnmal mehr …« Kapiert? Dann übernimmt ein Mexico-Amerikaner das Mikrophon, schließt innig fest die Augen und beginnt im Schnellfeuertempo eine Bilanz unserer Dankesschuld gegenüber dem Gekreuzigten herunterzurattern. Anschließend attackiert ein älterer weißer Mann »diese verruchte Stadt«, weil nur eine ketzerisch kleine Zahl von Seelen zu dieser Erweckungsversammlung erschienen ist – die ja bekanntlich Geld kostet, denn das Zelt stellt sich schließlich nicht von alleine auf. Nein, es handelt sich um echte Unkosten und nicht etwa um Gelder, die jemand in die eigene Tasche scheffelt, und wenn man bedenkt, was Jesus für uns getan hat, damit wir das ewige Leben im Himmel genießen können …

In dem Moment muß ich unweigerlich darüber nachdenken, welche Konsequenzen für die Lehre von der unsterblichen Seele sich aus der Alzheimer-Krankheit ergeben. Wer wünscht sich überhaupt noch ein Leben nach dem Tode, wenn man die Zeit unmittelbar davor so elend dasitzt wie viele meiner Rollstuhlpfleglinge im Woodcrest-Heim: die Hände an die Armlehnen geklammert, den Kopf in einem 45-Grad-Winkel in den Nacken gelegt, die stumpfen Augen, der stumme Mund weit aufgerissen. Ist die »Seele«, die da ewig weiterleben soll, etwa dieselbe, die wir im Moment des Todes besitzen? Dann muß es im Himmel so ähnlich aussehen wie im Woodcrest-Pflegeheim, mit zahllosen Pflegern und Diätassistentinnen, um all die Menschen zu betreuen, die im Zustand geistigen Verfalls hinübergegangen sind. Oder lebt vielleicht unsere jeweils »beste Seele« weiter? Sagen wir die Seele, die uns im Zenit unseres geistigen Vermögens und unserer moralischen Vorsätze innewohnt? In dem Fall dürfte es womöglich gar nichts ausmachen, ob ein dementer Diabetiker noch ein Stück Napfkuchen ißt oder nicht, denn der reinen Erlösungslehre zufolge wäre er ja bereits tot.

Das Predigen zieht sich in die Länge, ab und zu unterbrochen von einem ergebenen »Amen« aus der Gemeinde. Wie toll das wäre, wenn jetzt jemand diesem trübselig dreinblickenden Publikum die Bergpredigt vorlesen würde, gefolgt von einem zündenden Vortrag über das Einkommensgefälle und die Notwendigkeit des Einstiegs in eine Mindestlohnregelung. Aber Jesus ist hier nur als Leiche gegenwärtig; der lebendige Mensch, der weinsaufende Landstreicher und vorzeitige Sozialist kommt nicht ein einziges Mal zur Sprache, und auch nichts von dem, was er zu sagen hatte. Hier herrscht der gekreuzigte Christus, und vielleicht besteht das eigentliche Geschäft des modernen Christentums genau darin, ihn stets aufs neue ans Kreuz zu schlagen, damit kein Wort mehr aus seinem Munde dringt. Ich würde gern noch bleiben, bis sie in Zungen zu reden beginnen (wenn es je so weit kommt), aber die Moskitos haben sich – vom vielen Reden über »sein Blut« ganz kirre gemacht – zu einer Rundumattacke entschlossen. Ich stehe auf und gehe, wobei ich aufpasse, daß der Prediger, dessen Kopf sich wie ein Metronom hin- und herbewegt, gerade in die andere Richtung blickt, und als ich vor das Zelt trete, um nach meinem Auto zu fahnden, rechne ich halb damit, da draußen im Dunkeln über Jesus zu stolpern – geknebelt und an einen Zeltpfosten gefesselt.

Am Sonntag ziehe ich endlich ins Blue Haven um. Ich bin so froh, aus dem Motel 6 rauszukommen, daß mir die Mängel meiner neuen Behausung ganz unerheblich, ja anfangs sogar liebenswert vorkommen. Das Apartment ist doch kleiner, als ich es in Erinnerung hatte, weil ein Geräteschuppen, den die Eigentümer des Motels nutzen, die Grundfläche beschneidet. Das führt zu einer etwas unglücklichen Verquickung biologischer Funktionen, denn erstens muß ich, da das Bad nur einen guten Meter von dem winzigen Küchentisch entfernt ist, die Tür geschlossen halten, um nicht das Gefühl zu haben, in einer Latrine zu essen; zweitens ist das Kopfende des Betts nur zwei Meter vom Herd entfernt, was zur Folge hat, daß die Flunder, die ich mir als Einstandsessen gebraten habe, noch die ganze Nacht im Raum präsent ist. Viel mehr als braten geht übrigens nicht, da sich die Küchenausrüstung auf eine Bratpfanne, einen großen Teller, eine kleine Schüssel, eine Kaffeemaschine und ein großes Wasserglas beschränkt – und es gibt nicht mal den sprichwörtlichen Pinkelpott. Da hilft nur Improvisieren: Die Alubehälter, die man an der Salatbar bekommt, lassen sich als Schälchen weiterbenutzen, der einzige große Teller dient als Schneidebrett. Die Mulde in der Bettmitte wird durch ein zusammengefaltetes Handtuch ausgeglichen und so weiter. Aber keine Sorge, immerhin habe ich eine Adresse, zwei Jobs und eine billige Bude. Die Angst, die mich in den ersten Tagen im Motel 6 gepackt hatte, beginnt endlich nachzulassen.

Wie ich bald merke, gehöre ich bereits aufgrund der Tatsache, daß ich eine Behausung für mich allein habe, unter den Blue Haven-Bewohnern zur gehobenen Schicht. Die anderen Langzeitmieter, die ich in der gemeinschaftlichen Waschküche treffe, sind Industriearbeiter, die Dienstkleidung und Overalls zu waschen haben. Deshalb halten sie nachts auch im allgemeinen Ruhe. Die meisten Mieter sind Ehepaare mit Kindern und erinnern mich stark an die weißen Arbeiterfamilien, die ich gelegentlich in Sitcoms zu Gesicht bekomme, nur daß meine neuen Nachbarn sich im Gegensatz zu den Fernsehfamilien zu dritt oder zu viert in einem Zimmer mit Kochecke oder bestenfalls in einer Zwei-Zimmer-Wohnung drängen. Ein junger Mann fragt mich, in welchem Apartment ich wohne, und erzählt mir dann, daß er das auch schon gemietet hatte – zusammen mit zwei Freunden. Eine Frau mittleren Alters, die ein dreijähriges Enkelkind im Schlepptau hat, versichert mir tröstend, am Anfang sei es immer schwer, im Motel zu leben, vor allem wenn man vorher ein Haus bewohnt hat, aber daß man sich nach einiger Zeit daran gewöhnt, man denkt einfach nicht mehr dran. Sie zum Beispiel wohnt inzwischen elf Jahre im Blue Haven.

Als ich am Montag morgen um halb acht Uhr im Büro von The Maids eintreffe, bin ich ausgeruht und voll Tatendurst. Über Franchise-Reinigungsunternehmen weiß ich so gut wie nichts; nach Aussagen der überreichten Broschüre laufen unter dem Namen The Maids über 300 Franchise-Betriebe in den ganzen USA. Und was ich über häusliche Angelegenheiten im allgemeinen weiß, habe ich größtenteils aus britischen Romanen des 19. Jahrhunderts und von »Upstairs-Downstairs« gelernt.[4] Von dieser englischen Serie habe ich just an diesem Wochenende eine Wiederholung gesehen, und wieder war ich fasziniert, wie absolut korrekt die Diener in ihren schwarzweiß gestreiften Jacken aussahen und daß sie viel lebensklüger waren als ihre jugendlich-egomanischen Herrschaften. Auch wir Maids-Mitarbeiterinnen tragen eine Dienstkleidung, die allerdings eher tumb als würdevoll wirkt, denn sie sitzt schlecht und kombiniert zwei zu knallige Farben: ein Flaschengrün und ein grelles Sonnenblumengelb. Und auch wir haben unseren eigenen Kodex von Anstandsregeln, den man uns schriftlich und in eineinhalb Tagen Schulung auseinandersetzt: Rauchen ist nicht erlaubt, nirgends, oder wenigstens nicht innerhalb der letzten 15 Minuten vor dem Eintreffen am Arbeitsplatz. In keinem Haus darf man trinken, essen oder Kaugummi kauen. Auch Fluchen ist verboten, selbst wenn die Eigentümer nicht zu Hause sind, das gilt auch für obszöne Ausdrücke, die nicht mal im Büro erlaubt sind (was vielleicht eine Trainingsmaßnahme sein soll). Jetzt bin ich also »downstairs« angelangt, denke ich zunächst noch leicht belustigt. Aber da ahne ich noch nicht, in welche Tiefen mich diese Treppe führen wird.

Im Büro dauert es 40 Minuten, bis meine Anwesenheit mehr hervorruft als das eine oder andere flüchtige Nicken. In diesen 40 Minuten treffen die anderen Angestellten ein, vielleicht 20 Leute. Sie prangen schon in ihren grellen Uniformen und bedienen sich mit Kaffee, Sesamkringeln und Doughnuts, die uns die Firma freundlicherweise zum Frühstück spendiert. Mit einer Ausnahme sind alle Arbeitskräfte

Frauen, das Durchschnittsalter schätze ich auf Ende 20, allerdings mit einer großen Bandbreite von »frisch vom College« bis zu »kurz vor der Rente«. Es geht angenehm lebhaft zu, während alle sich ihr Frühstück holen und die Plastikeimer mit Lappen und den Flaschen mit den Reinigungsmitteln füllen, und dennoch wird überraschend wenig gesprochen, und wenn, dann nur darüber, was man am Wochenende gegessen und getrunken hat (die Rede ist von Pizza und Jello shots). Da die beiden einzigen Klappstühle besetzt sind, lasse ich mich neben der anderen neuen »Maid« im Schneidersitz auf dem Boden nieder und sehe schweigend zu, wie das Fußvolk in Dreier- oder Viererteams eingeteilt wird, die dann zu den verschiedenen Häusern auf der aktuellen Auftragsliste entsandt werden. Eine der Frauen erklärt mir, daß die Teams nicht unbedingt Woche für Woche dieselben Häuser übernehmen und daß auch keineswegs garantiert ist, daß man zwei Tage hintereinander im selben Team arbeitet. Das dürfte einer der Vorteile sein, die ein solches Service-Unternehmen für die Kunden hat: Es entstehen keine klebrigen und womöglich von Schuldgefühlen belasteten Beziehungen, weil die Kunden fast ausschließlich mit Tammy, der Büroleiterin, oder mit Ted kommunizieren, unserem Chef, der zugleich der Franchise-Eigentümer ist.[5] Worin der Vorteil für die Reinigungskräfte liegen soll, läßt sich dagegen schwerer ausmachen, denn ihr Stundenlohn liegt weit unter dem, den eine selbständige Reinigungskraft kriegen kann: dem Vernehmen nach bis zu 15 Dollar.

Bis mir meine Dienstkleidung ausgehändigt wird, warte ich in dem Büroraum, in dem Tammys Schreibtisch und das Telefon stehen, und da kann ich mithören, wie Tammy einem potentiellen Kunden am Telefon mitteilt, daß die Firma pro Putzkraft und Arbeitsstunde 25 Dollar verlangt. Also erhält die Firma 25 Dollar und ich nur 6 Dollar und 65 Cents? Ich glaube mich verhört zu haben, aber ein paar Minuten später kriege ich mit, wie sie einem anderen Anrufer dasselbe sagt. Wenn du hier arbeitest, hast du also im Vergleich mit einer selbständigen Putzkraft nur einen einzigen Vorteil: Du brauchst keinen festen Kundenstamm und nicht einmal ein Auto. Du kannst direkt aus der Sozialfürsorge ausgestiegen sein[6] oder auch wie in meinem Fall direkt aus dem Bus.

Nachdem alle anderen Angestellten in den knallig grün-gelb lackierten Firmenautos zur Arbeit abgedüst sind, führt man mich endlich in einen winzigen, verschlagähnlichen Raum hinter den inneren Büros, wo ich mein Handwerk anhand von Videofilmen erlernen soll. Die Geschäftsführerin einer anderen Putzservice-Firma hatte mir in einem Bewerbungsgespräch erzählt, daß sie Leute, die vorher schon mal geputzt haben, nur ungern einstellt, denn die würden sich dagegen sperren, das Arbeitssystem der Firma zu lernen. Also nehme ich mir vor, mir sämtliche früheren Hausputz-Erfahrungen aus dem Kopf zu schlagen. Es gibt vier Videos – erstens Staubwischen, zweitens Bad und Toilette, drittens Küche und viertens Staubsaugen; die Hauptdarstellerin ist stets eine attraktive junge Frau vermutlich hispanischer Abstammung, die entspannt und heiter alles tut, was eine männliche Stimme aus dem Off anordnet: Beim Staubsaugen beginnen Sie mit dem Elternschlafzimmer. Beim Staubwischen beginnen Sie mit dem Raum direkt neben der Küche. Wenn Sie einen Raum betreten, unterteilen Sie ihn gedanklich in Abschnitte, die nicht breiter sein sollen als die Reichweite Ihrer Arme. Beginnen Sie in dem Abschnitt zu Ihrer Linken, und bewegen Sie sich innerhalb jedes Abschnitts von links nach rechts und von oben nach unten. Auf diese Weise werden Sie nie etwas übersehen.

Am besten gefällt mir »Staubwischen«, ein Werk von eherner Logik und ganz eigener strenger Schönheit. Wenn Sie ein Haus betreten, besprühen Sie einen weißen Lappen mit Windex und stecken Sie ihn in die linke Tasche Ihrer Schürze. Ein weiterer Lappen kommt, mit einem Desinfektionsmittel eingesprüht, in die mittlere Tasche, sodann ein gelber Lappen mit Holzpolitur in die rechte Tasche. Ein trockener Lappen für polierte Flächen befindet sich in der rechten Tasche Ihrer Hose. Glänzende Oberflächen werden mit Windex behandelt, Holz dagegen mit Holzpolitur, alle anderen Oberflächen werden mit einem Desinfektionsmittel staubfrei gewischt.

Ab und zu schaut Ted vorbei, um mit mir die Lektionen zu verfolgen, wobei er ab und zu ein Video anhält, um einen besonders dramatischen Moment herauszuarbeiten: »Sehen Sie, wie sie um die Vase herumwischt? Da kann jeden Moment ein Unglück passieren.« Wenn Ted selbst in einem Video auftreten würde, müßte es ein Zeichentrickfilm sein, denn sein pummeliges Gesicht verzeichnet eigentlich nur zwei Merkmale: braune Knopfaugen und eine winzige Stupsnase; und sein Bauch quillt ihm, von einem Polohemd umspannt, über der Gürtellinie aus der kurzen Hose. »All dies wurde nämlich mit einer Stoppuhr ausgetüftelt«, erläutert er mit erkennbarem Stolz. Als das Video mahnt, nicht zu viel Reinigungsmittel auf die Wischlappen zu gießen, stoppt er es, um mir zu mitzuteilen, daß man auch den umgekehrten Fehler machen kann, nämlich zu wenig Flüssigkeit aufzutragen, zumal wenn dadurch mein Arbeitstempo beeinträchtigt wird: »Reinigungsmittel kosten uns weniger als Ihre Zeit.« Gut zu wissen, daß wenigstens etwas billiger ist als meine Zeit, oder umgekehrt, daß meine Person in der Werthierarchie des Unternehmens immerhin über Windex rangiert.

Das irritierendste Video ist das über »Staubsaugen«. Eigentlich handelt es sich um ein Doppelprogramm, denn es beginnt mit einer Anleitung für den speziellen Huckepack-Staubsauger, den wir benutzen sollen. Ja wirklich – der Staubsauger wird auf Ihren Rücken geschnallt, erklärt ein dicklicher Typ, der sich als sein Erfinder vorstellt. Er zurrt sich die Strippen quer über und unter der Brust fest und spricht, als er das Ding übergezogen hat, ganz stolz in die Kamera: »Sehen Sie, jetzt *bin ich* der Staubsauger.« Das Huckepackgerät wiegt angeblich nur zehn Pfund, aber wie ich bald feststellen werde, kommen zusammen mit den Zusatzteilen, die an einer Strippe um meine Hüfte baumeln, wohl eher an die 14 Pfund zusammen. Wird meine kritische und chronisch pflegebedürftige untere Rückenpartie das aushalten? Der Erfinder verbreitet sich weiter über seine Verschmelzung von Mensch und Maschine: Wenn wir uns das Ding richtig umgeschnallt haben, werden wir selbst zu Staubsaugern, deren Bewegungsfreiheit nur durch das Kabel in der Steckdose eingeschränkt ist. Und Staubsauger haben bekanntlich keine Rückenschmerzen.

Die Informationsflut hat mich einigermaßen erschöpft, weshalb ich das zweite Video, das die eigentliche Technik des Staubsaugens erläutert, nur noch mit dem distanzierten Interesse einer Cineastin betrachte. Ist die Staubsaugerin in dem Video eine echte Reinigungskraft, und gehört der gezeigte Raum tatsächlich zu einer bewohnten Wohnung? Wenn ja, was sind das für Besitzer, die alle Wände mit den gleichen Bildern von fliegenden Wildenten behängen und deren Behausung schon völlig unpersönlich und unberührt aussieht, bevor die Video-Putzfrau überhaupt losgelegt hat?

Das Video zum Thema »Küche« und »Badezimmer« macht mich zunächst ganz ratlos, aber erst nach mehreren Minuten geht mir auf, warum: Es kommt kein Wasser vor, oder sagen wir so gut wie keines. Mir hat meine Mutter das Putzen beigebracht, und als zwanghafte Hausfrau benutzte sie dabei so heißes Wasser, daß sie Gummihandschuhe brauchte, um sich nicht zu verbrühen. Und dieses Wasser setzte sie in derart niagaramäßigen Mengen ein, daß die meisten Mikroben vermutlich allein schon durch die Wucht des Aufpralls zermalmt wurden, noch bevor das Seifenwasser ihre Zellwände angreifen konnte. Aber Mikroben tauchen in den Videos bei The Maids gar nicht auf. Wir kämpfen ausschließlich gegen klar sichtbare Feinde wie Seifenreste, Staub, Rückstände auf dem Küchentisch, Hundehaare, Flecken und klebrige Reste, und das alles attackieren wir mit feuchten Wischlappen oder in hartnäckigen Fällen mit einem Dobie (einem Scheuerschwamm aus Plastik). Wir schrubben nur, wenn es schmutzige Stellen zu beseitigen gilt, die ein Kunde mit der Hand oder mit dem Auge entdecken könnte; ansonsten lassen wir es mit feuchtem Wischen bewenden. In dem Video fällt kein Wort über Bakterien, die man womöglich mit dem Wischlappen oder per Hand vom Badezimmer in die Küche oder auch von einem Haus ins andere übertragen kann. Vielmehr geht es vor allem um die »kosmetischen Feinheiten«, auf die mich auch Ted immer wieder aufmerksam macht, wenn er in meiner Videokammer vorbeikommt. Sofakissen sind aufzuschütteln und symmetrisch zu arrangieren. Spülbecken aus rostfreiem Stahl sind mit Babyöl zu polieren, damit sie noch mehr glänzen. Gewürzdosen,

Shampootuben usw. sind mit dem Etikett nach vorne auszurichten. Bei Perserteppichen sind die Fransen mit einem Rechen auszukämmen. Der Staubsauger ist so einzusetzen, daß er auf dem Teppich ein bestimmtes Farnmuster hinterläßt. Bei Toilettenpapier und Küchenrolle ist das lose Ende auf besondere Weise zu falten (wie man es aus Hotelzimmern kennt). Papier, Kleider oder Spielzeug, die irgendwo auf einem »Haufen« in der Ecke liegen, sind zu einem »ordentlichen Haufen« zu schichten. Und schließlich muß in der Wohnung die Duftmarke der Reinigungsfirma abgesetzt werden. Mit einem Spray, das nach Blumen duftet und den Besitzern gleich beim Eintreten signalisiert: Ja, Ihre Wohnung erwartet Sie frisch gereinigt.[7]

Nach einem Tag Ausbildung traut man mir zu, mit einem Team auszurücken. Doch bald wird mir klar, daß es im Leben anders zugeht als im Film, oder zumindest in dem Film »Staubwischen«, und sei es nur, weil sie in den Ausbildungsvideos alles in Zeitlupe zeigen, zumindest im Vergleich mit unserem tatsächlichen Arbeitstempo. Zum Beispiel schlendern wir am Morgen nicht mit unseren Eimern mit Reinigungsmitteln und den anderen Utensilien zu den Autos. Nein, wir rennen, und auch wenn wir vor einem Haus vorfahren, rennen wir mit den Eimern zur Eingangstür. Meine erste Teamchefin Liza, eine gutmütige Mittdreißigerin, macht mir klar, daß für jeden der Putzaufträge eine bestimmte Zeit vorgegeben ist: zwischen 60 Minuten für eine Einzimmer-Wohnung mit Bad und Küche und über 200 Minuten für ein Haus mit mehreren Badezimmern, wenn es sich um einen »Erstauftrag« handelt. Ich frage mich, warum wir uns den Kopf über Teds Zeitvorgaben zerbrechen sollen, wo wir doch stundenweise bezahlt werden, aber ich behalte es bei mir, um nicht den Eindruck zu erwecken, ich wolle mich wichtig machen.

Wenn wir vor einem Haus vorfahren, verteilt Liza die Aufgaben, wobei ich jedesmal inständig hoffe, daß mir Toilettenputzen und Staubsaugen erspart bleiben. Doch der Zeitdruck macht selbst aus dem Staubwischen eine Aerobicstunde, und nachdem ich mich eineinhalb Stunden lang gestreckt habe, um die Türrahmen abzustauben, auf dem Fußboden herumgekraucht bin, um die Wandleisten zu wischen, mich auf meinen Eimer gestellt habe, um an die höheren Regalfächer heranzukommen – nach alledem will ich mich nur noch hinsetzen und ein großes Glas Wasser trinken. Aber sobald du mit deiner Aufgabe fertig bist, mußt du dich bei der Teamleiterin melden und wirst angewiesen, einer Kollegin zu helfen. Ein, zwei Mal mußte ich mit einem Scheuerlappen unter den Füßen einen gerade geschrubbten Fußboden nachtrocknen, weil der normale Verdunstungsprozeß ihr zu lange dauerte. Bis ich dann das Schmutzwasser weggeschüttet und den Lappen ausgewrungen habe und endlich zu unserem Firmenauto zurückkomme, erwarten mich die Kolleginnen schon bei laufendem Motor. Doch Liza versichert, daß sie noch nie jemanden vergessen haben (vermutlich nicht einmal eine nagelneue Kollegin, die noch niemand kennt).

Beim Einstellungsinterview hat man mir eine halbstündige Mittagspause versprochen, aber die erweist sich in der Praxis (wenn sie nicht ganz ausfällt) als ein fünfminütiger Boxenstop beim nächstbesten Laden. Zwei meiner Kolleginnen bringen sich ihr Sandwich mit, auch ich habe jeden Tag mein Sandwich mit Putenbrust und Käse dabei. Die anderen kaufen sich etwas fertig Abgepacktes im Supermarkt, oder sie haben sich einen Sesamkringel oder einen Doughnut von dem kostenlosen Firmenfrühstück aufgehoben, oder sie essen gar nichts. Am besten ernähren sich noch die beiden älteren, verheirateten Frauen in meinem Team, nämlich mit Sandwich und Obst. Die jüngeren Frauen genehmigen sich nur ein Stück Pizza oder eine »pizza pocket« (eine Teigtasche mit etwas Pizzasoße) oder eine kleine Tüte Kartoffelchips. Und das, obwohl wir keine Bürokräfte sind, die im Sitzen arbeiten und nur ein Minimum an Kalorien verbrauchen. Im Büro hängt ein Wandposter, das uns fröhlich verkündet, wie viele Kalorien wir bei unseren diversen Tätigkeiten pro Minute verbrennen: zwischen dreieinhalb beim Staubwischen und sieben beim Staubsaugen. Legt man durchschnittlich fünf Kalorien pro Minute zugrunde, brauchen wir also bei einem Siebenstundentag (acht Stunden abzüglich Fahrzeit zwischen den Wohnungen) mindestens 2100 Kalorien, zusätzlich zu einem Grundbedarf von sagen wir 900 Kalorien. Ich ermahne Rosalie, die ebenfalls eine Neue ist – sie hat gerade ihre Schulzeit in einem Dorf im Norden von Maine hinter sich –, daß sie zu wenig ißt (immer nur eine kleine Packung Doritos, oder eine halbe große Packung, die vom Vortag übriggeblieben ist). Sie sagt immer nur, es sei eben nichts anderes im Haus gewesen (obwohl sie mit ihrem Freund und dessen Mutter zusammenwohnt), aber in Wirklichkeit hat sie schlicht kein Geld für ein Mittagessen. Das wird mir klar, als ich ihr Mineralwasser von einem Supermarkt mitbringen will und sie zugeben muß, daß sie die 89 Cents nicht hat. Ich spendiere ihr das Wasser und wünsche mir, ich könnte sie (wie eine Mama) zwingen, statt dessen eine Milch zu trinken. Wie hält sie sich nur Tag für Tag volle acht oder gar neun Stunden auf den Beinen? »Na ja«, gesteht sie, »manchmal wird mir schon etwas schwindlig.«

Wir arm sind also meine Kolleginnen? Daß sie diesen Job überhaupt ausüben, ist bereits ein erstes klares Indiz für ihre verzweifelte Lage, oder doch für Fehler und Enttäuschungen in der Vergangenheit, aber es steht mir nicht zu, sie danach zu fragen. In den Gefängnisfilmen, denen ich einige Verhaltensmaßregeln für meine neue Umgebung verdanke, geht der Neuankömmling nicht händeschüttelnd bei den Altinsassen herum und fragt: »Hallo Jungs, wofür hat man euch eingebuchtet?« Also beschränke ich mich, im Auto wie im größeren Kreis im Büro, aufs Zuhören, wobei ich als erstes herauskriege, daß offenbar niemand obdachlos ist. Fast alle Kolleginnen leben in einem erweiterten Familienverband oder in einer durch Hausgenossen künstlich erweiterten Familie. Sie erwähnen etwa, daß sie Großeltern im Krankenhaus besuchen oder Geburtstagskarten an den Mann einer Nichte schicken; die alleinerziehenden Mütter wohnen mit ihren eigenen Müttern zusammen oder teilen sich die Wohnung mit einer Kollegin oder einem Liebhaber. Pauline, die älteste Kollegin, besitzt eine eigene Wohnung, aber dort schläft sie im Wohnzimmer auf dem Sofa, in den Schlafzimmern sind ihre vier erwachsenen Kinder und drei Enkelkinder untergebracht.[8]

Obwohl also offenbar keine von ihnen im Auto schläft, gibt es erste Anzeichen dafür, daß sie echte Schwierigkeiten haben oder bereits in Armut leben. Halb aufgerauchte Zigaretten wandern in die Packung zurück. Wir diskutieren darüber, wer die 50 Cents für die Autobahngebühr vorstrecken kann und ob Ted das Geld sofort zurückzahlen wird. Eine meiner Kolleginnen, die furchtbar unter einem vereiterten Weisheitszahn leidet, benutzt in den Wohnungen, in denen wir putzen, ständig das Telefon, um eine Adresse für kostenlose Zahnbehandlung herauszukriegen. Als wir einmal entdecken, daß das Team keinen einzigen Putzschwamm dabei hat, will ich an einem Supermarkt anhalten und einen kaufen, statt den ganzen Weg zum Büro zurückzufahren. Aber dann stellt sich heraus, daß ich kein Geld dabei habe und daß wir zu viert nicht einmal zwei Dollar zusammenbringen.

Der Freitag in meiner ersten Arbeitswoche ist für Anfang September ungewöhnlich heiß: 35 Grad zeigen die digitalen Temperaturanzeiger der Bankfilialen, an denen wir vorbeikommen. Heute bin ich mit der ständig traurig dreinblickenden Rosalie eingeteilt; unsere Teamleiterin ist Maddy, deren mürrisches Wesen nach der gnadenlos guten Laune von Liza und angesichts der Temperaturen fast eine Erholung ist. Inzwischen habe ich erfahren, daß Liza die ranghöchste Kollegin und im Grunde schon eine Art Aufseherin ist, viele halten sie außerdem für eine Petze. Maddy dagegen, eine alleinerziehende Mutter von vielleicht 27 Jahren, arbeitet erst drei Monate bei The Maids und muß ständig über das Problem nachdenken, wie sie ihr Kind versorgen kann. Im Augenblick wird es von der Schwester ihres Freundes betreut, erzählt sie mir auf der Fahrt zu unserer ersten Wohnung, aber das kostet 50 Dollar pro Woche, was sie sich angesichts ihres Einkommens kaum leisten kann. Außerdem hat sie kein volles Vertrauen in diese Schwester, aber eine richtige Kindertagesstätte könnte an die 90 Dollar pro Woche kosten. Nachdem wir die erste Wohnung ohne große Probleme weggeputzt haben, machen wir uns ans »Mittagessen« – Doritos für Rosalie und eine Tüte Pepperidge Farm Goldfish für Maddy –, und ab geht's zum nächsten Objekt, das in einem entfernteren Vorort liegt. Unser Auftragsbogen warnt uns vor, daß es sich um eine Villa mit fünf Badezimmern handelt und überdies noch um einen Erstauftrag. Trotz der Vorwarnung müssen wir beim Anblick des Anwesens erst mal tief Luft holen, bevor wir, behängt mit unseren Eimern, nach einem angemessen bescheidenen Nebeneingang suchen.[9] Die Villa mit ihren endlosen Fensterzeilen sieht aus wie ein gestrandeter Ozeanriese, der mit seinem Bug die Wogen des grünen Rasens durchpflügt. »Sieh mal an«, sagt Maddy, als sie auf dem Auftragsbogen den Namen der Besitzerin liest, »Mrs. W. und ihr großkotziges Haus. Ich hoffe, sie wird uns ein Essen hinstellen.«

Mrs. W. ist bei unserem Anblick nicht unbedingt glücklich. Als uns die schwarze Kinderfrau ins Wohnzimmer führt, bzw. in den »sunroom« oder wie immer der Typ von Raum heißt, in dem wir die Hausherrin antreffen, verzieht sie entnervt das Gesicht. Schließlich muß sie schon die Kinderfrau und die Köchin beaufsichtigen und dazu noch die Kolonnen von Handwerkern, die in dem Neubau noch einige letzte Details bewerkstelligen müssen. Nein, sie will uns jetzt nicht im ganzen Haus herumführen, schließlich hat sie schon alles telefonisch mit dem Büro geklärt, aber Maddy bleibt einfach stehen, mit Rosalie und mir im Rücken, bis sich Madame erweichen läßt. Während unseres Rundgangs macht sie klar, daß wir alle Möbel wegrücken und die Parkettböden darunter wischen müssen, und natürlich auch jeden Zentimeter der Wandleisten, die ich auf mehrere Kilometer Länge kalkuliere. Außerdem müssen wir auf das Baby Rücksicht nehmen, das gerade schläft und dem wir um Gottes Willen nicht mit einem der Reinigungsmittel nahe kommen dürfen.

Dann werde ich zum Staubwischen von der Leine gelassen. In diesem Haus, wo ich die verschiedenen Räume nicht einmal mit dem richtigen Wort benennen könnte, erweist sich das spezielle Maids-System als letzte Rettung. Ich muß mich nur immer von links nach rechts bewegen – innerhalb der Zimmer wie auch von Raum zu Raum –, wobei ich versuche, mir gewisse einprägsame Möbel zu merken, damit ich nicht versehentlich einen Raum oder einen Flur doppelt bearbeite. Beim Staubwischen gewinnst du eine denkbar vollständige biographische Übersicht, weil du jedes einzelne größere und kleinere Objekt anheben mußt. So erfahre ich zum Beispiel, daß Mrs. W. ein bedeutendes Frauencollege absolviert hat und aktuell damit beschäftigt ist, ihre Geldanlagen und die Darmtätigkeit ihres Babys zu überwachen. Für letzteres finden sich spezielle Tabellen, in denen Farbe und Konsistenz sowie der Zeitpunkt des Ereignisses und der letzten Flüssigkeitszufuhr verzeichnet sind. Im herrschaftlichen Schlafzimmer entstaube ich ein ganzes Regal mit Büchern über Schwangerschaft, Stillen, die ersten sechs Monate, das erste Jahr, die ersten zwei Jahre – und frage mich, welchen Eindruck das alles auf Maddy macht, die sich nicht um ihr Kind kümmern kann. Vielleicht herrscht in der Welt der Frauen bereits eine heimliche Unterteilung in fortpflanzungswürdige Mütter und sterile Arbeitsbienen, wobei sich die Frauen aus den dienenden Schichten überhaupt nicht mehr vermehren sollen. Vielleicht erklärt das auch, warum unsere Büroleiterin Tammy, die einmal selbst als Putzkraft angefangen hat, sich zentimeterlange falsche Fingernägel und andere scharfe kleine Accessoires zugelegt hat. Will sie damit demonstrieren, daß sie in die fortpflanzungswürdige Kaste aufgestiegen ist und nicht mehr auf Putztour geschickt werden darf?

Obwohl es im Hause heißer ist als draußen (ich vermute, mit Rücksicht auf das Baby ist die Klimaanlage ausgeschaltet), liege ich ganz gut im Rennen, bis ich an die Flucht von Glastüren komme, die im Erdgeschoß die Seiten- und die Gartenfront bilden. Jede einzelne Türscheibe muß mit Windex besprüht, mit einem Lappen gewischt und mit Fensterleder bearbeitet werden – innen wie außen, von oben bis unten, von links nach rechts, bis alles streifenfrei poliert ist und so unsichtbar wirkt, wie man es bei stofflicher Materie nur schaffen kann. Im Garten sehe ich die Bauarbeiter ihre Bierflaschen köpfen, aber für uns gilt die Vorschrift, daß unsere Lippen keinen Kontakt mit Trink- und Eßbarem haben dürfen, solange wir uns innerhalb einer Wohnung aufhalten. Ich bin Schweiß wirklich gewöhnt, sogar in unangenehmen Mengen. Ich lebe zumeist in subtropischem Klima, wo auch jemand, der nichts tut, damit rechnen muß, neun Monate im Jahr in Schweiß gebadet zu sein. Zudem gehe ich in meinem normalen

Leben regelmäßig ins Fitness-Studio und empfinde immer einen gewissen Macho-Stolz auf den V-förmigen Schweißfleck, der sich nach zehn Minuten Workout auf meinem T-Shirt abzeichnet. Aber im normalen Leben wird die verlorene Flüssigkeit sofort wieder ersetzt. Heutzutage laufen ja im Yuppie-Land (zum Beispiel auf Flughäfen) fast jeder Mann und jede Frau wie ein Flaschenbaby herum, das sich von seiner Wasserflasche nicht eine Minute trennen kann. Aber in diesem Haus strömt der Schweiß unablässig an mir herunter, und zwar nicht tropfenweise, sondern in einem stetigen Strom, der mein Polohemd durchweicht hat und an der Rückseite meiner Beine hinunterfließt. Der Eyeliner, den ich mir – eitel, wie ich bin – am Morgen aufgetragen habe, ist längst über meine Wangen verteilt. Und meine Haare könnte ich regelrecht auswringen. Während ich mich durch die Wohnzimmerflucht voranarbeite, kommt mir die Frage, ob Mrs. W. jemals wird begreifen können, daß jeder Fummel und jedes Objekt, das ihr einzigartiges, ganz individuelles Ich ausdrücken soll, aus der Sicht einer Putzfrau nur den Zeitpunkt hinausschiebt, an dem sie endlich ein Glas Wasser trinken kann.

Als ich keine ungewischten Flächen und auch keine weiteren Zimmer mehr finde, verweist mich Maddy auf den Küchenboden. Das wäre ja in Ordnung, nur daß Mrs. W. ebenfalls in der Küche ist, so daß ich fast zu ihren Füßen auf meinen Händen und Knien herumrutschen muß. Nein, wir haben keinen Wischmop mit Stiel, wie ich ihn in meinem eigenen Haushalt benutze, denn Reinigungsunternehmen wie The Maids machen mit dieser Auf-Händen-und-Knien-Methode durchaus erfolgreich Reklame. »Wir reinigen die Böden auf die altmodische Weise – *auf unseren Händen und Knien*«, tönt eine Konkurrenzfirma in ihrem Werbeprospekt. In der Tat mag diese altmodische Methode ihre Vorzüge haben (die Putzkraft ist dabei natürlich näher am Objekt und wird nicht so leicht einen Schmutzfleck übersehen), aber die werden bei The Maids dadurch kompensiert, daß unsere Firma ausgesprochen sparsam mit Wasser umgeht. Wir haben Anweisung, für die Küche und die zu scheuernden Böden in ihrem Umkreis (also Frühstücksnischen oder andere Eßbereiche) mit weniger als einem halben kleinen Eimer lauwarmen Wassers auszukommen. Das bedeutet, daß wir in wenigen Minuten den vorhandenen Dreck lediglich gleichmäßig über den ganzen Boden verteilen. Zwar gibt es hin und wieder Beschwerden über die dreckigen Fußböden, zum Beispiel von einem Mann, der etwas auf seinem frisch »gereinigten« Küchenboden verschüttet hatte und beim Aufwischen merkte, daß die Papierserviette ziemlich grau geworden war. Ein Aufwischmop und ein voller Eimer heißen Seifenwassers wäre nicht nur besser für den Fußboden, sondern auch weniger entwürdigend für die Person, die ihn zu putzen hat. Aber es ist wohl gerade diese elementare Unterwerfungsgeste – und die anale Willfährigkeit, die sich letztlich darin ausdrückt –, die den Konsumenten solcher Putzdienstleistungen die größte Befriedigung zu verschaffen scheint.[10]

Wie auch immer. Der Fußboden in der Küche von Mrs. W. ist jedenfalls hart – ich glaube Stein oder zumindest etwas Steinähnliches –, und wir haben heute keine Knieschützer dabei. In meiner gutbürgerlichen Unschuld hatte ich angenommen, Knieschützer könnten nur in der lüsternen Phantasie einer Monica Lewinsky vorkommen, aber nein: Es gibt sie wirklich, und sie gehören zu unserer Standardausrüstung. Aber jetzt arbeite ich mich auf ungeschützten Knien den Küchenboden entlang wie eine fanatische Büßerin, die kreuchend ihre Kreuzwegstationen hinter sich bringt, als ich plötzlich merke, daß Mrs. W. mich unverwandt anstarrt – so unverwandt, daß ich einen Moment an die völlig abwegige Möglichkeit glaube, ich könnte irgendwann mal einen Vortrag an ihrer Alma Mater gehalten haben und sie versuche sich jetzt zu erinnern, wo sie mich schon mal gesehen hat. Würde man mich feuern, wenn sie mich erkennen würde? Oder würde sie dann wenigstens auf die Idee kommen, mir ein Glas Wasser anzubieten? Schon bin ich fest entschlossen – Vorschriften hin oder her –, das Wasser zu akzeptieren, wenn ich es tatsächlich angeboten bekäme. Und wenn Ted von dieser Übertretung erfahren würde, könnte ich einfach sagen, eine Ablehnung wäre unhöflich gewesen. Aber meine Sorgen waren gänzlich überflüssig. Sie paßt nur auf, daß ich keinen Quadratzentimeter ungeputzt lasse, und als ich wieder mühsam auf den Beinen stehe und sie durch einen Schweißschleier anblinzle, sagt sie nur: »Wo Sie schon dabei sind: Könnten Sie eben noch den Boden im Eingangsflur schrubben?«

Nach der Arbeit fahre ich nach Hause ins Blue Haven, lasse die Jalousien runter, ziehe meine Berufskleidung aus – in der Küche, weil das Bad für eine Person und abgelegte Kleider zu klein ist – und stelle mich gut zehn Minuten unter der Dusche. Und dabei denke ich immer nur: Dieses Wasser gehört *mir*. Ich habe es bezahlt, ja, ich habe es sogar verdient. Ich habe eine ganze Woche bei The Maids ohne Unfall, Verletzung oder Rebellion überstanden. Mein Rücken scheint in Ordnung, was heißt, daß ich ihn gar nicht spüre; sogar meine Handgelenke, die vor Jahren von einer Handwurzelentzündung geplagt wurden, melden keine Beschwerden. Einige Kolleginnen hatten mir berichtet, sie hätten sich nach dem ersten Tag mit dem Huckepack-Staubsauger ganz kaputt gefühlt, ich keineswegs. Ich bin stark, ja viel mehr noch, ich bin eine gute Arbeiterin. Habe ich Mrs. W. einen Eimer Dreckwasser über ihre flotten weißen Sommerklamotten geschüttet? Nein. Habe ich in einem der Häuser mit dem Staubsaugerrohr chinesische Porzellanstatuetten oder Hummelfiguren zertrümmert? Nicht ein einziges Mal. Ich war stets fröhlich, zupackend, hilfsbereit und so kompetent, wie es von einer Neuen nicht ohne weiteres zu erwarten ist. Wenn ich eine Woche schaffe, kann ich auch eine zweite schaffen. Und vielleicht tue ich das sogar, denn die ganze Woche durch bin ich nicht dazu gekommen, einen anderen Job zu suchen. Das Schichtende um halb vier hat sich als Mythos herausgestellt, oft waren wir nicht vor halb fünf oder fünf in der Firmenzentrale zurück. Und konnte ich im Ernst daran denken, nach meiner Arbeit in meinem verschwitzten und stinkenden Zustand auf Bewerbungstour zu gehen? Ich beschließe, mich mit einem Abendspaziergang am Old Orchard Beach zu belohnen.

Wegen der Hitze baden tatsächlich noch ein paar Leute im Meer, aber ich möchte nur in Shorts und T-Shirt dasitzen und zusehen, wie der Ozean den Sand modelliert. Als die Sonne untergeht, gehe ich in die Stadt zurück, um mein Auto zu suchen, als zu meinem Erstaunen eine Musik an mein Ohr dringt, die ich mit New York oder Berlin assoziiere. Auf der kleinen Raseninsel an der Straße entlang der Mole spielen zwei peruanische Musiker, umringt von vielleicht 50 Menschen – Einheimischen wie Feriengästen –, die mit versonnenen spätsommerlichen Gesichtern ihren Tönen lauschen. Ich dränge mich durch die Menge und setze mich auf eine Bank, um die beiden Musiker von nahem zu sehen: den schönen jungen Mann mit der Gitarre und seinen größeren Begleiter, der Flöte spielt. Was tun sie hier in dieser heruntergekommenen Sommerfrische unter den Arbeiterfamilien, und was kann dieses Publikum mit diesen dunkelhäutigen Überraschungsgästen aus dem Süden anfangen? Über dem Rhythmus der Gitarre läßt die Flöte eine sehr fremde Melodie emporschweben, die mir dennoch vollkommen vertraut vorkommt, als wäre sie vor Jahrhunderten in das Gedächtnis meiner eigenen bäuerlichen Vorfahren eingepflanzt und erst in diesem Augenblick wieder der Vergangenheit entrissen worden. Alle anderen Zuhörer sitzen genauso regungslos und fasziniert da wie ich. Die beiden Musiker blinzeln und lächeln sich gegenseitig zu, und ich sehe in ihnen die heimlichen Sendboten einer weltumspannenden Verschwörung der unteren Klassen, die ein Stück Freude aus dem Dreck und der Erniedrigung herausklauben wollen. Als das Lied endet, gebe ich ihnen einen Dollar, das sind ungefähr zehn Minuten Schweiß.

Meine Superfrau-Stimmung hält nicht lange vor. Schon deshalb nicht, weil zwar meine Muskeln und Gelenke in Ordnung sind, aber dafür meine Haut rebelliert. Zuerst denke ich, die juckenden rötlichen Quaddeln müssen von einem Giftefeu stammen, mit dem ich unabsichtlich in Berührung gekommen bin. Es kommt nämlich zuweilen vor, daß die Hauseigentümer vergessen haben, einen Schlüssel unter der Matte zu lassen, oder daß sie den Putzservice nicht mehr wollen, ohne ihn bei Ted abbestellt zu haben. In einem solchen Fall sind wir keineswegs erfreut – wie es Schulkinder sind, wenn sie schneefrei haben –, weil Ted die Vergeßlichkeit seiner Kunden uns anlastet. Bei einer morgendlichen Einsatzbesprechung hat er uns auseinandergesetzt, daß es »etwas zu bedeuten« habe, wenn Hausbesitzer unsere Putztermine vergessen. Sie könnten zum Beispiel unzufrieden sein, aber gleichzeitig zu passiv bzw. zu aggressiv, um es uns mitzuteilen. Als ich einmal mit dem Team von Pauline unterwegs bin, muß sie Ted eine verschlossene Tür melden. Als sie vom Telefon zurückkommt, berichtet sie ganz geknickt, Ted habe nur geantwortet: »Tu mir das nicht an!« Bevor wir aufgeben und ein Haus als verschlossen melden, versuchen wir deshalb, wie Einsteigdiebe auf andere Weise einzudringen. Wir suchen etwa nach einer nicht abgeschlossenen Tür, oder wir trampeln durchs Gebüsch, um einen Blick durch ein Fenster zu werfen. Giftefeu habe ich zwar nirgends gesehen, aber wer weiß, ob die Flora von Maine nicht andere giftige Pflanzen auf Lager hat.

Aber vielleicht sind auch die Reinigungsmittel schuld, dann hätte der Ausschlag allerdings zuerst an meinen Händen auftreten müssen. Nachdem die Haut zwei Tage lang nur gereizt war, bahnt sich nunmehr ein epidermischer Totalschaden an. Obwohl ich mich flächendeckend mit einer juckreizstillenden Creme einschmiere, reicht es nachts nur zu eineinhalb Stunden Schlaf am Stück, dann setzt das quälende Jucken wieder ein. Am Morgen merke ich, daß ich zwar arbeiten könnte, aber vermutlich nicht sollte, schon weil ich wie eine Leprakranke aussehe. Allerdings hat Ted für Kranke nicht viel übrig. Bei einer der morgendlichen »Versammlungen« hat er uns einmal klargemacht, wie man »durcharbeitet«: Jemand habe sich mit Migräne krank gemeldet, erzählte er (»aber ich nenne natürlich keine Namen«) und fügte hinzu: »Also wenn ich Migräne bekomme, werfe ich mir zwei Aspirin rein und mache einfach weiter. So müßt ihr es machen – einfach durcharbeiten.«

Als ich dann doch im Büro erscheine, geschieht es im Dienste eines wissenschaftlichen Experiments, denn ich will herausfinden, ob mein fleckiges und entzündetes Erscheinungsbild abschreckend genug ist, um nach Hause geschickt zu werden. Ich wollte auf keinen Fall, daß jemand, der so aussieht wie ich, das Spielzeug meiner Kinder oder die Seife in meinem Bad anfaßt. Aber Ted sieht kein Problem. Es muß eine Latex-Allergie sein, lautet seine Diagnose. Laß einfach die Latex-Handschuhe weg. Für besonders eklige Arbeiten gibt er mir andere Handschuhe mit. Ich werde also »durcharbeiten«.

Um nicht aus meiner Rolle zu fallen, müßte ich nach der Arbeit eine Erste-Hilfe-Station auftreiben und versuchen, ein bißchen karitative Krankenversorgung abzustauben. Aber dann ist es nicht mehr auszuhalten. In der Nacht wird der Juckreiz so schlimm, daß ich immer wieder ausflippe: Ich wedele wie wild mit den Armen und stampfe mit den Füßen auf, um mich nicht zu kratzen oder loszubrüllen. In meiner Verzweiflung lasse ich mich in das soziale Netz zurückfallen, das mir meine reale Klassenlage bietet: Ich rufe einen Hautarzt an, den ich aus Key West kenne, und zwinge ihn, mir etwas zu verschreiben, ohne die Patientin gesehen zu haben. Das Ganze kostet mich allerdings 30 Dollar, einschließlich juckreizstillender Creme, Prednison-Tabletten und Prednison-Creme plus Benadryl, damit ich durchschlafen kann.

Am Tag ist es für die Jahreszeit noch immer zu heiß, und in den fremden Häusern, wo ich staubsauge oder den Boden schrubbe, gehe ich häufig ans Fenster, um auf irgendeinen azurblauen Swimmingpool zu blicken, während mich die juckende Haut fast rasend macht. Der Anblick des unnahbaren Wassers und die fürchterliche Hitze sind selbst für meine juckreizfreien Kolleginnen ein provozierender Kontrast. Als ich eines Tages mit Rosalie und Maddy im Auto sitze, nachdem wir ein Anwesen mit Swimmingpool, Poolbar und schattiger Pergola durchgeputzt haben, schwärmen wir uns vor, in welches kühle Naß wir uns am liebsten werfen möchten: in salzige oder süße Gewässer, in einen See oder ein Schwimmbecken, in die tosende Brandung oder ins spiegelglatte Meer. In den Häusern können wir nicht einmal unsere Hände waschen, zumindest nicht, nachdem wir die Waschbecken getrocknet und blankgewienert haben. Und immer wenn ich es schaffe, mich zu waschen, bevor das Verbot in Kraft tritt, muß ich in letzter Minute noch eine Dreckarbeit übernehmen, zum Beispiel den Lappen auswringen, mit dem wir am Schluß noch mal die Fußböden nachgewischt haben. Vielleicht kommt der Ausschlag auch von einer Wanze oder von dem Desinfektionsmittel, das ich mir direkt aus der Flasche in die Hände gesprüht habe, um sie noch besser zu reinigen. Als der Ausschlag drei Tage andauert, fahre ich nochmal an den Old Orchard-Beach und wate voll angekleidet ins Wasser (ich habe vergessen, in Key West einen Badeanzug für Maine einzupacken). Als eine Welle über mir zusammenschlägt, versuche ich so zu tun, als sei ich nur zufällig von ihr erwischt worden, denn niemand soll mich für eine elende Pennerin halten, die das Meer als Badewanne nutzt.

Und noch etwas anderes unterminiert meine Muskelprotzerei. Die Fähigkeit, bei der Arbeit mit 20 oder 30 Jahre jüngeren Frauen mitzuhalten, hatte eine klammheimliche Freude in mir ausgelöst, aber inzwischen ist mir klar, daß das weniger über mich aussagt als über meine Kolleginnen. Was uns im Team zusammenschweißt, wenn davon überhaupt die Rede sein kann, ist unsere körperliche Fitness. Die Schwäche einer Kollegin kann für die anderen im Team eine zusätzliche Belastung bedeuten; deshalb versorgen wir uns gegenseitig mit Heilkräutern und anderen apothekenfreien Mitteln gegen chronische Schmerzen. Ich weiß zwar nicht, wie meine Kolleginnen mit ihrem Geld klarkommen oder was sie von unseren höllischen Arbeitsbedingungen halten, aber ich weiß alles über ihre Rückenschmerzen, ihre Wadenkrämpfe, ihre Arthritis-Anfälle. Lorie und Pauline können wegen ihrer Rückenprobleme nicht mit dem Huckepack-Staubsauger arbeiten, weshalb alle anderen nicht mit ihnen in ein Team gesteckt werden wollen. Helen hat chronisch schmerzende Füße, wofür Ted einmal – als sie nicht zur Arbeit erschienen war – ihre billigen, schlecht sitzenden Schuhe verantwortlich gemacht hat (wobei er andeutete, die kaufe sich Helen aus purer Bosheit). Marge hat Arthritis, was ihr das Schrubben zur Qual macht, eine andere Kollegin muß wegen ihrer Probleme mit dem Schultergelenk regelmäßig zum Physiotherapeuten. Als mir Rosalie erzählt, daß ihre Schulterschmerzen davon herrühren, daß sie »als Kind« (das sie in meinen Augen noch immer ist) immer Blaubeeren ernten mußte, muß ich an meine eigene Kindheit zurückdenken, wie ich an einem heißen Julitag durch Felder und Wiesen laufe und immer wieder eine Handvoll Blaubeeren esse. Aber Rosalie mußte als Kind auf den kommerziellen Blaubeerfeldern im Norden von Maine arbeiten; ihre lädierte Schulter ist demnach eine berufsbedingte Schädigung.

So leben wir in einer Welt der Schmerzen, die wir mit Tabletten erträglich halten und mit Zigaretten oder auch mit Alkohol kompensieren (letzteres nur ein, zwei Mal und stets am Wochenende). Ahnen die Hausbesitzer etwas von den körperlichen Leiden, die der Preis dafür sind, daß sie ihre Räume so perfekt sauber und aufgeräumt vorfinden wie im Hotel? Würde es für sie irgend etwas bedeuten, wenn sie es wüßten? Eine der wenigen Hausbesitzerinnen, mit denen ich mich unterhalten habe, ist eine patente, muskulöse Frau, deren Schreibtisch verrät, daß sie halbtags als private Fitness-Trainerin arbeitet. Als sie merkt, daß ich beim Staubsaugen ins Schwitzen gekommen bin, meint sie keineswegs unfreundlich: »Das ist ja wie ein richtiges Workout.« Und dann bietet sie mir tatsächlich ein Glas Wasser an – das einzige Mal, daß mir derartiges widerfährt. Ich pfeife auf die Vorschrift, daß wir innerhalb einer Wohnung nichts zu uns nehmen dürfen, und trinke von dem Wasser. Aber ich trinke nicht ganz aus, um die peinliche Situation zu vermeiden, daß sie mir vielleicht nachfüllen will. Da meint die Trainerin: »Ich sage zu allen Kunden: Wenn Sie fit sein wollen, feuern Sie doch einfach Ihre Aufwartefrau und putzen Sie selber.« Ich sage nur »na ja«, denn wir plaudern hier ja nicht beim Fitnesstraining, und ich kann ihr schlecht auseinandersetzen, daß diese Art Übungen furchtbar unausgewogen und repetitiv sind und daß sie deine Skelett- und Muskelstruktur womöglich stärken, aber ebensogut auch kaputtmachen können.

Ein anderes Mal wird meine Selbstbeherrschung auf eine noch härtere Probe gestellt. Die Besitzerin eines millionenschweren Anwesens (schätze ich wenigstens, denn das Haus hat drei Stockwerke und bietet einen Panoramablick auf die berühmte Felsküste), die nach dem gerahmten Foto an der Wand zu schließen die echte Barbara Bush persönlich kennt, führt mich ins herrschaftliche Badezimmer und erläutert mir ihren Kummer mit der Duschkabine. Offenbar »bluten« die mit Marmorkacheln verkleideten Wände, so daß die Messingarmaturen leiden, also möge ich doch bitte die Mörtelstreifen zwischen den Kacheln besonders kräftig schrubben. Am liebsten würde ich erwidern: Das ist nicht Ihr Marmor, Madame, der hier blutet. Es sind die Arbeiter in aller Welt, die Menschen, die den Marmor aus dem Berg gebrochen haben, die Ihren Perserteppich gewebt haben, bis sie davon blind wurden, die das Obst geerntet haben, das Ihre kostbare, herbstlich dekorierte Silberschale füllt, die den Stahl für die Nägel produziert, die den Lastwagen gefahren, die dieses Gebäude errichtet haben und die es jetzt putzen und dabei buckeln und schwitzen und auf den Knien rutschen.

Im Lauf meines Experiments habe ich mir niemals eingebildet – nicht einmal in den fatalsten Momenten der Selbstüberschätzung –, ich sei ein Mitglied der unterdrückten Arbeiterklasse. Wenn ich in der Lage bin, stundenlang durchzuarbeiten, so verdanke ich dies allein der überdurchschnittlichen medizinischen Versorgung, die ich über Jahrzehnte genossen habe, sowie einer proteinreichen Kost und meinen regelmäßigen Trainingseinheiten im Fitness-Center, die mich jährlich 400 bis 500 Dollar kosten. Wenn ich momentan ein produktives Mitglied der Arbeiterklasse sein kann, so nur deshalb, weil ich bislang nicht so viel harte physische Arbeit leisten mußte, daß sie meinen Körper hätte ruinieren können. Aber immerhin kann ich für mich in Anspruch nehmen, daß ich selber nie eine Reinigungskraft beschäftigt oder einen Reinigungsdienst in Anspruch genommen habe (außer die beiden Male, als ich mein Haus für einen kurzfristigen Mieter bezugsfertig machen mußte), obwohl mir im Lauf der Jahre verschiedene Partner und Ehemänner mit diesem Anliegen in den Ohren lagen. Als ich eine Haushaltshilfe gebraucht hätte, während die Kinder noch klein waren, konnte ich sie mir nicht leisten. Und als ich sie mir dann leisten konnte, ging mir die Vorstellung immer noch gegen den Strich. Das liegt zum Teil daran, daß meine Mutter eine eigenhändig geputzte Wohnung für einen Ausweis weiblicher Tugend hielt, zum Teil aber auch daran, daß ich meine normale berufliche Tätigkeit am Schreibtisch verrichte, so daß für mich die Hausarbeit – mal hier eine Viertel-, mal da eine halbe Stunde – eine willkommene Unterbrechung darstellt. Aber ich habe häusliche Dienstleistungen in erster Linie deshalb abgelehnt, weil ich mit einem anderen menschlichen Wesen einfach nicht diese Art von Beziehung unterhalten will.[11]

Ein Grund, den ich hier einfach ansprechen muß, ist das Thema Scheiße. »It happens«, besagt ein Autoaufkleber, und einer Putzkraft passiert es jeden Tag. Als ich bei der Arbeit das erste Mal vor einer verschissenen Toilette stand, empfand ich die unerwünschte Intimität als total schockierend: Zwei Stunden zuvor hat sich auf diesem Toilettensitz ein fetter Hintern etwas abgerungen, und jetzt bin ich hier, um ihm hinterherzuwischen. Für Leser, die noch nie eine wirklich beschissene Toilette geputzt haben, sollte ich an dieser Stelle erläutern, daß es drei Sorten von Scheißespuren gibt: Erstens die erdrutschartigen Hinterlassenschaften, die sich an der Innenwand der Toilettenschüssel hinunterziehen; zweitens die zurückgeschwappten Bestandteile, die an der Unterseite des Toilettensitzes kleben. Und drittens die wohl ekelhafteste Sorte: eine braune Kruste am Innenrand des Toilettensitzes, die sich da ablagert, wo der Sitz von einem ins Wasser plumpsenden Haufen gestreift wurde. So genau wollten Sie es gar nicht wissen? Nun ja, auch ich hätte dieses Thema lieber vermieden, aber die drei Typen von Spuren machen nun einmal unterschiedliche Reinigungskonzepte erforderlich. Das kleinste Übel sind noch die Rückstände innerhalb der Toilettenschüssel, denn sie lassen sich mit der Klobürste attackieren, die für uns eine Art Distanzwaffe ist. Am übelsten sind dagegen die Krusten, die an der Brille kleben, vor allem wenn sie den Einsatz von Scheuerschwamm und Wischlappen nötig machen.

Wenn wir schon dabei sind, können wir auch über die zweite große Heimsuchung für die Badezimmerputzkraft reden – über Schamhaare. Ich weiß nicht, was mit den besseren Kreisen der USA los ist, aber es scheint, daß ihnen in alarmierendem Tempo die Schamhaare ausfallen. Sie finden sich in rauhen Mengen, und zwar überall: in Duschkabinen, in Badewannen, in Jacuzzis (großen Jetstream-Badewannen) und unerklärlicherweise auch in Ausgußbecken. Einmal krauchte ich 15 Minuten lang in einem riesigen, vier Personen fassenden Jacuzzi umher und bemühte mich verzweifelt, die dunklen kleinen Haarspiralen aufzuspüren, die auf den eierschalenfarbenen Keramikwänden kaum zu erkennen waren, wobei ich mir aber auch fasziniert ausmalte, wie nackt und kahl es mittlerweile zwischen den Beinen unserer ökonomischen Eliten aussieht.

Aber die Hausbesitzer können uns natürlich noch mit schlimmeren Dingen belästigen als mit Scheiße und Schamhaaren. Zum Beispiel können sie hinter uns herspionieren. Auf die Frage, wie es eigentlich zu dem Fluchverbot gekommen ist, erzählt mir eine Teamkollegin, von einigen Hausbesitzer wisse man, daß sie während unserer Arbeitszeit einen Kassettenrecorder laufen lassen. Zu ihrem Repertoire gehörten auch Videokameras in der Nähe von wertvollen Objekten, womit sie die Putzkraft auf frischer Diebestat zu erwischen versuchen. Solche Geschichten mögen stimmen oder nicht, jedenfalls bestärkt uns Ted in der Vorstellung, daß wir in allen Häusern ständig überwacht werden.[12] Und dann gibt es auch Hausbesitzer, die uns Fallen stellen. In einem Haus erhalte ich von der Teamleiterin eine Rüge, weil ich mit dem Staubsauger nicht weit genug unter die Perserteppiche gekommen bin, denn die Dame des Hauses pflegt darunter auf dem Parkett kleine Schmutzhäufchen zu plazieren, um zu kontrollieren, ob die nach unserem Putzdurchgang noch immer daliegen. Weit üblicher ist allerdings, daß die Eigentümer zu Hause sind, wenn wir kommen, so daß sie uns bei der Arbeit beaufsichtigen können. Als ich im Haus eines Pensionärsehepaars einmal zufällig in den Raum schaute, den ich kurz davor durchgesaugt hatte, starrte mir der mächtige purpurumrüschte Hintern der Hausfrau entgegen. Ich hätte nie gedacht, daß sie noch so beweglich ist, aber sie war unter einen Schreibtisch gekrochen, um auf dem Boden nachzuforschen, ob ich vielleicht ein paar Staubfusseln übersehen hatte.

Ich würde über die Häuser, in denen ich zu tun hatte, durchaus noch mehr berichten, nur fehlen mir leider die Fachausdrücke für die vielerlei Typen von Wandverputz und Fußbodenmaterialien, von Lichtschaltern und Kaminfeuergerätschaften, von Portalen und Skulpturen, mit denen wir es zu tun haben. Was das Thema Innenarchitektur betrifft, so bedaure ich überhaupt schon seit langem, daß wir Menschen keinen Haarpelz mehr haben und deshalb nicht mehr im Freien leben können. Für die vielfältigen Konsequenzen dieses Mangels (Hausarchitektur, Möbel usw.) habe ich mich nie besonders interessiert. Weit aufschlußreicher erscheinen mir Bücher und andere Druckerzeugnisse, durch die ich die Ticks, die Prätentionen und die Ängste der besitzenden Klassen besser zu verstehen lerne. So kann ich zum Beispiel ersehen, daß einer unserer Hausbesitzer zur Scientology-Sekte gehört und daß ein anderer sich furchtbar viel auf seine Abstammung von einem der schottischen Clans einbildet, dem auch meine Vorfahren angehörten. Bei einer anderen Hausbesitzerin hängt rührenderweise eine gerahmte Urkunde an der Wand, mit der ihr bescheinigt wird, daß sie im »Who's Who of American Women« verzeichnet ist.

Bei den Büchern stehen am unteren Ende des literarischen Spektrums – an dem die meisten unserer Kunden angesiedelt sind – Autoren wie Grisham und Limbaugh; am oberen Ende findet sich einiges von Amy Tan, und einmal habe ich sogar einen Titel von Ondaatje entdeckt. Doch die meisten Bücher scheinen ohnehin nur Demonstrationszwecken zu dienen; das wahre Leben spielt sich – nach den vielen Essensflecken und herumliegenden Kleidungsstücken zu urteilen – in dem Raum ab, der den Großbildschirmfernseher beherbergt. Die einzigen Bücher, die mich ernsthaft wütend machen, sind die antiquarischen – und unzweifelhaft im Dutzend erstandenen – Bände, die sich zuweilen auf einem Beistelltisch finden und die Absicht ausstrahlen, dekorativ und »authentisch« zu wirken, als würden die Hausbesitzer ihre knappe Freizeit dafür verwenden, ein Buch aus dem Jahre 1920 mit dem Titel »Bobfahren in Vermont – Abenteuer eines Jungen« zu lesen. Doch leider bleibt mir für derartige literarische Nachforschungen nicht viel Zeit. Denn eine Putzfrau hat sich nur für die *Anzahl* der Bücher pro Regal zu interessieren: Wenn es über zwölf sind, können wir sie als einen Block behandeln und rundherum abstauben, bei weniger als zwölf Büchern müssen wir sie hingegen aus dem Regel herausnehmen und einzeln abstauben.

Nicht alle unsere Hausbesitzer sind tatsächlich reich. Etwa jeder dritte oder vierte Haushalt sieht eher nach Mittelklassse aus, und einige sind echt verdreckt, vermutlich weil niemand zwischen unseren Besuchen die laufenden Putzarbeiten erledigt. Aber »Klasse« ist ein relativer Begriffe. Als wir einmal zwei Häuser durch haben, die deutlich weniger Toiletten als Haushaltsmitglieder aufweisen – ein untrügliches Zeichen für finanzielle Probleme –, frage ich meine Teamleiterin Holly, ob wir als nächstes ein Haus von »Reichen« auf der Liste haben. Ihre Antwort lautet: »Wenn wir ihr Haus putzen, sind sie reich.«

Es ist unübersehbar Herbst geworden. Seit einiger Zeit werde ich Tag für Tag in Hollys Team eingeteilt. Wir haben die ersten Morgennebel, und an den Verkaufsständen der Farmer türmen sich die Kürbisse. Der Classic-Rock-Sender, den wir unterwegs hören, hat sich auf die Jahreszeit eingestellt, indem er mehrmals täglich »Maggie May« spielt: »It's late September and I really should be back at school...« Während andere Leute morgens ins Büro oder ins Klassenzimmer gehen, putzen wir – als ihre Aschenputtel – die Wohnungen, die sie zurückgelassen haben. Im Pop-Sender läuft Pearl Jams hypnotischer Titel »Last Kiss«, eine Melodie, die so wunderbar traurig klingt, daß Verlassenheit wie ein beneidenswerter Zustand anmutet. Nur daß niemand von unserer Truppe je kommentieren würde, was wir im Radio hören oder was irgendwo in der Welt jenseits unserer Firma und der zu betreuenden Häuser passiert. In diesem Team – das gewissenhafteste und korrekteste, in dem ich je gearbeitet habe – drehen sich die Gespräche, zumindest am Vormittag, ausschießlich um die vor uns liegende Arbeit. »Murphy, ist das nicht das Haus, für das wir beim ersten Mal vier Stunden gebraucht haben? – Ja, aber es ist o.k., wenn du erst mal das große Bad hinter dir hast, wo du mit dem Schimmelpilzkiller arbeiten mußt...« und so weiter. Oder wir reichen unseren Arbeitsplan herum und studieren die »heiklen Punkte«, die Tammy für jedes Objekt und ihre Besitzer eingetragen hat. Die typischen »heiklen Punkte« sind Wandleisten, Fensterbänke oder Deckenventilatoren – und natürlich nie und nimmer Armut, Rassismus oder der globale Treibhauseffekt.

Auch bei Holly gibt es einen heiklen Punkt. Sie ist sichtlich angeschlagen, jedenfalls ist sie weißer im Gesicht als die restliche Bevölkerung von Maine. Also weiß nicht wie der gewöhnliche Weiße, sondern wie Hochzeitskleid, Tuberkulose und Tod. Ich weiß von ihr nur, daß sie 23 Jahre alt und seit fast einem Jahr verheiratet ist und daß sie es schafft, sich selbst, ihren Mann und eine Mitbewohnerin mit 30 bis 50 Dollar in der Woche durchzufüttern. Das ist kaum mehr Geld, als ich selber für Essen ausgebe. Meiner Schätzung nach dürfte sie – vor dem Frühstück – nicht mehr als 42 Kilo wiegen, falls sie überhaupt ein Frühstück hat. Während der ganzen Schicht von acht bis neun Stunden ißt sie nie mehr als ein winziges Zwieback-Sandwich mit Erdnußbutter, und man könnte fast denken, daß es ihr überhaupt nicht nach Essen ist, wenn sie nicht bei unseren Autofahrten immer gegen halb drei Uhr nachmittags anfangen würde, zwanghaft über ihre Essensvisionen zu reden. »Was hast du gestern abend zum Essen gehabt?« fragt sie Marge, die Älteste in unserem Team. Marge hat auch am meisten Geld und kann dank eines Ehemanns, der ein gut verdienender Fischer ist, gelegentlich mit ihren Erlebnissen in feinen Restaurants aufwarten. Oder wir fahren an einem Dairy Queen-Eisgeschäft vorbei, und Holly sagt: »Die haben da riesige Sundaes, mit vier verschiedenen Soßen: Schokolade, Erdbeere, Butter Scotch und Marshmallow, und du kriegst jede Sorte Eiscreme, was du willst. Ich hab mal einen Becher gegessen und hab das Eis ein bißchen schmelzen lassen, und o mein Gott, es war…« und ewig so fort.

Daß Holly angeschlagen aussieht, fällt heute selbst Marge auf, die sonst immer über alles drauflosplappert, was ihr wieder so passiert ist (»es war die größte Spinne…« oder »zu den gebackenen Bohnen gibt sie ein ganz klein bißchen Senf…«). Marge fragt: »Ist es nur der Magen oder ist dir richtig schlecht?« Als Holly zugibt, daß ihr schlecht ist, will Marge wissen, ob sie schwanger ist. Keine Antwort. Marge fragt erneut, erneut keine Antwort. »Ich rede mit dir, Holly, antworte mir.« Die Stimmung ist gespannt, Marge drängt weiter, Holly mauert ebenso entschlossen, und als Teamleiterin setzt sie sich durch.

Wir sind nur zu dritt, Denise ist mit Migräne zu Hause geblieben.

Im ersten Haus schlage ich vor, daß Marge und ich heute das ganze Staubsaugen übernehmen. Marge ist nicht einverstanden, aber das ist auch egal, denn Holly meint, das komme gar nicht in Frage. Ich beeile mich mit dem Staubwischen, damit ich Holly möglichst viel Arbeit abnehmen kann. Als ich fertig bin, eile ich in die Küche, wo ich in eine Szene hineinplatze, die derart melodramatisch ist, daß ich in dem Moment glaube, ich sei aus dem Videofilm »Staubwischen« herausgetreten und in einen anderen Film geraten.

Holly steht zusammengeklappt an der Küchentheke, ihr Kopf ist auf die Arme gesunken, von der Teamleiterin ist nichts mehr übrig. Sie schaut verzweifelt auf und sagt: »Ich sollte heute gar nicht kommen, ich hatte furchtbaren Streit mit meinem Mann. Ich wollte am Morgen nicht zur Arbeit, aber er hat gesagt, ich muß.« Dieses persönliche Geständnis ist für sie so ungewöhnlich, daß es mir die Sprache verschlägt. Holly redet weiter: Das Problem ist wahrscheinlich, daß sie schwanger ist. Seit sieben Wochen, und ständig ist ihr dabei übel, deshalb kann sie nichts mehr essen und wird immer schwächer, aber sie will, daß es niemand erfährt, bis sie es Ted selbst sagen kann.

Ich fasse Holly ganz vorsichtig am Arm (ein befreundeter Soziologe hat mich über die scheue Art der Menschen aus dem ländlichen Maine aufgeklärt) und sage, daß sie nicht weiterarbeiten soll. Selbst wenn sie sich in Ordnung fühle, sollte sie mit den Chemikalien, die wir benutzen, besser nicht in Berührung kommen. Sie soll nach Hause gehen. Aber ich kann sie nur dazu bewegen, den proteinhaltigen Sportriegel anzunehmen, den ich immer für den Fall dabei habe, daß mir mein Sandwich nicht ausreicht. Zunächst lehnt sie ab. Als ich das Angebot wiederhole, fragt sie »wirklich?« Am Ende nimmt sie den Riegel, bröckelt mit zitternden Fingern ein paar Krümel ab und schiebt sie in den Mund. Dann fragt sie, ob es mir etwas ausmachen würde, mich für den Rest des Tages ans Steuer zu setzen, weil sie es sich nicht mehr zutraut, benommen, wie sie ist?

Damit habe ich zum ersten Mal, seitdem ich als Putzkraft arbeite, etwas Wichtigeres zu tun als mich anzustrengen, den ästhetischen Maßstäben der New England-Bourgeoisie gerecht zu werden. Ich werde die Arbeit von zwei Leuten erledigen, wenn nötig auch von drei. Das nächste Haus auf der Liste gehört einer Frau, die Holly und Marge immer nur elendes Miststück nennen und von der sich herausstellt, daß sie Martha Stewart sein muß. Oder zumindest eine absolut devote Verehrerin dieser Küchen-Entertainerin, die ständig neue, völlig überflüssige Aufgaben für unemanzipierte Frauen erfindet. An diesem Haus bringt mich alles in Rage, und selbst wenn ich hier für einen Cocktail hereinschneien würde, statt mich zusammen mit diesem bleichen, unterernährten Kind abzuplagen, würde mich immer noch einiges ärgern, etwa das Messingschild an der Tür mit dem Datum, wann das Haus gebaut wurde (Mitte des 19. Jahrhunderts), oder die Bar mit ihrer protzigen Batterie von Single Malt-Flaschen, das Himmelbett im Kingsize-Format oder das Jacuzzi-Bad, das so riesig ist, daß man eine Leiter braucht, um hineinzuklettern, und in das man, wenn es voll ist, wahrscheinlich einen Kopfsprung machen kann. Ich beeile mich mit den Toiletten und Bädern und schaffe es sogar, die Küche fertigzukriegen, während die anderen noch an ihrer ersten Aufgabe herumwerkeln. Dann kommt Marge in die Küche und zeigt auf eine ganze Reihe von kupfernen Töpfen und Pfannen, die an einem Holzgestell unter der Decke aufgehängt sind. Nach unseren Instruktionen, teilt mir Marge mit, muß jedes dieser Kupferstücke abgenommen und mit der speziellen Politur der Besitzerin blankgeputzt werden.

Na gut. Um die Dinger herunterzuholen, gibt es nur eine Methode. Ich muß auf die Küchentheke steigen und mich dort hinknien, um sie mit den Armen zu erreichen. Wohlgemerkt, es handelt sich nicht um Kochgeräte, sondern lediglich um Dekorationsstücke, die da unter der Decke hängen, auf daß sie gelegentlich den einen oder anderen Sonnenstrahl zurückwerfen oder das zweifelsohne teuer geschminkte und gepeelte Gesicht der Hauseigentümerin spiegeln. Der letzte Topf ist unerwartet schwer (die Dinger sind der Größe nach aufgereiht), und als ich auf der Küchentheke hockend nach ihm greife, rutscht er mir aus der Hand und kracht in ein großes Goldfischglas, auf dessen Grund sich gemeinerweise auch noch Glasmurmeln befunden haben.

Die Fische flippen umher, die Murmeln rollen in alle Ecken, und das Wasser (das bei unserer Arbeit als gefährliche Substanz gilt) hat alles durchtränkt, was auf der Küchentheke steht: einen Stapel Kochbücher der Serie »Cucina Simpatica«, diverse Bände Provence-Küche und, Himmel hilf, ein Werk von Martha Stewart persönlich. Niemand staucht mich zusammen (nicht einmal Ted in der Zentrale, dem solche Vorkommnisse angelastet werden). Aber meine wahre Strafe ist der Anblick von Hollys Gesicht, die nach dem Krach in die Küche gestürzt kommt. Und in diesem Gesicht steht die nackte Angst.

Nach dem Topfabsturz beschließt Holly, bei einem Laden einzukehren. Ich kaufe eine Schachtel Zigaretten, setze mich raus in den Regen und paffe vor mich hin (seit Jahren rauche ich nicht mehr auf Lunge, aber es hilft auch so). Die beiden anderen sitzen im Auto und trinken ihr Coke. Ich versuche mir klarzumachen, daß ich diesen verdammten Erlöser-Komplex überwinden muß, schon weil kein Mensch von einem Tölpel errettet werden will. Und selbst meine Motive sind mir jetzt nicht mehr ganz geheuer. Gewiß, ich will Holly helfen, und überhaupt allen notleidenden Menschen, wenn möglich auf globaler Ebene. Ich bin ein »guter Mensch«, auch meine geistig verwirrten Schützlinge im Pflegeheim sind dieser Meinung, aber womöglich leide ich nur darunter, daß ich über Nacht eine völlig unbedeutende Person geworden bin. Vielleicht will ich einfach »jemand sein«, wie Jesse Jackson es gerne formuliert, also ein großzügiger, kompetenter, tapferer und vielleicht – oder vor allem? – ein bemerkenswerter Mensch.

Putzfrauen sind eine unsichtbare Berufsgruppe, und wenn uns doch mal jemand wahrnimmt, finden wir das häufig gar nicht gut.[13] Auf der Fahrt zu dem Martha Stewart-Haus hatten sich Holly und Marge beklagt, wie hochnäsig die Besitzerin bei einem früheren Termin aufgetreten war. Da hatte ich die Frage gewagt, warum uns so viele Kunden feindselig oder verächtlich behandeln. »Sie denken, wir sind dumm«, war Hollys Antwort, »sie glauben, wir können mit unserer Zeit nichts Besseres anfangen.« Auch Marge blickte auf einmal ganz ernst und sagte: »Wir sind für diese Leute ein Nichts. Nichts als Putzfrauen.« Aber auch für alle anderen stellen wir nicht viel dar. Selbst Verkäuferinnen, Ladenmädchen mit sechs Dollar Stundenlohn, scheinen auf uns herabzusehen. In Key West war mein Polohemd mit dem Restaurant-Logo immer wieder Anlaß gewesen, mit jemanden ins Gespräch zu kommen, etwa wenn mich eine Büroangestellte fragte: »Sind Sie bei Jerry's?«, um dann zu sagen: »Ich hab mal in dem Waffelladen in derselben Straße gearbeitet.« Doch die Berufskleidung einer Putzfrau bewirkt genau das Gegenteil. Als wir einmal eine Pause in einem richtigen Lokal einlegen wollten, versuchte ich, an der Theke für das ganze Team Eistee zu bestellen, aber die Kellnerin stand wie angewurzelt da und unterhielt sich mit einer Kollegin. Mein mehrfaches »Entschuldigen Sie« wurde einfach überhört. Ähnlich erging es mir in dem Supermarkt, bei dem ich auf der Heimfahrt nach der Arbeit regelmäßig einkaufte, aber am Ende hielt ich es nicht mehr aus, wenn die Leute mich anstarrten, denn ihr Blick sagte nur zu deutlich: »Was machst du denn hier?« Oder: »Kein Wunder, daß sie arm ist, hat ja auch Bier eingekauft!« Ich weiß selber, daß ich am Ende eines Arbeitstages nicht mehr so toll aussehe und wahrscheinlich nach Eau de toilette und Schweiß rieche, aber es ist vor allem die grelle grün-gelbe Arbeitskleidung, die mich verrät – wie die Gefängniskluft einen Häftling auf der Flucht. Und ich denke bei mir, daß ich so vielleicht ein wenig mitkriege, wie es sein muß, wenn man dunkler Hautfarbe ist.

Jetzt sitze ich also auf dem Bordstein vor einer Tankstelle und paffe in den endlos nieselnden Regen, der mir bei meiner durchgeschwitzten Kleidung ohnehin nichts ausmacht. Schlimmer kann es nicht kommen, geht mir durch den Kopf. Aber es kann. Und es kann nicht nur, es wird alles noch schlimmer. Im nächsten Haus fingere ich die Klobürste aus dem Reißverschlußbeutel und kippe mir dabei den flüssigen Inhalt, der sich den ganzen Tag über in dem Beutel angesammelt hat, glatt über den Fuß. Garantiert reiner Toilettensaft sickert durch die Schnürsenkel in meine Socke. Hätte mir im normalen Leben jemand, sagen wir, auf den Fuß gepinkelt, hätte ich wahrscheinlich

Schuh und Socke ausgezogen und weggeworfen. Aber dies sind meine einzigen Schuhe. Ich kann also nur versuchen, die eklige Soße zu ignorieren und Teds Ermahnung zu beherzigen – einfach durcharbeiten.

Mein früheres Ich versucht mich zu beruhigen: immer langsam, und vor allem: keine Sentimentalitäten. Wenn du es nicht aushältst, leidende Menschen um dich herum zu sehen, hast du in der Welt der Niedriglohnarbeiter nichts zu suchen, ob als Journalistin oder in welcher Rolle auch immer. Außerdem habe ich meine eigenen Probleme am Hals, und das dringendste ist Geld. Ursprünglich hatte ich kalkuliert, daß ich mit meinen zwei Jobs gut hinkommen müßte – zumindest auf lange Sicht und wenn nichts Unvorhergesehenes dazwischen kommen würde. Aber am Ende meiner ersten Arbeitswoche gibt es von The Maids keinen Lohnscheck. Bei neu eingestellten Kräften, teilt man mir mit, wird der erste Wochenlohn einbehalten, bis sie am Ende wegbleiben oder kündigen, womit man offenbar verhindern will, daß sie sich von dem ersten Lohn ein schönes Wochenende machen und dann in der zweiten Woche wegbleiben. Zu den Kosten meines Hautausschlags kommt eine weitere teure Überraschung: Die Miete für die erste Woche im Blue Haven beträgt 200 Dollar und nicht 120; die Touristensaison war doch noch nicht ganz zu Ende, heißt es jetzt. Außerdem fanden sich in meinem Apartment, obwohl es als »möbliert« vermietet wird, außer vier Löffeln, einer Gabel, einem Trinkbecher und einem Plastikglas keinerlei Küchenutensilien, so daß ich mir mein eigenes Inventar bei Wal-Mart zusammenkaufen mußte, also Spatula, Dosenöffner, »Allzweckmesser«, Besen usw. Wenn erst mal die Lohnschecks von meinen beiden Arbeitsplätzen eintreffen, werde ich keine Probleme mehr haben, aber im Moment – immerhin gegen Ende meiner zweiten Arbeitswoche – sehe ich ein mageres Wochenende auf mich zukommen, selbst wenn ich die Gratismahlzeiten im Woodcrest-Pflegeheim einkalkuliere.

Können hart arbeitende Arme irgendwo Hilfe finden? Durchaus, aber man braucht dazu einige Energie und darf nicht allzu verarmt sein. Am Donnerstag fahre ich nach der Arbeit zu der Mobil-Tankstelle gegenüber unserer Firmenzentrale und rufe das Prebles Street Resource Center an, das im Telefonbuch als eine Adresse firmiert, wo es kostenlose Mahlzeiten und Hilfe für alle Lebenslagen gibt. Die Stimme auf dem Anrufbeantworter teilt mir mit, daß das Zentrum um drei Uhr nachmittags zumacht (wie praktisch für die erwerbstätigen Armen!) und daß man es danach bei 774-HELP versuchen solle. Bei dieser Organisation dauert es vier Minuten, bis jemand ans Telefon geht. Ich erzähle, daß ich neu in der Gegend bin und Arbeit habe, aber im Moment ein paar Lebensmittel oder etwas Bargeld brauche. Warum ich Geld brauche, wenn ich einen Job habe, will die männliche Stimme wissen, ob ich denn kein Geld mitgebracht habe. Das habe ich für die Miete aufgebraucht, erkläre ich ihm, und die war teurer als erwartet. Ja, warum ich mich denn nicht nach den Mieten erkundigt habe, bevor ich hierhergezogen bin? Ich überlege kurz, ob ich meinen Hautausschlag als mildernden Umstand anführen soll, finde dann aber, daß unsere Beziehung noch nicht so weit gediehen ist, daß ich meine körperliche Befindlichkeit mit ihm erörtern wollte. Schließlich läßt er es gut sein und gibt mir eine weitere Telefonnummer. Erst nach weiteren vier Anrufen habe ich ein hilfreiches menschliches Wesen erreicht. Gloria meint, ich solle morgen zwischen neun und 17 Uhr beim Nahrungsmitteldepot in Biddeford erscheinen. Aber wie kann man nur davon ausgehen, daß die Hungernden den ganzen Tag über Zeit haben, all die »kommunalen Aktionszentren« und wohltätigen Einrichtungen abzuklappern? Das sieht Gloria ein und gibt mir die Telefonnummer von Karen, die bei einer anderen privaten Hilfsorganisation arbeitet, mir aber sagen muß, daß ich im falschen Landkreis wohne. Betont langsam und bemüht, denselben geschäftsmäßigen Ton anzuschlagen, mit dem ich mich nach dem Stand meines Kreditkartenkontos erkundigen würde, schildere ich erneut meine geographischen und zeitlichen Restriktionen, wobei ich ihr vor allem klarmache, daß ich sieben Tage in der Woche und mindestens acht Stunden pro Tag arbeite und daß ich mich eben gerade zufällig in ihrem räumlichen Zuständigkeitsbereich aufhalte. Bingo! Karen läßt sich erweichen. Bargeld kann ich nicht haben, aber sie wird einen Anruf machen und dann kann ich in einem Shop-'n-Save-Laden in South Portland einen Lebensmittelbon abholen. Und was will ich als Mittagessen haben?

Sagt sie das nur so dahin oder will sie mich verarschen? Was ich zu Mittag will? Am liebsten Lachsfilet in Polentateig mit Pesto-Soße und einem Glas Chardonnay? Aber Karen meint es ernst. Daß ich kein Bargeld bekomme, leuchtet mir noch ein, das würde ich ja doch nur in einen Schnapsladen tragen, aber ich kann auch nicht die Lebensmittel haben, die mir gerade vorschweben. Meine Auswahl, erklärt mir Karen, beschränkt sich auf zwei Artikel der folgenden Liste: eine Packung Spaghetti, eine Dose Spaghetti-Soße, eine Dose Gemüsekonserven, eine Dose gekochter Bohnen, ein Pfund Hackfleisch, eine Packung Hamburger-Beilage, eine Packung Thunfisch-Beilage. Kein frisches Obst, kein frisches Gemüse, kein Hühnchen und kein Käse, und seltsamerweise auch kein Thunfisch für die Beilage. Zum Frühstück kann ich Getreideflocken und Milch oder Saft haben. Gar nicht schlecht. Ich fahre zu dem Shop-'n-Save-Laden, hole am Kundenschalter meinen Lebensmittelbon ab (auf dem erneut meine karge Auswahl aufgelistet ist) und beginne einzukaufen. Ich nehme einen Viertelliter Milch, eine Packung Getreideflocken, ein Pfund Hackfleisch und eine Dose Feuerbohnen (was zu einer Art Chili reichen sollte oder zumindest zu aufgebratenen Bohnen mit Fleischbeilage), und Gott sei Dank moniert die Frau an der Kasse nicht, daß ich Feuerbohnen anstatt der gekochten Bohnen mitgenommen habe. Ich versuche ihr zu danken, aber sie blickt wie zufällig in eine andere Richtung. Unter dem Strich ergibt sich folgende Bilanz: Lebensmittel für 7.02 Dollar nach 70 Minuten Rumtelefonieren und Autofahren, minus 2.80 Dollar für die Telefonate. Macht einen Stundenlohn von 3.62 Dollar.

Und dann kommen die Wochenendschichten im Woodcrest-Pflegeheim auf mich zu. Ich habe versucht, sie sozusagen als echte Wochenenden zu sehen – so als hätte ich mich freiwillig entschlossen, nach fünf Tagen unnützer und weitgehend kosmetischer Arbeit zur Abwechslung etwas Nützliches zu tun. Meine Schwester, die natürlich auch einen Alzheimer-Vater hatte, schreibt mir voller Mitgefühl: »Es muß ja so deprimierend sein.« Aber das ist es keineswegs. Wenn es dir gelingt, wie den Heimbewohnern selbst, die intakten menschlichen Wesen zu vergessen, die sie einmal waren, kannst du sie dir als eine Gruppe verrunzelter Kleinkinder bei einer Kuchenparty vorstellen. Und meine Woodcrest-Kolleginnen sind – verglichen mit den Frauen bei The Maids – herzliche und mitteilsame Menschen, auch wenn ich fast jedes Wochenende neue Gesichter sehe. Weil ich meine Kontakte mit Pete etwas einschränke (auch weil ich mir nicht wieder das Rauchen angewöhnen will), schaffe ich es immerhin, mit zehn, zwölf Leuten auf das »Hi there«-Niveau zu kommen, darunter Köche, Krankenschwestern, Krankenpfleger und andere Diätassistentinnen. Und ich genieße meine Autonomie und die Freiheit zu flexibler Arbeitseinteilung. An den Wochenenden gibt es keine Vorgesetzten, und Linda, die ohnehin kein diktatorischer Typ ist, taucht nach meinem ersten Arbeitstag kaum mehr auf. Beim Tischdecken oder beim Abräumen kann ich anfangen, wo ich will, ohne irgendwelche Von-links-nach-rechts- oder Von-oben-nach-unten-Vorschriften. Ich kann entscheiden, ob wir zum Mittagessen mehr Eiscreme brauchen und ob es Schokoladen- oder Erdbeereis sein soll. Wenn ein Heimbewohner das Hähnchengericht oder die Fleischklößchen ablehnt, die wir auf der Speisekarte haben, kann ich etwas anderes anbieten: Wie wär's mit einem schönen Sandwich mit gegrilltem Käse oder mit einer heißen Tomatensuppe? Und ich entscheide ganz allein, wann die Servietten und Tischtücher in die Wäsche wandern.

Aber es kann auch zuviel Freiheit und viel zuviel Flexibilität geben. Am Samstag nach dem Fischglas-Unfall stelle ich bei meiner Ankunft um sieben fest, daß die Diätassistentin, die mit mir zusammen Dienst haben sollte, unentschuldigt ferngeblieben ist. Damit bin ich ich die einzige Servierkraft für die geschlossene Alzheimer-Station. Erschwerend kommt hinzu, daß keiner der Köche aus der Hauptküche greifbar zu sein scheint (auch nicht Pete), die normalerweise in der kleinen Stationsküche die Frühstücksteller arrangieren, während ich am Servieren bin. Und es gib noch weitere »erschwerende« Umstände:

Der Geschirrspüler der Alzheimer-Station ist kaputt, was bedeutet, daß das Geschirr im oberen Stock vorgewaschen werden muß, um es dann mit dem Geschirrwagen nach unten zu schaffen und in den intakten Geschirrspüler zu laden, der gleich neben der Hauptküche steht. Um das Unglück voll zu machen, sind die Schlüssel nicht aufzufinden, die ich brauche, um in die obere Küche hinein- und aus der geschlossenen Station wieder herauszukommen. Ich muß also zum Öffnen der Tür jedes Mal eine der Krankenschwestern auftreiben. Meine Erinnerung an diesen Tag ist sehr lückenhaft, und die Aufzeichnungen in meinem Tagebuch lesen sich so atemlos und unpersönlich wie die e-mails eines Bergsteigers am Mount Everest, der soeben seine letzte Sauerstofflasche aufgebraucht hat: »Kratze und spüle Teller ab, belade Geschirrwagen für die erste Fuhre, runter zum funktionierenden Geschirrspüler. Räume die nicht gebrauchten Eßsachen weg (Sirup, Milch usw.). Bringe erste Fuhre mit sauberem Geschirr zurück und räume es in der oberen Geschirrkammer ein. Sammle Tischtücher, Platzgedecke und Servietten ein und werfe sie in die Waschmaschine. Fege unter Stühlen. Sauge um Stühle herum.«

Ich überstehe das Ganze nur dank der Küchenhilfen, die beim Servieren einspringen, und auch dank einer Lektion, die ich als Kellnerin in Key West bei Jerry's gelernt habe: Mach keine Pause, denk nicht nach, halte nicht einen einzigen Augenblick ein, denn wenn du das tust, spürst du die Müdigkeit in deinen Beinen hochkriechen, und die wird dich am Ende besiegen.

Nach der Arbeit entschließe ich mich, das Naturschutzgebiet an der Küste zu besuchen, das Pete mir zu zeigen gedroht hatte. Wenigstens ein Stückchen dieses strahlenden Herbsttags will ich auch für mich abzweigen. Auf den riesigen schwarzen Felsen, die sich in den Ozean vorschieben, klettern Kinder umher, und normalerweise würde ich das auch machen, aber meine Beine, die den ganzen Tag so toll durchgehalten haben, sind jetzt wie aus Gummi. Und so sitze ich nur auf einem Felsen und starre vor mich hin. Wie kann es angehen, daß eine Hilfskraft wie ich, die gerade von der Straße reingeschneit ist, einen Tag lang ein Pflegeheim leitet, oder zumindest einen wichtigen Teil davon?[14] Dies ist zwar der einzige Job, bei dem meine Referenzen tatsächlich überprüft wurden, aber ich hätte ohne weiteres eine dieser Krankenpflegerinnen sein können, die den Todesengel spielen und sich entschlossen haben, ihre dahindämmernden Patienten aus ihrem halben Leben in den Tod zu befördern. Vielleicht muß man die Frage sogar noch radikaler stellen: Was passiert eigentlich mit einer Person, die auf Dauer mit zwei Jobs leben muß, wenn sie monatelang ohne einen einzigen freien Tag durcharbeitet? In meinem Autorenleben arbeite ich zwar normalerweise auch sieben Tage in der Woche, aber Schreiben baut das Ego auf, unterliegt keiner Fremdkontrolle und bringt dir das eine oder andere Lob ein. Im Woodcrest dagegen wird kein Mensch meinen heroischen Kampf während der einsamen Samstagsschicht auch nur zur Kenntnis nehmen (als ich später Linda davon erzähle, ernte ich nur ein gleichgültiges Kopfnicken). Wenn du in einer solchen betreuenden Tätigkeit ein ganzes Jahr am Stück durchackerst, könnte es dann nicht sein, daß die repetitive Stressbelastung sich auch in deinem Kopf bemerkbar macht?

Ich weiß es nicht und will es auch nicht herausfinden, aber ich könnte mir als Symptom einer solchen Erkrankung eine besonders üble Art von Tunnelblick vorstellen: Du siehst nur noch die eigene Arbeit; die Menschen, mit denen du arbeitest, werden dir so wichtig wie Mitglieder der eigenen Familie oder wie ernsthafte Feinde. Eine Kränkung wird zur Katastrophe; eine Rüge kann dir die Nachtruhe rauben. Wenn ich beim Staubsaugen etwas falsch mache, was oft genug vorkommt, werde ich am Abend stundenlang darüber nachdenken und mich im Geiste gegen die Vorwürfe wehren: »Aber in dem Video heißt es nicht, daß man auch unter den Läufern saugen muß«, und so weiter (obwohl ich mich an das Video gar nicht mehr erinnere). In der Nacht nach dem Samstag, an dem ich im Woodcrest meinen Soloauftritt hatte, wache ich um drei Uhr morgens auf und bin von der Idee besessen, daß Pete mich absichtlich reingeritten hat. Er hätte im oberen Stockwerk mit mir zusammen die Frühstücksteller herrichten sollen, aber er muß sauer auf mich sein, weil ich nicht mehr zu unserer Zigarettenpause erschienen war, und daraufhin hat er beschlossen, mich auflaufen zu lassen. Wie sich herausstellt, ist die Theorie unbegründet, und am Sonntag darauf spendiert mir Pete sogar einen selbstgemachten Eierkuchen. Aber die Tatsache, daß ich meine kostbare Nachtruhe an die fixe Idee von einem »Dolchstoß in den Rücken« verschwenden konnte, ist schon alarmierend genug. Mensch, Mädchen, reiß dich zusammen!

Für die darauffolgende Woche, die ich als »Maid« arbeite, nehme ich mir vor, einen Zustand transzendentalen Gleichmuts zu erlangen. Wut ist wie Gift, sagen die New Age-Propheten, und nichts deutet darauf hin, daß meine Kolleginnen meine Wut auf ihre Arbeitsverhältnisse auch selber empfinden. Zumindest zeigen sie es nicht offen. Es gibt nur zwei Arten von Rebellion, für die ich jemals irgendwelche Anzeichen entdeckt habe, und beide bedrohen in keiner Weise die soziale Hierarchie, die so bedrohlich über uns aufragt. Die eine äußert sich im Stehlen. Tatsächlich habe ich nie jemanden beim Klauen beobachtet, aber die bloße Möglichkeit liegt unausgesprochen den Regeln und Geboten zugrunde, mit denen das Management bei The Maids das Personal diszipliniert. Zum Beispiel sind unsere grelle Arbeitskleidung und unsere leuchtend gelben Autos wahrscheinlich nur dazu da, daß uns niemand mit einer normalen Einbrecherbande verwechselt, und unsere Diensthosen haben vermutlich nur deshalb keine Gesäßtaschen, damit wir sie nicht mit Juwelen und Münzen füllen können. Einige Hausbesitzer lassen ganze Hartgeldrollen oder sogar Bündel von Geldscheinen herumliegen, auf die womöglich eine Videokamera gerichtet ist, um eine langfingrige oder besonders hungrige Putzkraft in flagranti zu erwischen. Bei einer morgendlichen Einsatzbesprechung teilt uns Ted mit ernster Stimme mit, daß es »einen Vorfall« gegeben hat und daß die Täterin nicht mehr unter uns weilt. So etwas kommt aber höchst selten vor, meint er weiter, denn schließlich garantiert der Accutrac-Test fast hundertprozentig, daß solche unehrlichen Leute herausgesiebt werden (nur bei mir hat es natürlich nicht geklappt).

Die zweite Art von Rebellion ist der öffentliche Verstoß gegen den Verhaltenskodex, der für die Maids-Belegschaft gilt. Zwei meiner

Kolleginnen (sogar Teamleiterinnen!) machen sich einen Spaß daraus, die vornehmen Wohnviertel mit dem Firmenauto zu terrorisieren, indem sie mit Vollgas durch die Straßen brettern. Es würde mich sehr wundern, wenn Ted keine Beschwerden über die Spritztour zu Ohren gekommen wären, die ich selbst miterlebt habe: Da kurvte die Kollegin am Steuer (von der ich nicht einmal das Pseudonym verrate, damit sie auch nicht indirekt identifzierbar ist) mit quietschenden Reifen durch ein Viertel, in dem mehrere Häuser unserer Kunden liegen, und ließ dabei in voller Lautstärke eine Rap-Kassette abdröhnen, die sich weitgehend auf den Text FUCK YOU ASSHOLE (mit einigen bizarren Varianten) beschränkt, was eine mutmaßliche Villenbesitzerin, die auf dem Gehweg einen Kinderwagen vor sich herschob, in helle Panik versetzte. Wir anderen lachten uns kaputt, während wir in den Rücksitzen hingen, uns an den Armlehnen festklammerten und hofften, daß uns nicht schlecht würde. Aber diese Art von Rebellion bedroht lediglich die wenigen Exemplare der besitzenden Klasse, die noch zu Fuß gehen. Die meisten meiner Kolleginnen sind offenbar zufrieden, wenn sie sich in einer kleinen Nische in der nackten Felswand der zerklüfteten Klassengesellschaft halten können. Denn ohne die Leute, die viel zuviel Geld und zu große Wohnungen und zuviel Zeug haben, würde es nun mal schwerlich Putzfrauen geben.

Und so bastle ich mir, während ich schrubbe und Windex versprühe und mit dem Fensterleder hantiere, eine Philosophie überirdischer Gelassenheit zusammen. Ich kann mich dabei auf den Jesus berufen, den die Erweckungsprediger aus ihrem Zelt verwiesen haben, auf den Jesus, der gesagt hat, daß die Letzten die Ersten sein werden und daß du dem Bettler, der dich um deinen Mantel bittet, auch noch deinen Rock geben sollst. Ich mische auch eine Portion Buddhismus aus zweiter Hand dazu, denn ein Freund hat mir mal von einem Kloster im Norden Kaliforniens erzählt, wo reiche Leute viel Geld dafür zahlen, daß sie ein Wochenende mit Meditation und diversen niedrigen Verrichtungen einschließlich Hausarbeit verbringen dürfen. Als ich zum ersten Mal von diesem Kloster hörte, habe ich laut gelacht, aber in meiner aktuellen Lage ist mir die Vorstellung, daß Dotcom-

Großunternehmer zur Rettung ihres Seelenheils den Küchenboden schrubben, als psychischer Rettungsring hochwillkommen. Einen weiteren Tip habe ich von meinem Sohn per Telefon bekommen: Auch Simone Weil hat einmal – aus einem metaphysischen Grund, den ich nicht ganz verstanden habe – in einer Fabrik gearbeitet. Also kommt auch davon ein bißchen in meine philosophische Mixtur. Und schon habe ich mir eine wunderbare Phantasiewelt erschaffen, in der ich nicht etwa für einen Reinigungsservice arbeite, sondern einem mystischen Orden angehöre, dessen Mitglieder gelobt haben, frohen Herzens und praktisch umsonst die niedrigsten aller Arbeiten zu erledigen – ja, die sogar dankbar sind für die Chance, sich durch Unterwerfung und harte Arbeit in den Stand der Gnade zu bringen. Meinetwegen kann Holly vor meinen Augen verbluten, wenn sie unbedingt will, das würde lediglich zeigen, daß ein unerforschlicher Gott sie zu etwas Besonderem bestimmt hat, so ähnlich wie das auch bei Jesus war. Ich beschließe, mich auch gar nicht mehr zu beschweren, weder über das Ausbleiben meines ersten Lohnschecks, noch über die Art, wie wir täglich übers Ohr gehauen werden. Insofern wir beispielsweise um halb acht Uhr morgens antreten müssen, während die Uhr nicht vor acht zu ticken beginnt, wenn wir in unsere Autos steigen. Oder insofern wir kein Geld für die halbe Stunde bekommen, die wir nach unserer Rückkehr in der Zentrale verbringen, um unsere verdreckten Lappen in die Wäsche zu geben und die Flaschen mit Reinigungschemikalien nachzufüllen. Aber was sollen schon solche Beschwerden über zu wenig Geld, wenn es Leute gibt, die in buddhistischen Klöstern noch selber dafür zahlen, daß sie solche Arbeiten machen dürfen?

Meine gehobene Stimmung hält sich etwa einen Tag, und selbst in dieser Zeit kommt es zu Rückfällen, zum Beispiel als ich in einem riesigen luxuriösen Landhaus mit handbemalten Wänden ein ganzes Regal voll arroganter Bücher vorfinde, die unter den gegebenen Umständen eine persönliche Beleidigung darstellen, weil sie nach neokonservativer Manier den gesellschaftlichen Status quo preisen. Ich überlege ernsthaft, die Hauseigentümer mit den bakteriologischen

Waffen zu bekämpfen, die sich in meinen Schürzentaschen befinden. Ich müßte nur mit einem der kolibakterien-gesättigten Lappen, die ich für die Toilette benutzt habe, die Arbeitsflächen in der Küche »reinigen«. Dieser Plan beschäftigt mich über eine Stunde. Aber meine weihevolle Stimmung geht ironischerweise vollends zu Bruch, als wir das Anwesen eines echten Buddhisten betreten. Bei unseren Kunden finden wir immer wieder Anzeichen von »Spiritualität«, etwa Bücher mit dem Titel »Zehn Dinge, die ich über das Leben in meinem Garten gelernt habe« oder inspirierenden Wandschmuck, der demonstrativ auf Zentriertheit macht. Doch hier befinden wir uns im Haus eines echten Buddhisten (eines weißen Konvertiten, versteht sich) mit der dazugehörigen Zen-Literatur in Paperback und einem meterhohen Buddha im Salon, an dessen heiterer und faltenloser Stirn ein Zettel klebt, der uns ermahnt, die Figur nicht zu berühren und auch nicht abzustauben.

Aber als wir in der gewohnten Hast mit unseren Eimern aus dem Haus und zum Auto rennen, knickt Holly um und fällt und schreit auf. Ich fahre herum, sehe ihr heulendes Gesicht, das nicht mehr totenbleich ist, sondern feuerrot. »Etwas hat geknackt«, sagt sie schluchzend, »ich hab es knacken hören.« Ich helfe ihr auf und sage zu Marge, die mit offenem Mund danebensteht, sie solle Holly von der anderen Seite stützen. »Wir müssen dich zu einer Notfallambulanz bringen«, sage ich zu Holly, »das muß sofort geröntgt werden.« Aber das will sie nicht, sie ist lediglich bereit, zum nächsten Haus zu fahren, um Ted anzurufen, aber das heißt, daß Denise ans Steuer muß. Im Auto versuche ich weiter, Holly zu überzeugen. Ich verbreite mich über Brüche und Verstauchungen, als ob ich tatsächlich eine Ahnung hätte, aber Holly heult nur weiter und jammert, wie viele Arbeitstage sie in den letzten paar Wochen schon versäumt hat. Die anderen beiden scheinen Holly und mir gar nicht zuzuhören.

Als wir beim nächsten Haus ankommen, darf ich Hollys Knöchel inspizieren, und als ich mich darüber beuge, obwohl es gar nichts zu sehen gibt, flüstert sie: »Jetzt tut es wirklich ganz fürchterlich weh.« Ich sage nur: »Du kannst nicht arbeiten, kapierst du das, Holly? Mit diesem Knöchel kannst du nicht arbeiten.« Aber sie besteht darauf, daß sie lediglich Ted anrufen will, und dann höre ich, wie sie sich am Telefon in der Küche ganz kleinlaut bei ihm entschuldigt und dabei zwischendurch bemerkt, was Barbara wieder für ein Getue macht. Ich spüre, wie der Schweiß, der mir auf dem Gesicht steht, die wunderbare Zen-Gelassenheit aus mir heraustreibt. Ich nehme Holly den Hörer aus der Hand, aber ich kann kaum »Hör mal zu« sagen, als schon die ersten Worte von Ted an mein Ohr dringen: »Jetzt reg dich erst mal ab, Barbara« – obwohl er alt genug ist, um zu wissen, daß dieses »Reg dich ab« im allgemeinen dazu führt, daß man sich noch mehr aufregt.

Ich explodiere. An die genauen Worte kann ich mich nicht erinnern, aber ich sage ihm, daß Geld nicht ständig wichtiger sein kann als die Gesundheit seiner Angestellten und daß ich nicht wieder was von »durcharbeiten« hören will, weil es dem Mädchen wirklich ganz dreckig geht. Aber er sagt nur immer wieder »Beruhige dich«, und inzwischen hüpft Holly auf einem Bein im Badezimmer herum und wischt schon wieder Schamhaare aus der Wanne.

Ich lege auf und gehe ins Bad, um Holly den Kopf zurechtzusetzen. Soll ich ihr sagen: »Schau mal, in Wirklichkeit habe ich an einer Universität studiert, habe sogar einen Doktortitel, und ich kann einfach nicht mitansehen, wie du ...« Aber das würde hirnverbrannt klingen, und wäre es Holly nicht ohnehin egal? Soviel ich weiß, wird sie von ihrem Mann verprügelt, wenn sie Ausfallstunden hat. Also mache ich das einzige, was mir noch einfällt. Ich erkläre: »Ich arbeite nicht weiter, wenn du keine Erste Hilfe bekommst oder dich wenigstens hinsetzt und den Fuß hochlegst, während wir deine Arbeit machen.« Denise späht durch die Tür, und ich blicke sie hilfesuchend an: »Wir legen die Arbeit nieder. Wißt ihr, was das heißt? Dies ist ein Streik.« Denise geht wortlos an ihre Arbeit zurück, mit einem Gesichtsausdruck, der Verlegenheit, aber vielleicht auch Verachtung ausdrückt.

»Ich mache nur die Bäder«, sagt Holly beschwichtigend.

»Was, auf einem Fuß?«

»Ich stamme aus einer zähen Familie.«

»Ich auch, verdammt noch mal.«

Aber Hollys Vorfahren waren offenbar doch zäher als die meinen. Die Teamleiterin in ihr setzt sich gegen die Mutter in mir durch. Wenn ich jetzt hier rausgehe, ja, wo gehe ich dann hin? Draußen weiden Pferde auf einer Wiese, ein Schwarm Zugvögel steigt in perfekter Formation auf und nieder. Ich habe keine Ahnung, wo ich bin – nördlich von Portland, oder eher westlich? Ich könnte ein Taxi anrufen, aber ich habe nicht genug Geld für die Heimfahrt bei mir, und zu Hause auch nicht. Ich könnte mich auf eines dieser Pferde schwingen, wenn ich etwas vom Reiten verstehen würde, und könnte von einer Wiese zur anderen galoppieren, durch Hinterhöfe und über Landstraßen, bis ich ans Meer gelange. Aber wenn ich jetzt weggehen würde, was wäre damit erreicht? Die Belastung für die drei anderen wäre nur noch größer, auch für Holly, denn die wird weitermachen, bis man ihr den letzten Wischlappen aus den totenstarren Händen windet, das hat sie hinreichend klar gemacht.

Also muß ich es schlucken. Wütend auf Ted, erbittert über den Verrat von Marge und Denise und vor allem über meine eigene abgrundtiefe Hilflosigkeit, schultere ich den Staubsauger und zurre mir die Strippen fest. Ich sehe kaum die Läufer vor mir, denn vor meinem inneren Auge wälzt sich eine gewaltige weißglühende Feuerwalze über die Wiesen heran und verschlingt die Häuser, eines nach dem anderen. Als ich fertig bin, war alles Pfusch, wie Denise mit betont gehässigem Tonfall vermerkt, und ich muß das ganze untere Stockwerk noch mal durchsaugen. Im Auto herrscht eine Weile Schweigen, und außer Marge, die mit ihren Gedanken schon wieder ganz woanders ist, sieht mich niemand an. Dann fängt Holly wieder mit ihren lüsternen nachmittäglichen Essensphantasien an: »Was gibt's bei dir heute zum Abendessen, Marge? … ah, toll – mit Tomatensoße?«

Während der ganzen langen Rückfahrt versuche ich meine Wut am Kochen zu halten, indem ich innerlich schon übe, was ich sagen werde, wenn Ted mich wegen Widersetzlichkeit vor die Tür setzt, wozu er jedes Recht hätte. »Schau mal«, werde ich sagen, »ich kann mich mit der Scheiße und dem Rotz abfinden und mit all dem anderen ekligen

Zeug, mit dem ich bei der Arbeit in Berührung komme. Das einzige, was ich wirklich nicht verkrafte, ist menschlicher Schmerz. Es tut mir leid, ich habe versucht, es zu ignorieren, aber ich kann einfach nicht effizient arbeiten neben Menschen, die weinen, die ohnmächtig werden oder Hunger haben oder irgendwie sonst sichtbar leiden. Dann ist es wirklich besser, du findest jemanden, der härter ist als ich.« Mit diesen oder ähnlichen gedrechselten Sätzen würde ich Ted entgegentreten. Zwei Kreuzungen von der Zentrale entfernt blickt mich Marge mit einer Miene an, die nach Mitgefühl aussieht. Ich weiß, daß Marge in dieser Geschichte nicht besonders gut wegkommt, aber wir hatten ein paar Mal lange und intime Gespräche über Hormone und Antidepressiva und andere midlife-Themen. Und dann gab es diesen unvergeßlichen Tag, an dem wir uns über unsere verschwitzten Klamotten lustig machten und nach dem Ende der Arbeit zusammen in den Regen hinausliefen, die Köpfe zurückgeworfen und die Hände von uns gestreckt, und einen Heidenspaß hatten, und damals hätte ich sie dafür umarmen können. Jetzt sagt sie: »Du siehst müde aus, Barbara.« Besiegt wäre das passendere Wort, aber ich antworte nur (so laut, daß es Holly und Denise vor uns auch hören können): »Ich konzentriere nur meine Kräfte für den Krach mit Ted.«

»Er wird dich nicht feuern«, sagt Marge unbekümmert, »mach dir keine Sorgen.«

»Aber ich mach mir keine Sorgen. Es gibt Millionen Jobs in dieser Gegend. Du brauchst dir nur die Stellenangebote anzusehen.«

Denise dreht sich halb um und starrt mich verständnislos an. Lesen sie wirklich keine Stellenangebote? Ist ihnen nicht klar, was diese Unzahl von Anzeigen bedeutet? Daß sie Ted in der Hand haben und fast alles von ihm verlangen könnten, zum Beispiel 7.50 Dollar Stundenlohn, und zwar für die ganze Zeit von der Ankunft morgens im Büro bis zu dem Moment, wo sie mit dem Aussortieren der dreckigen Lappen fertig sind.

»Aber wir brauchen dich«, sagt Marge, und dann, als hätte der Satz zu zärtlich geklungen: »Du kannst doch Ted nicht im Stich lassen.«

»Warum denkst du eigentlich immer an Ted? Er wird andere finden. Er wird jede nehmen, die es schafft, um halb acht Uhr morgens nüchtern anzutreten, nüchtern und auf geraden Beinen.«

»Nein«, mischt sich Holly ein, »das stimmt nicht. Den Job kann nicht jede kriegen. Du mußt erst mal den Test bestehen.«

Den Test? Den Accutrac-Test? Ich schreie sie fast an: »Der Test ist BULLSHIT! Den Test kann jede schaffen!«

Mein Ausbruch ist unverzeihlich. Erstens, weil er beleidigend ist, besonders für Holly und ihren zagen professionellen Stolz, den sie braucht, um trotz Krankheit und Verletzung durchzuhalten. Angesichts ihrer Lese- und Schreibfähigkeiten muß der Test für sie eine echte Prüfung gewesen sein. Hier können zwar alle lesen, aber Holly fragt mich manchmal, wie man Wörter wie »carry« und »weighed« schreibt, die in ihren Berichten über »besondere Vorkommnisse« auftauchen. Und zweitens habe ich natürlich gegen die Vorschrift verstoßen, daß wir in einem Firmenauto keine »schlimmen Worte« im Mund führen dürfen. Ich frage mich, wo *meine* professionelle Einstellung geblieben ist, jenes Leitprinzip journalistischer Distanz, das ich bei dieser Erkundung nicht eine einzige Sekunde aufgeben wollte.

Aber fehlgeleitete Wut hält nicht lange vor; die letzte Glut verlöscht – verdientermaßen – im eisigen Wasser von Erniedrigung und Niederlage. Holly wird mich ewig hassen, das steht jetzt schon fest. Zum einen, weil ich mich ihrer Autorität als Teamleiterin widersetzt und zum anderen, weil ich sie mehrmals erlebt habe, wie sie verängstigt und in Tränen aufgelöst war. Und auch Denise wird mich hassen, weil ich eine Szene gemacht habe, die ihr unangenehm war, oder auch nur, weil ich damit die Arbeit verzögert habe. Marge wird natürlich alles vergessen. Aber selbst jetzt, da ich dies Monate später aufschreibe, habe ich nicht den leisesten Schimmer, wie ich mich in der Situation hätte verhalten sollen. Von vornherein den Mund halten, als Holly hingefallen war? Oder meinen Streik im Alleingang durchziehen, bis Holly am Ende – vielleicht – nachgegeben und zugelassen hätte, daß wir sie zur nächsten Notfallambulanz fahren? Keine Ahnung. Nur eines weiß ich sicher: Dies war der absolute Tiefpunkt in meinem Putzfrauenleben, und wahrscheinlich nicht nur in dem.

Ted feuert mich nicht. Am nächsten Morgen treffe ich Holly auf dem Parkplatz, als sie sich schwer humpelnd zu ihrem Auto zurückschleppt. »Du glaubst es nicht«, sagt sie zu Marge, die in diesem Augenblick auch eintrifft, »Ted hat mich nach Hause geschickt!« Sie sagt es so, als sei ihr fürchterliches Unrecht widerfahren. Wenn Marge nicht dabei wäre, würde ich zu Holly vielleicht sagen: »Tut mir leid« oder »Bitte, paß auf dich auf«. Aber ich verpasse den richtigen Moment, und meine Rechtfertigung, wenn es denn eine ist, hat einen falschen Beiklang. Im Büro dankt mir Ted für meine »Fürsorge«; er habe meinen Ratschlag befolgt und Holly nach Hause geschickt. Aber (und ich weiß, da muß noch ein »aber« kommen) man kann einem Menschen nicht helfen, der sich nicht helfen lassen will. Ich sage zaghaft: »Ich glaube, das ist die Mutter in mir«, worauf er gereizt erwidert: »Ich bin ja auch Vater, und deswegen bin ich nicht weniger Mensch.« Ich antworte ihm sehr ruhig, und ich bin stolz darauf: »Es sollte dich eigentlich *mehr* zum Menschen machen.«

Aber Ted läßt mir natürlich nicht das letzte Wort. Zwei Tage später bin ich wieder mit der immer noch humpelnden Holly unterwegs, die mich nach wie vor nicht wie einen Menschen, sondern wie ein etwas unzuverlässiges Reinigungsmittel behandelt. Da meldet sich Ted über den Pieper bei Holly und sagt, sie solle mich sofort in die Zentrale zurückfahren, ich müsse ein anderes Team verstärken, das einen schwierigen Erstauftrag zu erledigen hat. Warum gerade ich? Ich weiß es nicht, vielleicht will Ted nur mit mir reden. Als wir vom Büro losfahren, zu zweit allein im Auto, sagt er mir als erstes, wie toll ich arbeite – die Kunden sind alle von mir begeistert –, und deshalb erhöht er meinen Stundenlohn auf 6.75 Dollar. Ich kann es einfach nicht glauben: zerschmetterte Goldfischgläser und versuchte Aufforderung zur Arbeitsverweigerung – das ist für ihn tolle Arbeit? Aber inzwischen erklärt er mir bereits, daß er bestimmt kein schlechter Mensch ist, das sollte ich wirklich wissen, und daß er sich doch sehr um seine Mädchen kümmert. Nun ja, er hat ein paar prima Typen wie Holly und Liza, aber es gibt auch ein paar unzufriedene Elemente, und es wäre doch gut, wenn die sich nicht ständig beklagen würden. Ich wisse doch sicher, wovon er rede. Das ist offenbar als Stichwort gedacht, bei dem ich Ted ein paar Namen nennen soll, denn genau so fädelt er es sein, wie meine Kolleginnen berichten: Erst provoziert er die Frauen zu kleinen Petzereien, um sie dann gegeneinander auszuspielen. Uns hat er zum Beispiel mal gesagt, wenn jemand nicht zur Arbeit erscheine, dann sei es Aufgabe des restlichen Teams, sich darum zu kümmern, denn schließlich hätten wir es auszubaden. Aber jetzt nutze ich die Gelegenheit, die Frage zu stellen, die mich seit Hollys Sturz beschäftigt: Bekommt sie den Tag bezahlt, an dem er sie nach Hause geschickt hat? Schließlich hat sie sich die Verletzung während der Arbeit zugezogen. »Doch, ja, natürlich«, antwortet Ted, aber sein glucksendes Lachen klingt etwas gezwungen, »wofür hältst du mich denn, für einen Menschenfresser?« Das nicht, denke ich, aber das Wort, das mir durch den Kopf geht, spreche ich nicht aus. Für mich ist er ein Zuhälter.

Aber warum tut frau sich das alles an, wo es doch so viele andere Jobs gibt? Eine Kollegin hat sogar gekündigt und einen besseren Job gefunden, wie sie behauptet – sie wird an einem Doughnuts-Stand arbeiten. Dennoch gibt es tatsächlich praktische Gründe, bei The Maids zu bleiben. Ein neuer Arbeitsplatz bedeutet eine oder wahrscheinlich sogar zwei Wochen ohne Lohnscheck; hinzu kommt, daß unsere Schicht für Mütter besonders günstig liegt, obwohl wir in der Praxis oft erst nachmittags um fünf Uhr fertig werden. Ein weiterer, weniger greifbarer Anreiz ist die Gunst von Ted. Für Holly ist dies ein mindestens ebenso starker Faktor wie das Geld, der sie dazu bringt, trotz Schmerzen und Übelkeit weiterzuarbeiten; und selbst einige der aktiveren und selbstbewußteren Frauen scheinen sich übertriebene Gedanken darüber zu machen, was Ted von ihnen hält. Ein Anschiß von Ted kann ihnen den ganzen Tag verderben, ein kleines Lob dagegen macht sie für Wochen happy. Wieviel diese Anerkennung bedeutet, wird mir an Paulines letztem Tag deutlich vorgeführt. Pauline ist 67 Jahre alt und arbeitet länger als alle anderen Frauen in der Firma, nämlich zwei Jahre, was ihr sogar eine Erwähnung in dem von der Maids-Zentrale herausgegebenen Mitteilungsbrief eingebracht hat. Ihr

Rücken macht schon lange nicht mehr mit, aber sie hört jetzt mit der Arbeit auf, weil sie in zwei Wochen eine Knieoperation haben wird – eine Folge des ständigen Bodenschrubbens, wie sie meint. Aber an ihrem letzten Tag erwähnt Ted beim morgendlichen Meeting mit keinem Wort, daß sie aufhört, und auch nach der Arbeit dankt er ihr nicht oder gibt ihr seine persönlichen guten Wünsche auf den Weg. Das weiß ich von Pauline selbst, weil ich sie an ihrem letzten Tag nach Hause fahre, als sich herausstellt, daß sie nicht wie üblich abgeholt wird.

Während wir durch die verregneten Straßen von South Portland fahren, redet sie über ihre Operation und die anschließende Rekonvaleszenz und daß sie danach einen neuen Job finden muß, am besten einen ohne allzuviel Bücken und Heben und Kriechen. Doch vor allem spricht sie über Ted, und wie verletzt sie sich fühlt: »Er konnte mich nie leiden, seitdem ich wegen meines Rückens nicht mehr mit dem Staubsauger arbeiten konnte. Ich habe ihn gefragt, warum ich weniger Lohn bekomme als alle anderen (sie meint damit wohl: als alle anderen, die so lange wie sie dabei sind), und da sagt er mir: ›Na ja, wenn du wenigstens staubsaugen könntest…‹« Es liegt keine Bitterkeit in ihrer Stimme, nur die abgrundtiefe Traurigkeit, die eben aufkommt, wenn man am Ende des Lebens auf graue Straßen und in den Regen starrt.

Die entscheidende Frage lautet, warum Teds Anerkennung meinen Kolleginnen so viel bedeutet. Soweit ich es mir erklären kann, ist ihr Bedürfnis – und es ist ein echtes Bedürfnis – eine Folge chronischer Entbehrung. Kein Hausbesitzer bedankt sich, wenn wir unsere Arbeit gut gemacht haben, und auch das normale Volk denkt weiß Gott nicht daran, uns als Heldinnen der proletarischen Arbeit zu feiern. Wer weiß schon, daß über der Küchentheke, auf der das Baguette zum Abendessen aufgeschnitten wird, am selben Tag eine Frau ohnmächtig zusammengebrochen ist? Und wer würde ihr dafür eine Tapferkeitsmedaille verleihen? Nachdem ich zehn Zimmer durchgesaugt und anschließend auch noch für den Küchenboden Zeit habe, wird mir niemand sagen: »Toll, Barbara, du bist verdammt gut!« Arbeit soll dich angeblich davor bewahren, dich »ausgestoßen« zu fühlen (wie Pete es formuliert), aber im Grunde tun wir nichts anderes als die unsichtbare – ja sogar ekelhafte – Arbeit von »Ausgestoßenen«. Die Pförtner und Putzfrauen, die Straßenarbeiter und die Pflegerinnen, die erwachsenen Menschen die Windeln wechseln – sie sind die Unberührbaren einer angeblich kastenlosen und demokratischen Gesellschaft. Und dies erklärt das unverdiente Charisma von Menschen wie Ted. Er kann noch so gierig und auf seine unauffällige Art grausam sein, doch für die einfachen Putzkräfte ist er der einzige lebende Repräsentant jener besseren Welt, wo man das College absolviert hat und normale Kleidung zur Arbeit trägt und sich am Wochenende einen Einkaufsbummel leistet. Und Ted hat noch ein Plus: Wenn es aus irgendeinem Grund nicht genügend Häuser zu reinigen gibt, dann kann er eines seiner Teams beauftragen, seine eigene Wohnung zu putzen, die »wirklich schön« sein muß, wie man mir berichtet hat.

Aber vielleicht liegt es auch an der Niedriglohnarbeit an sich, daß man sich wie ein Paria fühlt. Wenn ich beim Abendessen den Fernseher einschalte, sehe ich eine Welt, in der fast alle Menschen auf dem Bildschirm mindestens 15 Dollar in der Stunde verdienen, und ich denke dabei nicht nur an die Moderatoren und Redakteure. Die Sitcoms und die anderen Serien drehen sich um Modedesignerinnen oder Lehrerinnen oder Rechtsanwältinnen, weshalb die Serviererin in einem Fastfood-Restaurant – oder auch die Krankenpflegerin – leicht den Eindruck gewinnen kann, ein völlig anomales Wesen zu sein, das als einziges, oder fast als einziges nicht zur Party eingeladen ist. Und in gewissem Sinne hätte sie sogar recht: Die Armen kommen in der öffentlichen Kultur einfach nicht mehr vor, weder in ihrer politischen Rhetorik und ihrer intellektuellen Produktion noch in ihrem täglichen Unterhaltungsprogramm. Selbst die Religion hat für die Armen kaum mehr etwas übrig, wenn ich die Zeltmission in Portland als repräsentatives Beispiel nehme. Die Geldverleiher haben es doch noch geschafft, Jesus aus dem Tempel hinauszuwerfen.

An meinem letzten Nachmittag sage ich den Frauen meines Teams – eine weitaus flottere Truppe als Hollys alte Standardcrew –, daß ich eigentlich Journalistin bin. Meine Mitteilung erregt so wenig

Aufsehen, daß ich mich wiederholen muß: »Könnt ihr mal zuhören? Ich bin Journalistin und werde ein Buch über diese Firma schreiben.« Nach einiger Zeit dreht sich Lori auf dem Vordersitz um und bringt die anderen mit einem »Hey, das ist interessant« zum Schweigen. Und dann fragt sie mich: »Schreibst du so was wie Enthüllungen?«

Nun ja, ich schreibe nicht nur über diesen Laden und »Enthüllungen« kann man es auch nicht unbedingt nennen, aber Lori ist auf die Idee bereits abgefahren. »Haha«, johlt sie, »diese Firma könnte schon ein paar Enthüllungen brauchen!« Jetzt scheinen es alle mitbekommen zu haben – aber nicht etwa, wer ich bin oder was ich tue, sondern daß Loris Witz – egal, was ich herausfinde – auf Teds Kosten geht.

Wenigstens kann ich jetzt, da ich mich »geoutet« habe, die Fragen stellen, die ich schon die ganze Zeit stellen wollte: Nicht was sie von Ted, sondern was sie von den Hausbesitzern halten, die so viele Dinge haben, während andere wie sie selber mit ihrem Geld kaum zurechtkommen? Hier ist die Antwort von Lori, die im Alter von 22 Jahren eine kaputte Bandscheibe und ein Minus von 8000 Dollar auf ihrem Konto hat. »Ich denke da immer nur, wow, so was würde ich irgendwann auch mal gerne haben. Es spornt mich an, und ich empfinde überhaupt keinen Haß oder Neid, denn mein Ziel ist ja, dahin zu kommen, wo sie schon sind.«

Ich frage auch Colleen. Die alleinerziehende Mutter von zwei Kindern, die normalerweise ganz spontan und lebhaft ist, starrt vor sich hin auf einen Punkt, wo sie vielleicht die Augen ihrer irischen Vorfahren erblickt, die einmal vor dem großen Hunger aus Irland fliehen mußten. Sie ist so angespannt, wie ich auf ihre Antwort warte, und dann sagt sie: »Mir ist das egal, ganz ehrlich, weil ich denke, ich bin ein einfacher Mensch, und ich will das gar nicht, was die haben. Ich meine, es bedeutet mir nichts. Aber ich möchte was anderes, und zwar möchte ich mir ab und zu einen Tag freinehmen können … wenn ich nicht mehr kann … und dann am nächsten Tag immer noch Geld zum Einkaufen haben.«

Ich arbeite noch einen letzten Tag im Woodcrest-Pflegeheim,

dann melde ich mich krank. Entschuldigt bitte, Linda, Pete und all ihr wunderbaren, verwirrten alten Damen. Am Sonntag besuche ich Lori und verschaffe ihr die befriedigende Gelegenheit, meine Dienstkleidung an Ted zurückzugeben und ihm meinen Abgang zu erklären. Wie, das ist ihre Sache.

3

VERKAUFEN IN MINNESOTA

Vom Flugzeug aus bietet Minnesota den Anblick einer perfekten Frühsommeridylle. Das Blau der Seen verschmilzt mit dem Blau des Himmels, an dem fein ziselierte Wolken kleben, die Felder leuchten zwischen gelbgrün und smaragdfarben – eine üppigsanfte Landschaft, die dazu einlädt, in alle Richtungen erkundet zu werden. Dabei hatte ich monatelang eher Sacramento ins Auge gefaßt oder irgendeinen anderen Ort im kalifornischen Central Valley, der nicht zu weit von Berkeley entfernt liegt, wo ich gerade das Frühjahr verbracht hatte. Aber warnende Hinweise auf Hitze und Allergien brachten mich davon ab, wozu noch meine Befürchtung kam, daß sich auch in Sacramento die Latinos die miesen Jobs und die schlechten Wohnungen unter den Nagel reißen, wie es an anderen Orten so häufig der Fall ist.

Man frage mich nicht, warum ich schließlich auf Minneapolis kam. Vielleicht sehnte ich mich einfach nach einer Landschaft mit Laubbäumen. Aber mir ist natürlich bekannt, daß Minnesota ein relativ liberaler Bundestaat ist, wo Sozialhilfeempfänger nachsichtiger behandelt werden als in vielen anderen US-Staaten. Nachdem ich eine halbe Stunde lang die richtigen Webs studiert hatte, wußte ich, daß eine ziemliche Nachfrage nach Arbeitskräften herrscht, daß die Einstiegslöhne bei mindestens acht Dollar pro Stunde liegen und daß ein Wohnstudio höchstens 400 Dollar Monatsmiete kostet. Wenn irgendeine andere unternehmungslustige Journalistin den Niedriglohnsektor im finstersten Idaho oder Louisiana erforschen will, wünsche ich ihr dafür viel Kraft. Man mag mich für zu schlapp halten, aber nach meinen Erfahrungen in Florida und Maine war ich dieses Mal auf bescheidenere Ziele aus: auf ein akzeptables Gleichgewicht zwischen Einkommen und Miete, ein paar glimpfliche Abenteuer und eine sanfte Landung.

Der Verleiher meines Rent-A-Wreck-Autos ist ein netter Typ (ein gutes Beispiel für die berühmte »Minnesota-Freundlichkeit«), der gern bereit ist, mir im Autoradio den NPR-Sender und eine Classic-Rock-Welle einzustellen. Er findet wie ich, daß Swing wirklich anmacht, und wir hätten vielleicht noch weitere Annäherungspunkte entdeckt, aber ich bin ja in einer »mission from God« unterwegs, wie es ein Rock-DJ in Key West nennen würde. Ich verfüge über eine Karte der Twin Cities (wie Minneapolis und St. Paul genannt werden), die ich für zehn Dollar am Flughafen erstanden habe, und über eine Wohnung, die den Freunden eines Freundes gehört und die ich ein paar Tage umsonst nutzen kann, während die Besitzer Verwandte an der Ostküste besuchen. Das heißt nicht ganz umsonst, denn als Gegenleistung muß ich für ihren Cockatiel sorgen. Dieser Zwergpapagei muß, um körperlich und geistig fit zu bleiben, jeden Tag einige Stunden aus seinem Käfig gelassen werden. Am Telefon hatte ich dieser Verpflichtung ohne weiteres Nachdenken zugestimmt. Erst als ich die Wohnung ansteuere, fällt mir wieder ein, daß ich eine Phobie gegen Vögel habe, wenn sie mir zu nahe kommen (die anderen Phobien, die ich mir gestatte, beziehen sich auf übergroße Motten und auf alles, was mit Orangen zu tun hat). Ich finde die Adresse ohne Probleme – ganz begeistert, daß die Stadt und meine Karte so perfekt übereinstimmen – und lasse mir von einem meiner Gastgeber eine Stunde lang die Feinheiten der Cockatiel-Haltung erklären. Irgendwann wird der Vogel von seinem Besitzer aus dem Käfig gelassen und flattert mir direkt ins Gesicht. Ich muß mich, während ich krampfhaft den Kopf einziehe und die Augen zukneife, sehr zusammenreißen, während der Vogel auf meinem Kopf herumhüpft und unablässig an meinem Haaren zerrt und pickt.

Der Cockatiel darf nicht zu dem falschen Schluß verleiten, hier handele es sich um ein Yuppie-Domizil. Dies ist vielmehr eine winzige, vollgestellte Zwei-Zimmer-Wohnung mit Möbeln wie von der Heilsarmee und dekoriert im Stil einer Studentenbude der späten siebziger Jahre. Als meine Gastgeber abgefahren sind, ist weder Olivenöl noch Balsamico-Essig aufzutreiben, im Kühlschrank steht auch keine halbleere Chardonnay-Flasche, ja es gibt überhaupt keinen Alkohol außer einem halben Liter Whiskey der proletarischen Marke Seagrams 7. Und der bevorzugte Brotaufstrich ist Margarine. Ansonsten ist die Wohnung ganz angenehm, ja sogar gemütlich, das Bett hat eine harte Matratze, das Wohnzimmer einen Blick auf eine baumgesäumte Straße. Wenn nicht dieser Vogel wäre. Aber wie sagte mir doch eine Kollegin in Maine, die einschlägige Erfahrungen hatte: Wer darauf angewiesen ist, sich bei großzügigen Freunden einzuquartieren, muß sich immer mit irgendwelchen Unannehmlichkeiten abfinden, üblicherweise mit unverträglichen Verwandten und langen Wartezeiten vor der Toilette. Also nehmen wir den Cockatiel (den ich Budgie nennen sollte) in dieser Geschichte als gleichwertigen Ersatz für die aufdringlichen Schwiegereltern und die lauten Mitbewohner, die ein Mensch von begrenzter Finanzkraft normalerweise erdulden muß, wenn er entfernte Verwandte in einer fremden Stadt ansteuert.

Aber egal. Am nächsten Morgen muß ich mich als erstes um einen Job kümmern. Diesmal will ich nicht bei Restaurants, Pflegeheimen oder Reinigungsunternehmen anheuern, mir ist vielmehr nach einem Wechsel zumute: vielleicht im Einzelhandel oder in einer Fabrik. Ich fahre zu den beiden nächstgelegenen Wal-Mart-Geschäften, fülle Bewerbungsformulare aus und steure dann einen dritten Wal-Mart an, der 45 Autominuten entfernt am anderen Ende der Stadt liegt. Auch dort hinterlasse ich meine Bewerbung und bin schon auf dem Sprung, die Targets and Kmarts-Supermärkte abzuklappern, als mir ein Gedanke kommt: Niemand wird mich aufgrund einer Bewerbung einstellen, aus der keine berufliche Erfahrung hervorgeht. Ich habe wie immer geschrieben, ich sei eine geschiedene Hausfrau, die wieder berufstätig werden will. Nein, ich muß mich persönlich vorstellen und mein sonniges, zuversichtliches Naturell präsentieren. Also gehe ich zu der Telefonzelle vor der Wal-Mart-Filiale, rufe deren Nummer an und verlange die Personalabteilung. Man stellt mich zu Roberta durch, die sich von meiner Initiative beeindruckt zeigt und meint, ich könne gleich zu ihr ins Büro kommen, an der Rückseite des Gebäudes. Roberta ist eine ausladende Frau mit platinblonden Haaren, die vielleicht 60 ist. Meine Bewerbung sei ganz in Ordnung, meint sie; sie selbst hat sechs Kinder großgezogen, ehe sie bei Wal-Mart anfing, und dennoch hat sie es in nur sieben Jahren bis in ihre heutige Position geschafft, was sie in erster Linie der Tatsache verdankt, daß sie »mit den Leuten kann«. Sie hätte sofort einen Job für mich, aber zuerst ist eine kleine »Prüfung« fällig, nicht mit Richtig-oder-falsch-Antworten, versichert sie mir, ich soll nur reinschreiben, was ich denke. Wie es der Zufall will, habe ich den Wal-Mart-Test schon einmal gemacht – in Maine –, und auch hier bin ich mit dem Fragebogen im Handumdrehen durch. Roberta geht mit dem Papier in einen anderen Raum, wo ein Computer das Ganze »auswerten« wird, wie sie sagt. Nach etwa zehn Minuten ist sie mit einer alarmierenden Nachricht zurück: Ich habe drei Fragen falsch beantwortet – nun ja, nicht unbedingt falsch, aber so, daß man sich schon noch etwas näher unterhalten muß.

Ich habe mich bei solchen Einstellungstests für Fragen nach offensichtlichen »Vergehen« (wie Drogenkonsum und Diebstahl) auf eine Null-Toleranz-Aussage festgelegt, aber bei anderen Fragen weiche ich schon mal von der Ideallinie ab, damit das Ganze nicht nach einem frisierten Test aussieht. Aber damit lag ich schief. Wenn du dich als potentielle Angestellte präsentierst, kannst du dich gar nicht arschkriecherisch genug darstellen. Zum Beispiel bei der Testaussage: »Vorschriften müssen stets und immer auf den Buchstaben genau befolgt werden.« Ich habe bei diesem Satz nur eine »starke« statt einer »sehr starken« oder »völligen« Zustimmung angekreuzt, und jetzt will Roberta wissen, warum. Na ja, sage ich, Vorschriften müssen doch manchmal auch interpretiert werden, die Leute müssen ja einen gewissen Ermessensspielraum haben. Andernfalls könnte man, na ja, alle Arbeit auch von Maschinen machen lassen statt von leibhaftigen Menschen. Da strahlt Roberta: »Ermessensspielraum – sehr gut!« und macht sich eine Notiz. Als ich meine beiden anderen falschen Antworten auf ähnliche Weise begründet habe, setzt mir Roberta auseinander, »worum es bei Wal-Mart vor allem geht«. Sie selbst hat Sam Waltons Buch (seine Autobiographie *Made in America*) gelesen, bevor sie hier anfing, und dabei entdeckt, daß die drei Pfeiler der Wal-Mart-Philosophie genau ihrer eigenen Überzeugung entsprechen, und diese Pfeiler sind: Hilfsbereitschaft, Höchstleistungen (oder so ähnlich), und an das dritte kann sie sich nicht erinnern. Hilfsbereitschaft – das ist der Schlüssel: den Menschen helfen, ihre Probleme lösen, ihnen beim Einkaufen helfen – ob ich es nicht auch so empfinde? Ich beteuere, daß ich einen übermächtigen Altruismus in meiner Verkäuferseele spüre, und merke, wie ich im Gedanken an unsere traute Gemeinsamkeit sogar ein bißchen feuchte Augen bekomme. Jetzt muß ich nur noch den Drogentest überstehen, für den sie mir einen Termin Anfang kommender Woche macht.

Ohne diesen Drogentest wäre meine Suche in diesem Moment bereits beendet. Aber ich bin in den letzten Wochen etwas leichtsinnig mit chemischen Substanzen umgegangen und deshalb keineswegs sicher, ob ich den Test bestehen kann. In dem Raum, in dem mich Roberta interviewt, hängt ein Plakat, das die Arbeitsuchenden mahnt, sie sollten nicht »ihre und unsere Zeit verschwenden«, wenn sie in den letzten sechs Wochen Drogen genommen haben. Wenn ich Kokain oder Heroin konsumiert hätte, wäre das kein Problem, denn beide Substanzen sind wasserlöslich und werden in zwei Tagen aus dem Körper ausgeschwemmt (auf LSD wird man gar nicht getestet). Aber ich hatte leichtsinnigerweise ausgerechnet die Droge genommen, die ein Test in der Regel nachweisen kann: Marihuana ist fettlöslich und noch monatelang im Körper nachweisbar, wie ich gelesen habe. Und was ist mit den Medikamenten, die mir der Arzt gegen meine chronisch verstopfte Nase verschrieben hat? Und was ist, wenn sich Claritin-D, das dich ein bißchen aufpeppen kann, als kristallinisches Methyl nachweisen läßt?

Also sitze ich wieder im Auto und studiere die rot angekreuzten Aushilfe-gesucht-Inserate in der *Star Tribune* und in einem Anzeigenblatt namens *Employment News.* Ich besuche zwei Agenturen, die Jobs in der Industrie vermitteln, wo ich unterschreibe, daß ich keine körperlichen Handicaps habe und 20 Pfund Gewicht über meinen Kopf stemmen kann, wobei ich mich wohler fühlen würde, wenn ich wüßte, wie oft nacheinander ich diese Last hochbringen soll. Dann folgt eine lange Fahrt ans andere Ende der Stadt, wo ich mich in einem Montagebetrieb vorstellen will. Ich habe mich schon jahrelang nicht mehr auf einer Stadtautobahn bewegt und bin mit meinem zügigen und reaktionsschnellen Fahren eigentlich sehr zufrieden, doch am Ende hat mich der Nachmittagsverkehr geschafft. Ich kann die Fabrik nicht finden, zumindest nicht vor 17 Uhr, und steuere statt dessen auf den Parkplatz eines Einkaufszentrums, um zu wenden und zurückzufahren. Das Einkaufszentrum ist eine Menards-Filiale, eine Haushaltswaren-Kette, die im Mittleren Westen zu Hause ist. Ein Schild verkündet »Einstellungen jetzt«, also kann ich ja gleich mal reingehen und erneut meine Mit-der-Tür-ins-Haus-Strategie erproben. Auf dem Lagergelände hinter der Halle wende ich mich an einen Typen, den sein Namensschild als Raymond ausweist, und der bringt mich zum Personalbüro. Ob das hier gut zum Arbeiten ist, will ich von ihm wissen. Eigentlich ganz in Ordnung, meint er, aber das ist hier nur sein Zweitjob, und von den Gästen läßt er sich auch nicht ärgern, denn es ist ja nicht sein Fehler, wenn das Holz nichts taugt. Die Gäste? Das müssen die Kunden sein, und ich bin froh, daß ich den Ausdruck vorab gelernt habe, weil ich dann im Gespräch mit der Geschäftsführung nicht zusammenzucke oder den Mund nicht mehr zukriege.

Raymond übergibt mich an Paul, einen blonden Typen mit dicken Armen, der – im Vergleich zu Roberta – überhaupt nicht mit Leuten umgehen kann. Als ich mit meiner Hausfrauengeschichte fertig bin, murmelt er nur: »Das interessiert mich nicht« und händigt mir den Personalfragebogen aus. Der hier ist kürzer als bei Wal-Mart und zielt offensichtlich auf ein härteres Bewerberpublikum. Bin ich häufiger oder seltener als andere Menschen in Schlägereien verwickelt? Kann ich mir Situationen vorstellen, in denen Handel mit Kokain nicht kriminell ist? Eine lange Reihe immer neu variierter Fragen zielt auf das Thema Stehlen. Am Schluß soll ich angeben: »Im letzten Jahr habe ich von meinem Arbeitgeber Waren im Wert von (Dollar-Betrag unten einsetzen) gestohlen.« Als ich durch bin, beäugt Paul den Fragebogen und blafft mich an: »Was ist Ihr schwächster Punkt?« Äh –

mangelnde Erfahrung, ist doch klar. »Ergreifen Sie die Initiative?« Ich bin doch von selber gekommen. Schließlich hätte ich auch nur die Bewerbung einsenden können. Also bin ich eingestellt. Paul teilt mich für die Installateurwaren-Abteilung ein, das Anfangsgehalt beträgt 8.50 Dollar, alles vorbehaltlich der Drogentests, versteht sich. Ich besiegele die Abmachung mit einem Händedruck.[1]

Freitag Abend: Ich bin gerade mal 15 Stunden in Minneapolis, habe die Stadt von den südlichen bis zu den nördlichen Vororten abgefahren, ein halbes Dutzend Bewerbungen abgegeben und zwei Interviews überstanden. Einen Job zu suchen nimmt selbst völlig aufrichtige Bewerber ganz schön mit, und entsprechend fühle ich mich besonders geschlaucht. Da ist zum Beispiel der Persönlichkeitstest. Ehrlich gesagt ist es mir ziemlich egal, ob meine Arbeitskollegen sich auf dem Parkplatz einen Joint drehen oder ob sie in die Kasse greifen, und ganz sicher würde ich sie nicht verpfeifen. Ich glaube auch nicht, daß die Geschäftsführung kraft göttlichen Rechts oder unstreitig überlegenen Wissens die absolute Macht ausüben soll, aber genau das sollst du mit den »Testfragen« anerkennen. Es zieht dich ganz schön runter, wenn du innerhalb von etwa 15 Minuten, die du zum Ausfüllen des Fragebogens brauchst, bis zu 50 Lügen hinschreibst, selbst wenn sie durch einen höheren moralischen Zweck gerechtfertigt sind. Ähnlich anstrengend ist das Bemühen, dich selbstbewußt und zugleich nachgiebig und unterwürfig darzustellen, und das mindestens eine halbe Stunde lang, denn einerseits mußt du zwar »Initiative« ausstrahlen, aber andererseits willst du auch nicht als jemand rüberkommen, der eine Initiative zur Gründung einer Gewerkschaft starten möchte. Und zu allem Übel ist da auch noch der Drogentest, der drohend über mir hängt wie ein rasch näherrückendes Abschlußexamen. Und es wurmt mich schon gewaltig, zu wissen, daß sämtliche mitmenschlichen Fähigkeiten, die ich meines Erachtens zu bieten habe (Freundlichkeit, Verläßlichkeit, Lernbereitschaft), weniger zählen sollen als eine einzige Pinkelprobe.[2]

Zerknirscht ob meiner diversen Sünden entschließe ich mich, das Wochenende meiner Entgiftung zu widmen. Ein Ausflug ins Web läßt erkennen, daß ich mich auf stark frequentierten Pfaden bewege; auf Dutzenden von Sites wird Leuten, die einen Drogentest überstehen wollen, Hilfe angeboten, zumeist in Form bestimmter einzunehmender Substanzen, und eine Site verspricht sogar, ein Reagenzglas mit garantiert drogenfreiem Urin zu übersenden, und zwar mit Batterieheizung auf Körpertemperatur gehalten. Auf solche Drogentestumgehungsprodukte kann ich nicht warten, deshalb widme ich mich einer Site, auf der ein »Alec« gewissenhaft Hunderte von Briefen beantwortet, in der Regel mit einer Überschrift wie »Hilfe! Test in drei Tagen!!!«. Von Alec lerne ich, daß meine schlanke Figur ein Vorteil ist (weil ich nicht viele Polster habe, in die sich Cannabis-Derivate einnisten können) und daß die einzig mögliche Erfolgsmethode darin besteht, den verdammten Stoff mit gewaltigen Mengen Flüssigkeit auszuschwemmen – die Rede ist von mindestens zehn Litern pro Tag. Um den Prozeß zu beschleunigen, gibt es ein Produkt namens »CleanP«, das in den Läden der Drogeriekette GNC erhältlich sein soll. Also fahre ich in 15 Minuten zur nächsten GNC-Filiale, wobei ich unterwegs ständig Leitungswasser aus einer Evian-Flasche in mich hineinschütte, und frage den halbwüchsigen Verkäufer, wo denn – äh – die Entgiftungssachen liegen. Vielleicht erlebt der junge Mann jeden Tag einen Andrang mütterlich aussehender Frauen, die CleanP verlangen, jedenfalls führt er mich ohne mit der Wimper zu zucken an einen imposanten großen Glaskasten, der abgeschlossen ist, sei es, weil der Durchschnittspreis der GNC-Entgiftungsartikel bei 49.95 Dollar liegt, sei es, weil man davon ausgeht, daß die Nachfrage von einem verzweifelten und nicht besonders gesetzestreuen Kundenkreis ausgeht. Ich studiere die Inhaltsstoffe und kaufe dann zwei separate Substanzen (Kreatinin und ein Diuretikum aus Bärentraubenblättern) für zusammen 30 Dollar. Mein Programm sieht nunmehr wie folgt aus: ständig Wasser trinken, mit regelmäßigen Beigaben von Abführmitteln, dabei strikt jede Form von Salz vermeiden, weil Salz dem Wasserverlust entgegenwirkt (dies ist mein eigener wissenschaftlicher Beitrag), was bedeutet: keine Konserven, keine Fastfood-Produkte und keinerlei Gewürze. Um einen Job in der Installationsabteilung von Menards zu kriegen, muß ich mich demnach in eine vorbildlich funktionierende Wasserleitung verwandeln, die das Wasser so rein und trinkbar abgibt, wie es eingespeist wurde.

Außerdem muß ich am Samstag auch noch eine neue Unterkunft finden. Ich rufe alle Wohnungsvermittlungen an, die ich im Telefonbuch finde (Apartment Mart, Apartment Search, Apartments Available usw.), und hinterlasse eine Nachricht auf dem Anrufbeantworter. Ich versuche es auch mit allen im Telefonbuch stehenden Apartment-Wohnanlagen und erfahre von den zweien, bei denen jemand den Hörer abnimmt, daß sie nur für zwölf Monate vermieten. Ich gehe zum Supermarkt, um mir die Sonntagszeitung zu holen, und frage bei der Gelegenheit nach einem Job. Ja, sie könnten jemanden brauchen; zu Monatsbeginn, wenn gerade die Sozialhilfe ausgezahlt worden ist, geht es immer ziemlich hektisch zu, ich kann nächste Woche vorbeikommen. Aber die Zeitung ist eine Enttäuschung. Für die gesamte Twin Cities-Region ist genau ein möbliertes Wohnstudio inseriert, und bei dem geht am Sonntag niemand ans Telefon. Aber angesichts der beginnenden Inkontinenz, die ich mit meiner Durchspüldiät ausgelöst habe, ist es vielleicht auch ganz gut, daß ich keine Wohnungen besichtigen muß. Mein Mittagessen besteht aus einem Viertel Grillhähnchen aus dem Supermarkt, das ich ungesalzen verzehre und mit einem wohlbekannten konventionellen Diuretikum hinunterspüle – mit Bier.

Irgendwie ist dies nicht mein Tag. Wenn ich mich meinem zunehmend flüssigen Aggregatszustand überlassen und das Wochenende zu Hause mit einem Roman aussitzen könnte, würde es schon besser aussehen. Aber »zu Hause« ist in diesem Fall kein geruhsamer Ort, sondern ein Zustand, für den eher der militärische Ausdruck »Gefechtslage« zutrifft. Kaum bin ich in der Wohung zurück, will Budgie aus seinem Käfig heraus, was er durch schrilles Kreischen kundtut oder – weit schlimmer – indem er wie wild herumflattert. Wenn ich ihn aus dem Käfig lasse, will er auf meinem Kopf sitzen und sich über meine Frisur und mein Brillengestell hermachen. Um den Schaden zu begrenzen, lasse ich ihn nur noch heraus, nachdem ich das Sweatshirt übergezogen habe, dessen Kapuze ich so fest zuziehe, daß meine Haare und großenteils auch mein Gesicht darunter verschwinden. Aber dann muß ich den Vogel immer noch ständig von seinem Lieblingssitz auf meiner Schulter dislozieren, auf meinen Unterarm zum Beispiel, von wo er sich sogleich wieder hochzuarbeiten beginnt und dabei unaufhaltsam meinem Gesicht näherrückt. Würde ein Fremder zur Tür hereinkommen, sähe er folgende Szene vor sich: eine verzweifelt sich windende Figur, ein bebrilltes Gesicht, aus dem Bullauge eines Sweatshirt hervorspähend, auf dem Kopf einen großen exotischen weißen Vogel mit Federhaube, der seine beherrschende Position (jedenfalls stelle ich es mir so vor) ganz ersichtlich genießt. Aber ich kann den Vogel leider nicht so lange einsperren, wie ich wollte. Dieser Kreatur ein Freund zu sein, ihm die Gesellschaft seiner Artgenossen zu ersetzen ist schließlich mein Job, mit dem ich mir meine Unterkunft verdiene.

Aber leider kann ich selber in Budgie keinen Artgenossen sehen, und so entschließe ich mich am Sonntag, Kontakt mit meiner eigenen Spezies aufzunehmen. Eine New Yorker Freundin, eine junge afroamerikanische Feministin, hat mich gedrängt, ihre Tante in Minneapolis zu besuchen. Das tue ich jetzt, aber nicht nur, weil ich menschliche Gesellschaft anstrebe. Inzwischen plagen mich Zweifel, ob das Szenario, das ich mir – hier wie auch schon in Maine – geschaffen habe, nicht eine völlig künstliche Versuchsanordnung darstellt. Kommt es im wirklichen Leben überhaupt jemals vor, daß man sich in eine völlig fremde Umgebung katapultiert – ohne Wohnung, ohne familiäre Verbindung, ohne Job – und versucht, eine ausreichende Existenzgrundlage zu finden? Nun, wenn ich meine Freundin richtig verstanden hatte, war ihrer Tante genau dies widerfahren. Sie hatte zu Beginn der neunziger Jahre in New York mit zwei Kindern im Schlepptau einen Greyhound-Bus bestiegen und war in dem völlig fremden Staat Florida gelandet. Diese Geschichte muß ich unbedingt hören, also rufe ich die Tante an, die mich unaufdringlich ermuntert, am Nachmittag doch mal vorbeizuschauen.

Caroline, wie ich sie nennen werde, ist eine imposante Gestalt mit hohen Wangenknochen und lebhaften Schamanenaugen. Sie bringt mir meinen Drink du jour – Wasser –, stellt mich ihren Kindern vor und erklärt, daß ihr Mann heute seinen freien Tag hat, den er oben in seinem Bett verbringt. Das Haus, na ja, für das entschuldigt sie sich, obwohl mir in meiner aktuellen Lage eine Vier-Zimmer-Wohnung in einem freistehenden Gebäude für 825 Dollar Monatsmiete als gar nicht so übel erscheinen will. Aber Caroline zählt die Mängel auf: Die Schlafzimmer sind winzig; die Gegend ist von Drogendealern durchsetzt; die Decke des Eßzimmers wird jedes Mal feucht, wenn jemand das darüberliegende Bad benutzt; die Toilettenspülung muß ein Eimer Wasser ersetzen. Aber warum sind sie dann hier? Weil man bei ihrem Neun-Dollar-Stundenlohn als Buchhaltungskraft in einem Hotel im Stadtzentrum plus dem Zehn-Dollar-Stundenlohn, den ihr Mann bei seinen Gelegenheitsjobs verdient, und bei den 59 Dollar, die sie wöchentlich für die Krankenversicherung zahlt (sie ist Diabetikerin, der fünfjährige Sohn hat Asthma), weil man unter solchen Bedingungen einfach nichts anderes bekommt. Wenn man freilich alles zusammenrechnet, dann verdient diese Familie fast 40.000 Dollar im Jahr, zählt also nach der offiziellen Statistik zur »Mittelklasse«.

Ich erkläre ihr, was ich in Minneapolis vorhabe (von ihrer Nichte weiß sie schon Bescheid), und bitte sie, mir die Geschichte zu erzählen, wie sie vor zehn Jahren nach Florida aufgebrochen ist. Da sie nichts dagegen hatte, daß ich mir Notizen machte, gebe ich die Geschichte ungefähr so wieder, wie sie mir von Caroline dargestellt wurde. Es ist die Geschichte einer Frau, die in ihrem realen Leben das getan hat, was ich nur in journalistischer Mission versuche.

Caroline hatte in New Jersey bei einer Bank gearbeitet. Eines Tages entschloß sie sich, ihren Mann zu verlassen, weil er »sich nicht um die Kinder kümmerte«. Zunächst zog sie zu ihrer Mutter nach Queens, aber es erwies sich als unmöglich, von dort zu ihrer Arbeit nach New Jersey zu pendeln und zuvor noch ihr jüngstes Kind in die Kinderkrippe zu bringen. Dann zog ihr Bruder ein, aber für drei Erwachsene und zwei Kinder war die Drei-Zimmer-Wohnung einfach zu klein. Und so beschloß sie, nach Florida aufzubrechen, nachdem sie gehört hatte, daß dort die Mieten niedriger liegen. Ihr einziger Besitz waren ihre Kleider, das Greyhound-Ticket und 1600 Dollar in bar. Das war alles. Sie stiegen in einer Stadt etwas südlich von Orlando aus, wo sie ein netter Taxifahrer – seinen Namen hat sie bis heute nicht vergessen – zu einem billigen Hotel brachte. Als nächstes suchte sie eine Kirche. »Du mußt immer eine Kirche finden.« Die Kirchenleute brachten sie zum WIC-Büro[3] und halfen ihr, eine Schule für ihre zwölfjährige Tochter und eine Kinderkrippe für das Baby zu finden. Ab und zu halfen sie ihr auch mit Lebensmitteln weiter. Caroline fand rasch einen Job in einem Hotel, wo sie täglich 28 bis 30 Zimmer saubermachte, was ihr bei zwei bis drei Dollar pro Zimmer einen Wochenlohn von rund 300 Dollar einbrachte, aber auch chronische Schmerzen: »Ich ging mit Rückenschmerzen ins Bett und wachte mit Rückenschmerzen wieder auf.« Das kleine Mädchen mußte das Baby von der Krippe abholen und anschließend betreuen, bis Caroline gegen acht Uhr abends nach Hause kam, was hieß, daß die Tochter kaum zum Spielen rauskam.

Was bedeutet es, an einem neuen Ort ganz von vorn anzufangen? »Angstzustände – weißt du, wovon ich rede?« Es muß der Stress gewesen sein, glaubt Caroline, der ihr die Diabetes einbrachte. Sie hatte ständig Durst und Sehstörungen und ein fürchterliches Jucken an ihren intimen Stellen, aber keine Ahnung, was die Symptome bedeuten könnten. Ein Arzt sagte, es müsse sich um eine Geschlechtskrankheit handeln, aber ihre letzten sexuellen Kontakte lagen schon ewig zurück. Eines Morgens hörte sie die Stimme ihres Herrn: »Geh ins Krankenhaus. Gehen, nicht fahren.« Also machte sie sich zu Fuß auf den Weg, bis zum Krankenhaus waren es 30 Straßen, und als sie ankam, fiel sie in Ohnmacht. Vielleicht wollte der Herr, daß sie zu Fuß ging, damit sie ohnmächtig wurde und sich endlich jemand um sie zu kümmern begann.

Sie hat aber auch Gutes zu berichten. In dem Hotel, in dem sie putzte, hat sie sich lange um einen Mann gekümmert, der Krebs hatte. Sie brachte ihm Essen und säuberte ihm sogar seine übelriechenden Wunden. Und der Mann war ihr dafür so dankbar, daß er ihr 325

Dollar gab; er wußte, daß das genau ihrer Miete entsprach. Und dann gab es eine ganz wichtige Freundin namens Irene. Caroline hatte sie »aus der Gosse« aufgelesen. Irene hatte wirklich Probleme. Sie war schwarzer und zugleich indianischer Abstammung, hatte sich als Farmarbeiterin durchgeschlagen, hatte eine Vergewaltigung hinter sich und war auch von ihrem Freund mißhandelt worden, was ihr eine häßliche Narbe im Gesicht eingebracht hatte. Der Freund fand den Vergewaltiger und stach in ab, danach verschwand er auf lebenslänglich im Gefängnis. Caroline nahm also Irene bei sich auf, und eine Zeitlang ging alles gut. Irene fand einen Job bei Taco Bell und half die Kinder versorgen, die sie verwöhnte und liebte, als wären es ihre eigenen. Dann begann Irene zu trinken und in Bars »auf Stühlen zu tanzen«, und am Ende zog sie mit einem Mann zusammen. Caroline vermißt sie und ist sogar einmal nach Florida zurückgefahren, um sie zu suchen. Vielleicht ist sie gestorben. Denn sie hatte ihr einmal eine Krebsgeschwulst gezeigt , so groß wie eine 25-Cents-Münze, direkt an ihrer rechten Brustwarze. Es ist schwer, nicht zu wissen, was aus ihr geworden ist.

In Florida traf Caroline dann auch ihren jetzigen Mann, der ein Weißer ist. Doch mit der Heirat war ihre Leidenszeit nicht zu Ende. Vorübergehend waren sie sogar obdachlos, und sie reiste immer wieder mit den Kindern von Staat zu Staat, in Greyhound-Bussen. Als ich nach zwei Stunden aufbrechen will, fragt mich Caroline, ob ich Vegetarierin bin. Ich verneine bedauernd, worauf sie in die Küche eilt und mit einer großen Frischhaltebox zurückkommt: selbstgekochter Hühnereintopf, den ich mit aufrichtiger Dankbarkeit entgegennehme – mein Abendessen. Wir umarmen uns. Sie begleitet mich zum Auto, und wir umarmen uns wieder. Jetzt habe ich also eine Freundin in Minneapolis, und es ist schon eine seltsame Fügung: Ich habe die Frau gefunden, die alle Brücken hinter sich abgebrochen hat und doch immer wieder auf den eigenen Beinen gelandet ist, und das alles in ihrem realen Leben und mit Kindern am Hals. Sie ist das Original, und ich bin nur die Kopie, die blasse Simulantin ohne Mutterpflichten.

Aber am Dienstag nach dem Memorial Day erscheint mir mein Leben schon wieder hinlänglich real, weil es so trostlos und deprimierend ist. Mein Tag geht drauf mit Drogentests, was auch endloses Herumfahren bedeutet, und das im Dauerregen, der aber wenigstens entspannend auf meinen Schließmuskel wirkt. Der erste Test (für Wal-Mart) ist ziemlich harmlos und vollzieht sich bei einem Chiropraktiker, dessen Praxis nur ein paar Autobahnmeilen von meinem Wal-Mart entfernt liegt. Dort gibt man mir zwei Plastikbehälter – einen um hineinzupinkeln, den anderen, um die Probe hineinzustellen – und schickt mich zu einer normalen Publikumstoilette am Ende des Flurs. Es wäre ganz einfach, eine fremde Urinprobe einzuschmuggeln, wenn ich ein volles Reagenzglas in meiner Hosentasche oder mich mit einem potentiellen Spender in der Toilette verabredet hätte. Um den nächsten Test (für Menards) zu absolvieren, muß ich in eine der Vorstädte im Südwesten fahren, zu einem normalen Krankenhaus mit richtigen Patienten, die auf fahrbaren Betten in den Gängen herumkutschiert werden. Ich werde zum Wartezimmer der Smith Kline and Beecham-Suite geschickt, wo bereits zehn, zwölf Menschen sitzen, von denen die meisten, nach den üblichen äußeren Klassenmerkmalen zu urteilen, zu den Niedriglohnarbeitern gehören. Im Fernseher läuft die Robin Givens-Talkshow »Forgive and Forget« (Vergeben und Vergessen), heute geht es um das Thema »Du hast mich aufgenommen – und ich habe dich ausgenommen«. Offenbar hat der 18-jährige Cory seinen Cousin bestohlen, der ihn aufgenommen hatte, womit er der Freundin des Cousins und deren Kind das Weihnachtsfest verdorben hat. Cory zeigt keine Reue und erklärt zu seiner Rechtfertigung, daß er sich seit seinen Highschool-Jahren mit Betrügen und Stehlen durchschlagen mußte, so war nun mal sein Leben. Robin Givens trommelt mit ihren Fäusten in die Luft und schreit ihn an: »Cory, Cory, hör auf, das Opfer zu spielen!« Im Vergleich mit dem Kapitalverbrechen des Opferseins fällt der Diebstahl offenbar überhaupt nicht ins Gewicht. Mit jeder neuen Verdammung Corys fällt der Beifall des Studiopublikums frenetischer aus. Cory ist eben der Böse, genau wie einige der passiven Zuschauer in diesem

Raum, die demnächst nach ihrem Urin beurteilt und überführt sein werden. Mir fällt einer der »Stimmen-Sie-zu?«-Sätze aus dem Wal-Mart-Fragebogen ein: »In jeder Firma sollte es einen Nonkomformisten geben.« Aber machen wir uns nichts vor – die korrekte Antwort lautet natürlich, wie sich alsbald herausstellt: »Ich stimme überhaupt nicht zu.«

Nach 40 Minuten werde ich schließlich von einer geschäftigen Frau im blauen Arztkittel aus dem Wartezimmer gerufen. Was haben sie vor? Wollen sie mir die Blase herausschneiden, wenn ich keine testtaugliche Urinmenge produzieren kann? Ich frage die Frau, ob sie hier noch etwas anderes als Drogentests machen. Nein, das ist ja auch genug Arbeit. Sie überprüft das Foto auf meinem Ausweis, und dann spritzt sie mir etwas auf die Handflächen, was wie Seife aussieht, obwohl ich nirgends ein Waschbecken sehen kann. Jetzt muß ich zu einer Toilette gehen und die Hände mit Wasser abspülen, während sie auf mich wartet und dabei auch meine Geldbörse in ihrer Obhut hat. Ich zögere ein, zwei Sekunden, während ich die Hände mit der Schmiere von mir strecke, und denke über die Frage des Vertrauens nach, die damit zwischen ihr und mir entstanden ist. Warum zum Beispiel soll ich ihr meine Geldbörse anvertrauen, wogegen sie mir nicht einmal in der Frage traut, ob ich eine drogenauflösende Substanz in meinen Urin schütte oder nicht? Aber wenn ich Theater mache, könnte sie womöglich mein Testergebnis frisieren. Also marschiere ich folgsam zur Toilette, wasche meine Hände und gehe brav pinkeln, was mir sogar bei geschlossener Tür gestattet ist. Unsere kleine Pantomime über medizinische Betreuung ist damit abgeschlossen. Der ganze Vorgang hat einschließlich Fahr- und Wartezeit eine Stunde und 40 Minuten gedauert, ungefähr genauso lang wie der Test für Wal-Mart. Und da kommt mir der Gedanke, daß diese Drogentests unter anderem die Wirkung haben, die Arbeitskräfte an einem allzu häufigen Jobwechsel zu hindern. Und vielleicht ist das sogar ihre beabsichtigte *Funktion.* Denn für jeden angestrebten neuen Job muß man erstens die Bewerbung, zweitens das Interview und drittens den Drogentest hinter sich bringen – und das wird man sich bei den steigenden Benzinpreisen zweimal überlegen, ganz zu schweigen von den Kosten für den Babysitter.

Bis das Ergebnis der Drogentests vorliegt, fühle ich mich verpflichtet, weiter nach Jobs zu suchen. Die meisten Termine sind reine Routine und nicht sehr vielversprechend (Bewerbungsformular ausfüllen, dann die Mitteilung, man werde telefonisch Nachricht geben, usw.), aber einer meiner Kontakte verläuft nicht so geschäftsmäßig, legalistisch, euphemistisch und amtlich wie die anderen. Laut Stellenanzeige werden »Kundenvertreter« gesucht. Das ist ein Job, den ich eher meiden will, weil für die Bewerbung normalerweise ein Lebenslauf verlangt wird, was etliche Mogeleien meinerseits erfordern würde, die ich nicht riskieren will. Dieser Vertreterjob ist jedoch für »Einsteiger« ausgeschrieben. Als ich anrufe, sagt man mir, ich solle Punkt drei Uhr und auf jeden Fall »professionell gekleidet« erscheinen. Das stellt mich vor ein Problem, denn meine Garderobe besteht nur aus T-Shirts und zwei langen Hosen (von den Bluejeans abgesehen), aber immerhin habe ich auf dem Weg nach Minneapolis aus meinem New Yorker Domizil ein Jackett und anständige Schuhe mitgenommen, und das müßte meines Erachtens, ergänzt durch Lippenstift und Seidenstrümpfe, eine hinreichend eindrucksvolle Aufmachung ergeben. Als ich mich pünktlich bei der Firma Mountain Air (wie wir sie nennen wollen) einfinde, deren Büro sich in einem gesichtslosen weißen Gebäude gleich neben einer Gewerbestraße befindet, warten dort bereits neun andere Bewerber. Wie sich herausstellt, handelt es sich um ein Gruppeninterview, das von einem Mann namens Todd durchgeführt wird. Die Kandidaten sitzen in einem großen Raum auf Klappstühlen, während Todd, ein adrett gekleideter Dreißiger, seinen Vortrag hält und seine Folien an die Wand wirft.

Todd spricht sehr schnell und in einem Singsang, der darauf schließen läßt, daß er seinen Vortrag mehrmals am Tag abspult. Mountain Air, führt er aus, ist ein »Umweltberatungsunternehmen«, das Menschen helfen will, die unter Asthma und Allergien leiden, und zwar mit einer »kostenlosen Dienstleistung«. Wir werden die Leidenden im eigenen Auto aufsuchen, und wir können 1650 Dollar verdienen, wenn wir innerhalb von 30 Tagen 54 Zwei-Stunden-Termine absolvieren – obwohl wir schon ziemlich faul sein müssen, wenn wir nicht mehr Besuche schaffen sollten. Und dann gibt es noch unerhörte Sonderleistungen wie Wochenend-Fortbildungsseminare, die überall im Land stattfinden, »da muß man natürlich was tun, wie zum Beispiel Motivationsvorträge anhören, aber man kann auch seinen Partner mitbringen und eine tolle Zeit verbringen«. Und um all das zu genießen, müssen wir lediglich älter als 18 Jahre und kreditwürdig sein, ein eigenes Auto und einen Telefonanschluß haben und mindestens schon ein Jahr in Minnesota wohnen. Hoppla! Als Todd fragt, ob jemand noch nicht so lange in Minnesota lebt, melde ich mich, aber er meint, über diese Bedingung könne man in gewissen Fällen auch hinwegsehen. Entscheidend sei für Mountain Air – und hier liest er wieder von einer Folie ab –, daß die Mitarbeiter eine »disziplinierte/geldmotivierte/positive Grundeinstellung« haben.

Vom Dienst an den Leidenden ist nicht mehr die Rede. Aber im Vergleich zu der schmierigen Dem-Volke-dienen-Ethik, die Wal-Mart seinen Kunden verkauft, wirkt der Nachdruck, mit dem Todd auf die Zahlen unter dem Strich verweist, nachgerade erfrischend. Wir werden unabhängige Subunternehmer sein, teilt er uns mit, also keine Angestellten. Und das heißt: »Wenn Sie einen Kunden anlügen, ist die Firma nicht verantwortlich.« Wie denn das? Wo doch das Lügen zu der Verkaufsstrategie gehört, die das Unternehmen seinen Vertretern beigebracht hat? Ist doch ganz einfach, versichert uns Todd. »Hier geht es um Menschen, die ein sehr schweres Problem haben – wenn es auch bei weitem nicht so schwer sein dürfte, wie sie selber denken –, und die wollen wir glücklich machen.« Noch Fragen? Ich habe überhaupt nicht kapiert, was das alles soll, aber ich beschränke mich auf die Frage, um welches Produkt es denn geht, denn ich gehe davon aus, daß wir irgendein Produkt verkaufen sollen. Todd bückt sich und öffnet einen Karton, der die ganze Zeit zu seinen Füßen am Boden gestanden hat, ohne daß er mir aufgefallen wäre, und holt eine flache, leicht bedrohlich aussehende Apparatur heraus, die er uns als »Filter Queen« vorstellt. »Also geht es bei dem Job ums Verkaufen?« fragt jemand. »Nein«, sagt Todd mit einer gewissen Schärfe, »wir haben ein Produkt, und wenn sie es wollen, geben wir es ihnen« – obwohl damit nicht gemeint sein kann, daß wir es gratis abgeben. Dann folgen die Einzelinterviews von jeweils drei Minuten. Als ich dran bin, fragt mich Todd, warum ich den Job machen will, und ich sage, ohne nachzudenken, na ja, ich will eben Leuten mit Asthma helfen. Mit der Antwort lag ich offensichtlich falsch, schließlich sind wir hier nicht bei Wal-Mart. Denn als ich wie verabredet zwei Stunden später anrufe, sagt man mir, zur Zeit gebe es keinen Job für mich, aber immerhin sei ich auf der Warteliste. Vielleicht lag es auch an der Aufenthaltsklausel, aber ich vermute eher, daß ich die Absage meiner deplazierten Heuchelei verdanke.

Mittlerweile suche ich zunehmend verzweifelt nach einer Wohnung. Bei allem, was ich in dieser Geschichte unternehme, muß man sich dazudenken, daß ich ständig auf einen Rückruf warte oder mich selbst bemühe, eine Vermietungsagentur zum zweiten, dritten, vierten Mal anzurufen. Seit Wochenbeginn bekomme ich manchmal sogar ein lebendes Wesen an die Strippe, doch die Stimmen klingen abschätzig bis abweisend. Eine verweist mich auf eine Broschüre mit Wohnungsanzeigen, die man an jeder Straßenecke bekommt, aber alle Wohnungsangebote sind inclusive Sauna und Gynmastikstudio und kosten über 1000 Dollar Monatsmiete. Eine andere Stimme erläutert, daß ich mir für meinen Umzug nach Minnesota eine schlechte Zeit ausgesucht habe, daß die Leerstandsrate unter einem Prozent liegt und daß von den freien Wohnungen allenfalls jede zehnte erschwinglich ist. In der *Star Tribune* finden sich wenig oder gar keine Wohnungsangebote. Und von den Agenturen ruft keine zurück. Zudem geht mir jetzt etwas verspätet auf, daß Minneapolis viel weitläufiger ist als Key West oder Portland und daß meine beiden aktuell möglichen Arbeitsplätze – Wal-Mart and Menards – fast 50 Kilometer auseinanderliegen. Meine Lust, jeden Tag über die Stadtautobahnen der Twin Cities zu kutschieren, hat bereits rapide abgenommen. Wo immer ich fahre, sitzt mir irgendein Fahrer, der noch nie was von dem Werbeslogan über das »freundliche Minnesota« gehört hat, mit seinem

Kleinlaster im Nacken, so daß mir ganz nach dem Spruch zumute ist, den ich als Sticker an etlichen Stoßstangen sehe: »Weg von meinem Arsch, wenn du keine Hämorrhoide bist.« Auch der führende Classic-Rock-Sender hilft da nur bedingt weiter. Zwar kann ich mit Creedence Clearwater Revival oder mit ZZ Top einen Drängler bei 130 Stundenkilometern noch auf Abstand halten, aber mit den Eagles und den Doobie Brothers ist das nicht zu schaffen. Was ich demnach auf alle Fälle vermeiden will, ist eine Wohnung in nervenaufreibender Entfernung von meinem Job – den ich natürlich auch erst mal finden muß.

In der ganzen Twin Cities-Region gibt es nur eine einzige Wohnanlage, die »erschwingliche« möblierte Apartments wochen- oder monatsweise vermietet: das Hopkins Park Plaza. Diese Adresse wird für die kommenden Wochen zum Ziel all meiner Wohnungssehnsüchte, zu meinem ganz persönlichen Shangri La. Beim dritten Anruf (zweimal hat niemand abgenommen) habe ich Hildy am Telefon. Nein, im Moment ist wohl nichts frei, aber ich kann ja vorbeikommen und schon mal die Anwärtergebühr von 20 Dollar zahlen, in bar. Als ich die beiden zweigeschossigen Backsteinbauten gefunden habe, die sich als das Park Plaza herausstellen, warten auf Hildy noch weitere Wohnungssuchende: ein weißer Mann mittleren Alters mit kastanienbraun gefärbten Haaren, ein junger Mann hispanischer Abstammung und eine ältere weiße Frau. Das erklärt, warum Hildy nie zurückgerufen hat: Der Markt ist voll auf ihrer Seite. Als sie mich schließlich herumführt, macht mir das Haus einen ganz anständigen Eindruck, wenn auch die Korridore meist dunkel und laut sind und nach Küchenabfällen riechen. Ich könnte sofort ein Zimmer ohne Kochnische haben, aber das liegt im Kellergeschoß, und der Preis von 144 Dollar pro Woche scheint mir ein bißchen übertrieben. Also entschließe ich mich zu warten, bis ein Zimmer mit Kochnische frei wird. Das kann sich jeden Tag ergeben, versichert mir Hildy, denn sie haben immer eine hohe Fluktation. In diesem Augenblick scheint mir dies eine vernünftige und kostendämpfende Entscheidung zu sein – doch sie soll sich als entscheidender Fehler erweisen.

Ich komme zu dem Schluß, daß ich irgendwas falsch anpacke, daß ich einen wichtigen Faktor übersehe. Budgies Eigentümer hatten mir versichert, die eine Agentur namens Apartment Search werde schon etwas für mich finden. Ich rufe einen weiteren Freund eines Freundes an, einen Professor an einem College in St. Paul, der mich über die industrielle Geschichte der Stadt aufgeklärt hat. Der räumt sogleich ein, was erschwingliche Wohnungen betrifft, so könne man schon von einer »Krise« sprechen, aber auch er hat keine Ahnung, was ich machen könnte. Und die Wohnungsagenturen, die sich freundlicherweise zu einer Antwort bereitfinden, geben mir alle denselben Rat: Such dir ein Motel, das wochenweise vermietet, und warte dort ab, bis sich woanders etwas findet.[4]

Nach vielen Anrufen habe ich endlich eine Liste von elf Motels zusammen, die im Einzugsbereich von Minneapolis/St. Paul liegen. Alle vermieten wochenweise und gehören nicht zu den großen, bekannten Motel-Ketten. Aber deshalb sind ihre Mieten noch lange nicht »erschwinglich«, denn sie reichen von 200 Dollar pro Woche im Hill View-Motel in Shakopee bis zu 295 Dollar im Twin Lakes-Motel, das im Süden von Minneapolis liegt. Zudem sind viele dieser Wohnanlagen voll. Ich fahre zum Hill View, wo man 60 Dollar in bar als Kaution verlangt. Ich fahre immer weiter und weiter, ich bin schon über den Kartenrand hinaus, die Vororte und Gewerbezonen liegen längst hinter mir, schon beginnt die offene Landschaft, was beim Fahren eine nette Abwechslung ist – aber hier leben? In der Umgebung des Hill View gibt es keine Gaststätten, keine Fastfood-Buden oder Lebensmittelläden, ja überhaupt kein Gewerbe außer zwei Auslieferungslagern für landwirtschaftliche Geräte. Die Entfernung von der Stadt ist unzumutbar, und dasselbe gilt für das Zimmer, das ich gezeigt bekomme: kein Mikrowellenherd, kein Kühlschrank, und der ganze Raum nicht viel größer als das Bett. Was soll ich also machen, wenn ich gerade nicht im Bett liegen will? Soll ich mir einen Bummel durch das Caterpillar-Ersatzteillager genehmigen?

Das Twin Lakes (in Wirklichkeit heißt es anders) liegt wenigstens in Minneapolis. Der indische Besitzer sagt, daß er nur Langzeitmieter hat, die alle berufstätig sind, und daß ich einen Raum im ersten Stock haben kann, wo ich nicht tagsüber die Vorhänge zuziehen muß, um mich ungestört zu fühlen. Aber auch hier weder Kühlschrank noch Mikrowelle. Mit etwas schwacher Stimme sage ich, daß ich es nehme und in zwei Tagen einziehen werde. Er verzichtet sogar auf die Kaution. Aber ich habe ein schlechtes Gefühl, zum einen, weil alles so grau und fleckig aussieht, aber auch, weil beim Münzwaschautomaten ein gestört aussehender Typ herumhängt, der mir mit blutunterlaufenen blauen Augen nachstarrt.

An der Jobfront geht es dagegen flott voran. Bei Menards hat man mir gesagt, ich solle am Mittwoch morgen um zehn Uhr zur »Einführung« da sein. Ich gehe davon aus, daß meine Anstellung vom Bestehen des Drogentests abhängt, und will mir den Termin telefonisch bestätigen lassen. Ja, man erwartet mich – hoffentlich nicht bloß, um mich als chemisch geprüften Ausschuß abzuservieren. Aber die Einführung ist eine angenehme und unterhaltsame Veranstaltung. Ich sitze mit Lee-Ann, einer abgezehrt aussehenden blonden Frau in den Vierzigern, an einem Tisch, und auf der anderen Seite sitzt Walt, der uns witzig und locker die wichtigsten Punkte nahebringt: Seid nett zu den Kunden, selbst wenn sie sauer auf euch sind, weil sie etwas zurückgeben wollen – und sie wollen immer irgendwas zurückgeben. Bleibt nicht von der Arbeit weg, ohne anzurufen. Und seht euch vor dem Regionalleiter vor, der immer mal wieder in der Filiale vorbeischaut und der speziell Frauen fertigmacht und sich überhaupt wie ein »Scheißkerl« aufführt. Im übrigen müssen wir einen Gürtel tragen, an dem ein Meßband und ein Messer angebracht sind (letzteres vermutlich zum Öffnen der Verpackungskartons); die Kosten für diese Ausrüstung, die er uns über den Tisch zuschiebt, werden uns vom ersten Gehaltsscheck abgezogen. Und übrigens, ab und zu wird es »kleine Geschenke« geben – Kugelschreiber, Kaffeetassen und T-Shirts mit Werbung für unsere Sonderangebote. Dann händigt uns Walt unsere Westen und unsere Namensschilder aus, und ich bin gerührt, weil er für mich gleich zwei gemacht hat. Auf dem einen steht »Barbara«, auf dem zweiten »Barb«, und ich darf aussuchen, welches ich tragen will.

Als Walt für einen Moment den Raum verläßt, frage ich Lee-Ann: »Heißt das, wir sind eingestellt?« Denn es kommt mir merkwürdig vor, daß noch kein Lohnangebot gemacht geschweige denn Lohn vereinbart wurde. »Sieht ganz so aus«, sagt sie und erzählt, daß sie nicht mal ihren Drogentest gemacht hat. Sie ist zu der Testpraxis gegangen, hatte aber keine Kennkarte mit Photo dabei, weil man ihre Brieftasche gestohlen hatte, und natürlich wollte man sie ohne Kennkarte nicht testen. Dann kommt Walt zurück und geht mit mir in den Verkaufsraum, um mir Steve vorzustellen: ein »wirklich wunderbarer Bursche«, mein künftiger Vorgesetzter bei den Installateurwaren. Aber hier, im Verkaufsbereich, überfallen mich plötzlich heftige Zweifel. In den ganzen Regalen mit all den Installateurwaren, die sich über eine riesige Fläche erstrecken, sehe ich keinen einzigen Artikel, den ich namentlich bezeichnen könnte. Ich komme mir vor wie jemand, der die Sprache verloren hat. Wäre ich in der Lage, mich mit dem Zeigefinger oder mit Grunzlauten zu verständigen? Steves Lächeln kommt mir jetzt eher wie ein Grinsen vor, als könnte er in mein Hirn blicken und sehen, daß es nicht ein Quentchen an Fachkenntnissen enthält. Am Freitag geht's los, sagt er, die Schicht dauert von mittags zwölf bis abends um elf. Ich glaube mich verhört zu haben. Und auch den Stundenlohn, den Walt mir nennt, kann ich kaum glauben. Ich werde nicht 8.50 Dollar, sondern ungeheuerliche zehn Dollar verdienen.

Jetzt brauche ich Wal-Mart nicht mehr, ist mein erster Gedanke, obwohl sich alsbald herausstellt, daß Wal-Mart mich braucht. Roberta ruft an, um mir in höchsten Tönen mitzuteilen, daß mein »Drogentest in Ordnung« ist und daß ich morgen um drei Uhr zur Einführungsveranstaltung erscheinen soll. Das Testergebnis hat nicht den erwünschten Effekt, daß ich mich entlastet oder gar reingewaschen fühlen würde. In Wirklichkeit bin ich ganz irritiert und frage mich unweigerlich, ob ich dasselbe Ergebnis auch um 30 Dollar billiger hätte haben können und ohne drei Tage mit entgiftenden und aufschwemmenden Substanzen zu verlieren. Ich frage Roberta nach dem Stundenlohn – man beachte, daß sie diese Information nicht von sich aus liefert –, und als sie sieben Dollar sagt, denke ich: O.k., das war's dann wohl. Doch ich entschließe mich – aus Vorsicht wie aus Forscherdrang –, die Einführung bei Wal-Mart trotzdem mitzumachen. Dies sollte sich, aus unvorhergesehenen psychologischen Gründen, als mein zweiter großer Fehler erweisen.

Ich glaube nicht, daß es irgendein Unternehmen gibt, dessen Einführungsveranstaltungen für neue Arbeitskräfte mit denen von Wal-Mart vergleichbar sind, zumindest was den schieren Aufwand, den zeitlichen Umfang und die gezielten Einschüchterungseffekte betrifft. Man hat mir gesagt, die ganze Veranstaltung werde acht Stunden dauern, was zwei 15-minütige Kaffeepausen und eine halbe Stunde für das Mittagessen einschließt. Als ich eintreffe – adrett in Khakishorts und einem sauberen T-Shirt, wie es sich für eine angehende Wal-Mart-«Partnerin« gehört –, sind außer mir noch zehn (meist junge und weiße) Arbeitswillige erschienen, dazu ein Dreierteam unter Führung von Roberta, das uns eine Einführung geben soll. Wir sitzen in demselben fensterlosen Raum, in dem wir interviewt worden sind, vor uns liegt auf jedem Platz ein dicker Ordner mit Papieren, und Roberta beginnt noch einmal zu erzählen, wie sie sechs Kinder großgezogen hat, wie gut sie »es mit den Menschen kann«, wie sie entdeckt hat, daß die drei Prinzipien der Wal-Mart-Philosophie mit ihren eigenen übereinstimmen, und so weiter. Das Programm beginnt mit einem etwa 15-minütigen Videofilm über die Geschichte und die Philosophie von Wal-Mart, die ein ethnologisch geschulter Beobachter auch als Sam-Kult bezeichnen könnte. Zunächst kehrt der junge Sam Walton, in Uniform, aus dem Krieg zurück. Er macht ein Geschäft auf, eine Art Gemischtwarenhandlung; er heiratet und zeugt vier prachtvolle Kinder; er empfängt von Präsident Bush die Medal of Freedom, woraufhin er prompt stirbt, was etliche Nachrufe zur Folge hat. Aber das Unternehmen macht weiter, wer hätte das gedacht! Und nun steigt die Erzählkurve unaufhaltsam bergan und hält höchstens ein, um einige neue Meilensteine des unternehmerischen Expansionskurses zu würdigen. 1992: Wal-Mart wird zum größten Einzelhandelsunternehmen der Welt. 1997: Der Umsatz übertrifft die 100-Milliarden-Dollar-Grenze. 1998: Die Zahl der Wal-Mart-Belegschaft steigt auf

825.000, womit das Unternehmen zum größten privaten Arbeitgeber der USA geworden ist. Zu jedem dieser epochalen Daten gibt es einen Videoclip: mit den Käufermassen, mit den Scharen von Mitarbeitern, mit all den schicken neuen Filialen und den dazugehörigen Parkplätzen. Und dazu verweist ständig eine Stimme aus dem Off – oder eine graphische Darstellung – auf die »drei Prinzipien«, die eine so wahnwitzig, ja tollkühn verkantete Aussagekonstruktion aufweisen: »Respekt für das Invididuum, die Erwartungen der Kunden übertreffen, strebe nach herausragenden Leistungen«.

Mit »Respekt für das Individuum« sind wir, die Partnerinnen und Partner, angesprochen, denn Wal-Mart als Unternehmen mag noch so riesig und wir als Individuen mögen noch so winzig sein – ohne uns läuft gar nichts. Sam hat es schon immer gesagt, so auch jetzt wieder in dem Video, daß »die besten Ideen von den Partnern kommen«. Zum Beispiel die Idee, einen »people greeter« zu haben, einen älteren Angestellten (Verzeihung: einen Partner), der jeden Kunden und jede Kundin beim Betreten des Geschäfts persönlich begrüßt. Drei Mal im Laufe dieser Einführung, die von drei Uhr nachmittags bis kurz vor elf Uhr abends dauert, werden wir daran erinnert, daß dieser Geistesblitz doch tatsächlich von einem kleinen Angestellten stammt, und wer weiß, welche revolutionären Ideen zum Einzelhandel noch von uns anderen Mitarbeitern kommen werden? Denn unsere Ideen sind erwünscht, sind überaus erwünscht, und wir sollen unsere Manager nicht als Bosse sehen, sondern als »Diener-Führer«, die uns ebenso wie den Kunden dienen. Natürlich herrscht zwischen den Mitarbeitern und ihren Diener-Führern nicht ständig die totale Harmonie. Ein Video über »Partnerehrlichkeit« zeigt einen Kassierer, der von der Überwachungskamera ertappt wurde, wie er ein paar Geldscheine aus der Registrierkasse verschwinden läßt. Schicksalsschwere Trommelwirbel untermalen die Szenen, wie er in Handschellen abgeführt und zu vier Jahren Gefängnis verurteilt wird.

Auch das anschließende Zwölf-Minuten-Video handelt von untergründigen Spannungen, die durch rechtschaffenes Denken und eine positive Einstellung überwunden werden. Unter dem Titel »Sie haben sich einen großartigen Arbeitsplatz ausgesucht« bezeugen verschiedene Mitarbeiter das »absolute Gefühl, eine einzige Familie zu sein, für das Wal-Mart so bekannt ist«, was in die Schlußfolgerung mündet, daß wir keine Gewerkschaft brauchen. Irgendwann einmal, vor langer Zeit, hatten die Gewerkschaften ihren Platz in der amerikanischen Gesellschaft, aber heute »haben sie den Arbeitern nicht mehr viel zu bieten«, weshalb ihnen die Leute »in Scharen« davonlaufen. Mit Wal-Mart geht es aufwärts, mit den Gewerkschaften bergab – also urteilen Sie selbst. Und doch, mahnt uns der Film, haben »die Gewerkschaften Wal-Mart seit Jahren im Visier«. Warum? Natürlich wegen der Mitgliedsbeiträge. Überleg doch mal, was du mit einer Gewerkschaft verlieren würdest: Zuerst den Mitgliedsbeitrag, was 20 Dollar im Monat sein kann »und manchmal viel mehr«; zweitens »deine Stimme«, denn die Gewerkschaft würde darauf bestehen, für dich zu sprechen; und schließlich könntest du sogar deinen Lohn und deine Gratifikationen verlieren, denn die würden alle »am Verhandlungstisch aufs Spiel gesetzt«. Demnach muß man sich ernsthaft fragen – und einige der jüngeren Einführungskandidaten tun es vermutlich auch –, warum solche feindlichen Elemente wie Gewerkschaftsfunktionäre, die ja regelrechte Erpresser sind, in diesem Land frei herumlaufen dürfen.

Und es kommt noch mehr – viel mehr, als ich je aufnehmen könnte, selbst wenn der Stoff über einen semesterlangen Kurs verteilt wäre. Von der vernünftigen Annahme ausgehend, daß keiner der Einzustellenden vorhat, das »Handbuch für Wal-Mart-Mitarbeiter« zu Hause durchzuarbeiten, beginnen unsere Ausbilder, laut daraus vorzulesen, wobei sie alle paar Absätze eine Pause einlegen, um zu fragen: »Gibt es Fragen?« Es gibt nie welche. Links neben mir murmelt der 17-jährige Barry, daß ihm »der Hintern weh tut«. Sonya, die winzige Afro-Amerikanerin, die mir gegenübersitzt, scheint vor Schreck wie gelähmt. Ich habe es aufgegeben, auf munter zu machen, und kann die Augen nur noch mit Mühe offenhalten. Kein Schmuck in der Nase oder überhaupt im Gesicht, erfahren wir, und der Ohrschmuck muß klein und unauffällig sein, also keine baumelnden Ringe. Und keine

Bluejeans, außer freitags, aber das Privileg, sie zu tragen, kostet dann einen Dollar. Kein »Abgrasen«, also irgendwas Eßbares aus aufgegangenen Packungen stibitzen; und vor allem kein »Zeitdiebstahl«. Dieses letzte Gebot lenkt meine Phantasie auf die Science-Fiction-Schiene: Und die Zeitdiebe flogen ins Jahr 3420 zurück, beladen mit Wochenenden und Tagen, die sie aus dem 21. Jahrhundert geraubt hatten…

Zum Schluß kommt doch noch eine Frage. Der alte Mann, der als Kundenbegrüßer eingestellt werden soll, will wissen: »Was ist Zeitdiebstahl?« Die Antwort: Wenn man während der Arbeitszeit etwas anderes tut, als für das Unternehmen zu arbeiten, egal was. Daß uns die Zeit gestohlen wird, ist allerdings kein Thema. Zum Beispiel wenn alle drei Ausbilder Pausen einlegen, die sich zu vielen Minuten addieren, weil sie einfach verschwinden, während wir Auszubildenden uns anschweigen oder verlegene Sätze wechseln. Oder wenn unsere Unterausbilder einen Abschnitt des Handbuchs durchnehmen, und anschließend kommt Roberta, die inzwischen irgend etwas anderes gemacht hat, und nimmt denselben Abschnitt noch mal durch. Die Augen fallen mir zu, und ich bin kurz davor, nach Hause zu gehen. Ich habe schon siebenstündige Flugzeugverspätungen erlebt, bei denen die Zeit schneller vergangen ist. Tatsächlich sehne ich mich geradezu nostalgisch nach einer siebenstündigen Flugzeugverspätung, denn auf dem Flughafen kannst du wenigstens ein Buch lesen oder aufstehen und herumlaufen oder pinkeln gehen.

In den Pausen trinke ich Kaffee aus dem hauseigenen Fastfood-Restaurant »Radio Grill«. Diesen richtigen Kaffee mit Koffein brauche ich nicht so sehr, weil ich unbedingt noch für alle bevorstehenden Wal-Mart-Banalitäten aufnahmebereit bleiben möchte, sondern vielmehr, um mich für die Heimfahrt im Auto wachzuhalten. Kaffee ist eine Droge, der unsere Drogenbekrieger etwas mehr Beachtung schenken sollten. Da ich normalerweise überhaupt keinen Kaffee trinke – Eistee verschafft mir normalerweise denselben Kick –, wirkt diese Droge auf mich wie eine Testdosis Dexedrin: Mein Puls beginnt zu rasen, mein Hirn ist überreizt, und unter dem Eindruck der Wal-

Mart-Videos ist das Resultat eine Art Delirium. Auf einmal bin ich sogar mit den Kindergarten-Aufgaben überfordert, die uns jetzt vorgesetzt werden. Ich soll zum Beispiel meinen persönlichen Strichcode an meinem Namensschild anbringen und dann die gestanzten Buchstaben aufkleben, die meinen Namen bilden. Aber die Buchstaben kringeln sich immer zusammen und bleiben an meinen Fingern kleben, also höre ich auf, als ich »Barb« geschafft habe, oder genauer »BARB«, wobei mir alle meine Bekannten einfallen, die in den letzten Jahren ihre Namen geliftet haben, etwa von Patsy zu Patricia oder von Dick zu Richard, während ich jetzt im Gegenteil nach unten abdrifte. Dann müssen wir der Reihe nach an die Computer, um unser CBL-Training, unser »computergestütztes Lernprogramm« zu beginnen. Bei der ersten Lerneinheit mit dem Titel »durch Blut übertragene Krankheitserreger« geht es um HIV und was wir tun sollen, falls wir auf dem Fußboden des Verkaufsraumes einmal Lachen von Menschenblut entdecken. Ganz einfach, du plazierst Warnkegel um die Blutlachen, ziehst dir Schutzhandschuhe über usw., aber ich kann der Versuchung nicht widerstehen, mir auszumalen, welche Ereignisse zu diesen Blutlachen geführt haben mögen. Ein Aufstand der Belegschaft? Oder randalierende »Gäste«? Als mich einer der Ausbilder mit sanftem Druck vom Computer wegzieht, habe ich sechs Lerneinheiten geschafft, drei mehr als für heute abend vorgesehen. Das Restprogramm sollen wir in den nächsten Wochen machen, wann immer es die Arbeit zuläßt. Aber jetzt dürfen wir gehen.

Dann folgt die schlimmste von vielen schlaflosen Nächte, die noch folgen sollten. Auf der Heimfahrt auf der Autobahn rasiert ein Typ mit Tempo 130 rechts an mir vorbei und macht mir wieder mal klar, daß jede Autobahn weit mehr Ausfahrten hat, als auf den Schildern stehen – finale Ausfahrten. Um diese mitternächtliche Zeit brauche ich 15 Minuten, um einen Parkplatz zu finden, und weitere fünf, bis ich bei meiner Wohnung angelangt bin, wo ich feststellen muß, daß Budgie aufgrund meiner langen Abwesenheit völlig durchgedreht ist. Der Fußboden unter seinem Käfig ist voll von Federn, und er weigert sich, in den Käfig zurückzukehren, obwohl er großzügige 45 Minuten auf meinem Kopf herumturnen durfte. Morgen ist mein erster Arbeitstag in der Installateursabteilung (denn ich bin immer noch entschlossen, bei Menards anzufangen), und da will ich ausgeruht sein, aber dann gehen mir die vielen kleinen Extraausgaben der letzten Tage durch den Kopf, und beim Stand meiner Finanzen kann ich mir nicht mal die kleinste Extraausgabe leisten. Zum Beispiel war eine Uhrbatterie zu Ende, und ich mußte mir für elf Dollar eine neue einsetzen lassen. An meiner Khakihose entdeckte ich an markanter Stelle einen Tintenfleck, der sich erst mit drei Waschgängen (3.75 Dollar) und mithilfe eines Flecken-Gels (1.29 Dollar) entfernen ließ. Hinzu kamen die 20 Dollar Bewerbungsgebühr beim Park Plaza-Motel, plus 20 Dollar für den Gürtel, den ich für den Job bei Menards brauche. Den habe ich erst nach langem Rumlaufen in einem Versandladen gekauft, aber warum habe ich nicht gleich gefragt, was das Messer und das Bandmaß kosten werden? Zudem entdecke ich, daß das Telefon nicht mehr alle Anrufe aufzeichnet, weswegen ich vielleicht weitere Wohnungsangebote verpaßt habe. Gegen zwei Uhr früh werfe ich mir eine Beruhigungspille ein, um das immer noch in mir wütende Koffein zu neutralisieren, aber um fünf Uhr morgens hat für Budgie die Stunde der Rache geschlagen, und er begrüßt mit empörtem Kreischen die Aussicht auf den Sonnenaufgang, der aber noch geraume Zeit auf sich warten läßt.

Um zwölf Uhr mittags soll ich bei Menards sein. Zu diesem Zeitpunkt wird mir klar, daß ich offiziell bei beiden Geschäften, bei Wal-Mart wie bei Menards, angestellt bin, obwohl ich formell noch keinen der beiden Jobs angekommen habe. Vielleicht sollte ich beide Jobs kombinieren, oder den bei Wal-Mart einfach hinschmeißen und den besseren Verdienst bei Menards mitnehmen. Aber leider hat mich Wal-Mart mit seinem endlosen Einführungskurs offenbar schon fest in den Krallen. Wer mehr als einen Job ausübt – und das steht mir ja für einen Tag bevor, wenn ich nach einer Abendschicht bei Wal-Mart zu einer Tagesschicht bei Menards antrete –, muß Schlafentzug problemlos wegstecken können. Ich kann das nicht. Meine Knie zittern, mein Hirn ist zerlaufen wie ein Spiegelei. Wie soll ich die Wissenschaft von den

Installateurartikeln meistern, wenn ich kaum die Konzentration aufbringe, um ein Frühstück mit Toast und Erdnußbutter hinzukriegen? Ich nehme die Welt nur noch schnappschußartig wahr, in grellen Bildern ohne jede erzählerische Kontinuität. Ich rufe bei Menards an und bekomme Paul ans Telefon, um herauszufinden, wie lange meine Schicht genau dauern wird. Steve – oder war es Walt? – hat mir gesagt, von zwölf Uhr mittags bis elf Uhr abends. Aber wären das dann nicht elf Stunden?

»Richtig«, sagt Paul, »Sie wollten doch ganztags arbeiten, oder nicht?«

Ich frage weiter, ob sie mir wirklich zehn Dollar Stundenlohn zahlen.

»Zehn Dollar?« fragt Paul, »wer hat Ihnen zehn gesagt?« Das muß er klären, das kann nicht stimmen.

Jetzt bin ich mit den Nerven am Ende. Ich teile ihm mit, daß ich keine 11-Stunden-Schicht arbeiten werde, und schon gar nicht ohne 50-prozentige Zulage für die Zeit, die über den Achtstundentag hinausgeht. Ich verweise nicht – obwohl ich ernsthaft daran denke – auf die Generationen von Arbeitern, die für den Zehnstundentag gekämpft und zuweilen sogar ihr Leben eingesetzt haben, und anschließend für den Achtstundentag.[5] Ich teile ihm ganz einfach mit, daß ich mein Messer, meine Weste und mein Maßband zurückschicken werde. In den darauffolgenden Tagen versuche ich diese Entscheidung zu rationalisieren, indem ich mir einrede: Was immer ich bei Wal-Mart erlebe, es wird zumindest von höchster gesellschaftlicher Relevanz sein, denn schließlich ist das Unternehmen der größte private Arbeitgeber der USA. Aber damit versuche ich nur, einen blöden Fehler schönzureden, der auch von diesem ganzen Kaffee herrührt. Die peinliche Wahrheit lautet einfach, daß ich zu erschöpft bin, um zu arbeiten, vor allem gleich elf Stunden ohne Pause.

Warum hatte ich all die Fragen über Löhne und Arbeitsstunden nicht schon früher gestellt? Warum hatte ich zum Beispiel nicht mit Roberta verhandelt, als sie mir am Telefon sagte, daß ich den Drogentest bestanden habe? Warum habe ich ihr nicht einfach gesagt, sieben Dollar die Stunde sei schon in Ordnung, vorausgesetzt, sie könnten mir zusätzlich ein Apartment mit Seeblick und Luxusbad bieten. Die Erklärung liegt zum Teil – und das habe ich mir erst Wochen später klargemacht – an der cleveren Art, wie die Arbeitgeber den Einstellungsprozeß aufziehen. Du trittst zunächst als Bewerber an, aber dann bist du im Handumdrehen eine anzulernende Arbeitskraft. Man gibt dir ein Bewerbungsformular, und ein paar Tage später gibt man dir die Arbeitskleidung und ermahnt dich, keine Nasenringe zu tragen und nicht zu klauen. Aber dazwischen gibt es nie einen Zeitpunkt, wo du dem potentiellen Arbeitgeber als freie Akteurin gegenüberstehst, die das Recht hat, auf ihre eigenen Interessen zu pochen. Daß zwischen Bewerbung und Anstellung ein Drogentest eingeschoben ist, verändert die Spielregeln noch einmal zu deinen Ungunsten, denn damit ist klargestellt, daß die Beweislast bei dir liegt und nicht beim Arbeitgeber. Auf diese Weise kann man selbst bei der größten Nachfrage nach Arbeitskräften – und die ist nirgends größer als in Minneapolis, wo wahrscheinlich jede Firma meine Bewerbung mit Kußhand entgegengenommen hätte – der Person, die die begehrte Arbeitskraft zu verkaufen hat, das Gefühl vermitteln, ein unwürdiger Mensch zu sein, der mit ausgestreckten Händen um ein Almosen bettelt.

Es ist Samstag und damit Zeit, meine Gratisherberge und meinen neurotischen Zimmergenossen zurückzulassen. Einige Stunden bevor meine Gastgeber zurück sein wollen, packe ich meine Sachen und fahre zum Twin Lake-Motel, wo ich – im Grunde nicht allzu überraschend – feststellen muß, daß alle Zimmer im ersten Stock vergeben sind. Das Zimmer mit Blick auf den Hof statt auf den Parkplatz, für das ich verbindlich vorgemerkt war, hat eine Frau mit einem Kind bezogen, teilt mir der Motelbesitzer mit, und er bringe es kaum über sein gutes Herz, sie in ein kleineres Zimmer umzusetzen. Damit ist für mich die Sache gelaufen, und ich beschließe, eine andere Adresse auf meiner Liste anzurufen. Unter den Motels, die wochenweise vermieten, hat das Clearview Inn (nicht der richtige Name) zwei große Vorteile: Erstens liegt es nur etwa 20 Autominuten von meiner Wal-Mart-

Filiale entfernt (im Fall des Twin Lakes wären es mindestens 45 Minuten gewesen); zweitens beträgt die Wochenmiete 245 statt 295 Dollar. Das ist zwar immer noch skandalös hoch, jedenfalls höher, als mein Netto-Wochenlohn ausfallen wird, aber im Park Plaza hat mir Hildy bei unserem letzten Gespräch innerhalb von etwa einer Woche ein Zimmer mit Kochnische versprochen, und außerdem bin ich ganz zuversichtlich, daß ich einen zusätzlichen Wochenendjob bei dem Supermarkt bekomme, bei dem ich mich beworben habe, mit etwas Glück in der Bäckereiabteilung.

Mit der Behauptung, ein bestimmtes Motel sei das schlimmste im ganzen Lande, lehnt man sich natürlich sehr weit aus dem Fenster.[6] Auf meinen vielen Reisen habe ich viele Titelaspiranten kennengelernt, zum Beispiel jenes Motel in Cleveland, das sich nachts in ein Bordell verwandelte, oder das in Butte, wo ich aus dem Fenster nicht nach draußen, sondern ins Nachbarzimmer blickte. Dennoch, das Clearview Inn hängt die Konkurrenz spielend ab. Ich schiebe 255 Dollar in bar (zehn Dollar kommen für Telefon dazu) unter dem Glasfenster durch, das mich von dem jungen Eigentümer trennt, der ein Ostinder ist (die Motels im Mittleren Westen scheinen fest in ostindischer Hand zu sein). Dessen Frau führt mich in ein Zimmer, von dem mir nur eines in Erinnerung ist – ein atemberaubender Schimmelgeruch. Um das Problem zu verdeutlichen, halte ich mir mit den Fingern die Nase zu. Luftauffrischer? schlägt die Frau vor, als sie erfaßt hat, was ich meine. Oder Weihrauch? Es gibt ein besseres Zimmer, sagt ihr Mann, als wir wieder im Büro sind, aber – und hier fixiert er mich mit strengem Blick – das soll ich ja nicht »vollmüllen«. Ich versuche, beschwichtigend zu glucksen, aber diese Warnung macht mir noch tagelang zu schaffen. Habe ich mir die ganzen Jahre etwas vorgemacht, weil ich dachte, daß ich wie eine reife und solide Person aussehe, während in Wirklichkeit alle Welt sehen kann, daß ich eine Barbarin bin?

Zimmer 133 enthält ein Bett, einen Stuhl, eine Kommode mit Schubladen und einen Fernseher, der an der Wand befestigt ist. Da nur eine Glühbirne an der Decke baumelt, bitte ich um eine Lampe und bekomme sie auch. Hier atme ich keinen Schimmelgeruch, sondern nur eine Mischung aus frischer Farbe und einer Substanz, die ich schließlich als Mäusedreck identifiziere. Aber das Hauptproblem betrifft die Tür und die Fenster. Das einzige kleine Fenster hat kein Fliegengitter, und das Zimmer hat weder Klimaanlage noch Ventilator. Der Vorhang vor dem Fenster ist durchsichtig dünn, die Tür hat keinen Riegel. Ohne Fliegengitter vor dem Fenster sollte ich die Tür nachts besser geschlossen halten, dann aber habe ich keine frische Luft, während ich im anderen Fall riskiere, von Insekten oder meinen Nachbarn belästigt zu werden. Wer sind diese Nachbarn? Das Motel ist in Form einer Toilettenbrille um den Parkplatz herumgebaut, so daß ich eine undurchschaubare Mischung von Nachbarn überblicken kann. An einer der Zimmertüren lehnt eine Frau mit einem Baby im Arm. Zwei Teenagercliquen – eine schwarz, die andere weiß – scheinen sich zwei nebeneinanderliegende Zimmer zu teilen. Dann sind da noch mehrere alleinstehende Männer unterschiedlichen Alters, darunter ein älterer Weißer in Arbeitskleidung, auf dessen Auto der Sticker klebt: »Klaut nicht, die Regierung hat was gegen Konkurrenz« – als ob er heute in einer Luxussuite residieren würde, wenn er keine Einkommenssteuer zahlen müßte. Als es dunkel wird, gehe ich nach draußen, um meinen Fenstervorhang zu checken, und tatsächlich, man kann praktisch alles sehen, zumindest als Silhouette. Ich esse das Fertiggericht, das ich mir aus einem Supermarkt in Minneapolis mitgebracht habe, und gehe angezogen ins Bett, wenn auch keineswegs schlafen.

Ich bin keine ängstliche Natur, was das Verdienst – oder die Schuld – meiner Mutter ist. Die konnte sich nie entschließen, mich über die besonderen Gefahren aufzuklären, denen Mädchen nun einmal ausgesetzt sind. Erst im College wurde ich mit dem Thema Vergewaltigung konfrontiert, und erst da ging mir auf, daß meine Gewohnheit, fremde Städte bei Tag und in der Nacht zu Fuß und auf eigene Faust zu erkunden, auf andere Leute eher leichtsinnig als exzentrisch wirken mag. Auch als ich in Key West im Trailer Park oder in Maine im Motel wohnte, machte ich mir keine besonderen Gedanken. Aber immerhin hatte die Tür des Trailers einen Riegel, und beide Behausungen waren mit undurchsichtigen Fensterjalousien ausgestattet. Hier dagegen gibt mir nur die abgestandene Luft das Gefühl, mich in einem Innenraum zu befinden, ansonsten bin ich weitgehend den Blicken von vorbeikommenden Nachbarn ausgesetzt, aber auch von allen möglichen Leuten, die von der Landstraße hereinschneien, und im Notfall wäre ich nicht gerne auf die Hilfe meiner Vermieter angewiesen. Ich überlege auch, ob ich Ohrstöpsel tragen soll, um die Fernsehgeräusche vom Nachbarzimmer fernzuhalten, und eine Schlafmaske gegen die Dr.Pepper-Leuchtreklame des Getränkeautomaten auf dem Parkplatz. Aber dann mache ich mir klar, daß es besser ist, wenn ich meine sämtlichen Sinne auf Alarmbereitschaft schalte. Ich schlafe ein und wache auf, schlafe wieder ein und wache wieder auf, lausche auf ankommende und abfahrende Autos, beobachte die Silhouetten, die sich an meinem Fenster vorbeibewegen.

Irgendwann gegen vier Uhr morgens dämmert es mir, daß ich nicht einfach ein Feigling bin. Wenn Frauen in Armut leben – und das gilt womöglich noch mehr für alleinstehende Frauen einschließlich derer, die nur zeitweise, aus welchen Gründen auch immer, unter den Armen leben –, haben sie wirklich mehr Grund zur Furcht als Frauen, die in einem Haus mit doppelten Türschlössern und einer Alarmanlage wohnen und einen Ehegatten oder zumindest ein paar Hunde haben. Theoretisch muß ich das schon gewußt oder zumindest schon mal gehört haben, aber jetzt lerne ich die Lektion am eigenen Leibe.

Dies ist also das traute Heim, aus dem ich in mein neues Leben als Wal-Mart-Partnerin hinausziehe. Nach der strapaziösen Einführung erwarte ich ein aufwendiges Begrüßungszeremoniell, zum Beispiel die feierliche Aushändigung meiner blitzblauen Wal-Mart-Weste und einen 45-Minuten-Kurs über die Funktionsweise der Verkaufsautomaten im Pausenraum. Doch als ich am Morgen zu der 10-18-Uhr-Schicht antrete, scheint niemand mit mir gerechnet zu haben. Ich bin der Abteilung »softlines« zugeteilt, was wunderbar geschmeidig klingt, aber ich habe keine Ahnung, was das Wort bedeutet. Im Personalbüro sagt mir jemand, daß ich bei der Damenoberbekleidung arbeite (eine Unterabteilung von »softlines«, wie ich erfahre) und schickt mich an den

Ladentisch ganz hinten bei den Anproberäumen. Dort werde ich von einer Person zur anderen weitergereicht, bis ich schließlich bei Ellie lande, die keine Weste trägt, was zeigt, daß sie zum Management gehört. Ellie gibt mir den Auftrag, die sommerliche Strickkleider-Kollektion von Bobbie Brooks zu »sortieren«, eine Aufgabe, die sich als IQ-Test für Leute mit stark beeinträchtigten kognitiven Fähigkeiten anbietet. Zuerst müssen die Kleider nach der Farbe sortiert werden (in diesem Fall olivgrün, pfirsichfarben und lavendel), sodann nach dem Muster auf dem Oberteil (Blattmuster, einzelne Blüte oder Blütenensemble) und zum Schluß jeweils nach Größe. Als ich fertig, aber keineswegs erschöpft bin, bittet mich Melissa um Hilfe, die auch erst zwei Wochen bei Wal-Mart arbeitet, also ungefähr in meiner Lage ist. Ich soll mit ihr die Kathie Lee-Strickkleider zusammenrücken, damit die Kathi Lee-Seidenkleider ebenfalls an der »Image-Ecke«, also an der verkehrsreichsten Stelle der Abteilung, plaziert werden können. Nach zwei Stunden gemeinsamer Arbeit weiß ich, daß Melissa vorher als Kellnerin gejobt hat, daß ihr Mann auf dem Bau arbeitet und ihre Kinder schon erwachsen sind. Zwar ist es nicht immer in ihrem Leben so ordentlich zugegangen (ein uneheliches Kind, Probleme mit Alkohol und Drogen), aber das ist alles vorbei, seitdem ihr Leben Christus gehört.

Im Lauf des Tages wird dann immer deutlicher, daß unsere Arbeit darin besteht, die Damenbekleidung »shoppable« (also »verkaufsbereit«) zu halten. Aber natürlich helfen wir auch den Kundinnen (die hier ebenfalls immer häufiger als »Gäste« bezeichnet werden), wenn sie Beistand brauchen. Am Anfang laufe ich noch herum und praktiziere die »aggressive Gastfreundschaft«, die unsere Ausbildungsvideos von uns fordern: Sobald ein Gast sich einer Verkäuferin auf drei Meter genähert hat, soll diese ein warmes Lächeln aufsetzen und ihre Hilfe anbieten. Aber ich habe nie eine erfahrene Mitarbeiterin gesehen, die sich daran gehalten hätte, und das hat gute Gründe. Erstens, weil die Kunden oft verärgert sind, wenn man sie aus ihren Konsumträumen herausreißt, und zweitens, weil wir viel dringlichere Dinge zu erledigen haben. Bei der Damenoberbekleidung sind wir vor allem mit einer Aufgabe ausgelastet, die in anderen Abteilungen wie »Haushaltsartikel« oder »Rasen und Garten« nicht anfallen: Wir müssen die »Rückläufer« wieder einsortieren, das heißt Kleider, die anprobiert und dann nicht gekauft oder – was seltener geschieht – gekauft und anschließend wieder zurückgebracht wurden. Außerdem gibt es viele Artikel, die von Kundinnen verlegt, fallengelassen oder von den Bügeln genommen und einfach über den Ständer geworfen wurden oder die jemand von seinem eigentlichen Herkunftsort verschleppt hat. Auch alle diese Artikel müssen, nach Farbe, Muster, Preis und Größe geordnet, präzise zurücksortiert werden. Mit dieser Arbeit sollen wir jede Minute ausfüllen, die uns andere Aufgaben lassen. Als ich das Caroline am Telefon erzähle, meint sie mitfühlend: »Oje, nicht gerade eine Kopfarbeit.«

Aber kein Job ist so leicht, wie er für Uneingeweihte aussieht. Ich muß Kleider weglegen – aber wohin? Die meiste Zeit meines ersten Tages versuche ich mir einzuprägen, wie die ganze Frauenbekleidung über die Abteilung verteilt ist – eine Fläche von 100 (oder 200?) Quadratmetern zwischen Männerbekleidung, Kinderbekleidung, Glückwunschkarten und Unterwäsche. Mit dem Rücken zu den Anproberäumen und in Richtung Haupteingang blickend steht man direkt vor dem Bereich mit den Übergrößen, höflicher auch »Frauen«-Größen genannt. An diese zeltartig ausladende Gebrauchskleidung schließt sich nach links unser schickstes und teuerstes Sortiment an (bis 29 Dollar und ein paar Cents), die Kathie Lee-Kollektion in Polyester pur, die sich für Rendezvous und Bürogehilfinnen anbietet. Dann geht es im Uhrzeigersinn weiter mit dem strikt geschlechtslosen Russ-and-Bobby-Brooks-Sortiment, das offenbar für etwas stärkere Grundschullehrerinnen gedacht ist, die bedeutsame Barbecue-Einladungen wahrnehmen müssen. Nach dem robusten White Stag-Sortiment kommen dann die luftigen und eher enthüllenden Kollektionen Faded Glory, No Boundaries und Jordache für das jüngere und dünnere Massenpublikum. Dazwischen finden sich immer wieder Lücken für einzelne Ständer mit minderen Marken wie Athletic Works, Basic Equipment und neckischen Sortimenten, die Looney

Tunes, Pooh oder Mickey heißen und normalerweise mit den Abbildern ihrer Namenspaten dekoriert sind. Innerhalb jedes Markensortiments gibt es natürlich Dutzende verschiedener Artikel, und von diesen einzelnen Artikeln wiederum Dutzende von Varianten. So wird etwa diesen Sommer eine Hose – je nach Länge und Schnitt – in den Varianten Capri, Classic, Carpenter (Zimmermann), Clam-digger (Muschelsucher), Boot oder Flood angeboten, und wahrscheinlich habe ich noch einige vergessen. Mein Bemühen, die Übersicht zu gewinnen, sieht typischerweise so aus: Ich drehe mich, ein Kleidungsstück in der Hand, langsam auf einem Fuß in die Runde und frage mich, die Augen ratlos aufgerissen: »Wo habe ich bloß die gestrickten Overalls vom Typ Athletic Works für 9.96 Dollar gesehen?« Oder so ähnlich. Und natürlich gibt es immer wieder mysteriöse Artikel, die zeitraubende Spezialrecherchen erfordern, zum Beispiel die Kleider, die von der Frauen- zur Männerbekleidung hinübergewandert sind, oder herabgesetzte Artikel, die noch kein korrigiertes Preisschild haben, oder gelegentliche Einzelstücke.

Aber kaum habe ich mir die präzise Anordnung der Artikel eingeprägt, ist über Nacht schon wieder alles anders. Am dritten Morgen entdecke ich nach ein paar erfolglosen Suchaktionen, daß die Russ-shirt-and-short-Kombinationen die Kathie Lee-Kollektion aus ihrer Image-Ecke verdrängt haben. Als ich Ellie vorhalte, sie wolle offenbar einen Alzheimer-Anfangsverdacht in mir auslösen, drückt sie ihr ehrliches Bedauern aus. Aber es sei nun mal so, daß die durchschnittliche Wal-Mart-Kundin dreimal in der Woche vorbeikommt, deshalb müsse man für Überraschungsmomente sorgen. Im übrigen sei die Präsentation der Waren so ziemlich das einzige, worüber sie entscheiden könne, da die Auswahl der Artikel und zumindest auch ihre Anfangspreise von der Zentrale in Arkansas festgelegt werden. Also räumt sie, kaum daß ich mir die Sachen eingeprägt habe, wild entschlossen wieder um.

Meine erste Reaktion auf diese Arbeit ist Enttäuschung – und eine Art sexistischer Verachtung. Ich könnte jetzt bei Menards eingestellt sein, würde die Bezeichnungen für die verschiedenen Ventile beherrschen, würde Messer und Meßband am Gürtel tragen, könnte mit Steve und Walt herumlästern. Aber nein, statt dessen lautet mein aktueller Auftrag, ein rosa Bikini-Oberteil wieder korrekt am Ständer für Bermuda-Bademoden aufzuhängen. Das alles ist nicht schwierig und, soweit ich sehen kann, auch nicht besonders dringlich. Wenn ich Mist baue, wird niemand hungern oder sterben oder leiden. Und überhaupt fragt sich bei dem Durcheinander, das die Kunden hinterlassen, wie hier überhaupt jemand herausfinden soll, ob ich Mist gebaut habe. Außerdem nervt mich das vornehme Wal-Mart-Getue, das man uns vorschreibt. Da wir hier in der Damenabteilung arbeiten, sind wir alle »Damen«, denen per betriebsinterner Vorschrift verboten ist, zu fluchen oder auch nur ein bißchen lauter zu reden. Nach ein paar Wochen in diesem Job werde ich total verdämlicht sein, mein Gang wird auf ein Trippeln schrumpfen, und ich werde beginnen, meinen Kopf ständig damenhaft geneigt zu halten.

Aber so vornehm, wie es zunächst ausgesehen hat, ist mein Job dann doch nicht, und das liegt am schieren Volumen der umgewälzten Kleidungsstücke. Bei Wal-Mart schleppen die Kunden – im Unterschied zu anderen Kaufhäusern wie Lord & Taylor – ihre Waren mit dem Einkaufswagen ab, den sie wie im Supermarkt bis zum Rand füllen können, um ihn dann zum Anproberaum zu schieben. Dort werden die zurückgehenden Artikel, und das sind etwa 90 Prozent, von den im Anprobebereich eingesetzten Kolleginnen wieder zusammengelegt, auf Bügel gehängt und für mich und Melissa in einen besonderen Einkaufswagen gelegt. Also bemessen wir unsere Arbeitsbelastung in der Zahl der Wagen. Wenn ich bei der Arbeit erscheine, sagt mir Meliassa, deren Schicht früher beginnt als meine, wie es bisher gelaufen ist: »Du glaubst es nicht – heute morgen schon acht Wagen«, und wie viele Wagen auf mich warten. Am Anfang brauche ich für einen Wagen durchschnittlich 45 Minuten, und dann sind am Ende vielleicht immer noch drei, vier besonders rätselhafte Irrläufer übrig. Mit der Zeit schaffe ich einen Wagen in einer halben Stunde, aber auch dann kommen immer wieder neue nach.

Meine Arbeit erfordert kaum Kontakte zu Kolleginnen oder Vorgesetzten, was großenteils daran liegt, daß sie so selbstverständlich ist. Zu Beginn meiner Schicht oder am Ende einer Pause schätze ich den Flurschaden ab, den die Gäste in meiner Abwesenheit angerichtet haben, zähle die vollen Einkaufswagen, die auf mich warten, und dann lege ich los. Diese Art Arbeit könnte weitgehend auch von Taubstummen erledigt werden, und trotz aller Anweisungen, zu lächeln und menschliche Wärme auszustrahlen, die wir in der Einführung gehört haben, könnte ein gesunder Autismus bei diesem Job sogar von Vorteil sein. Manchmal, wenn nicht allzuviel los ist, denke ich mir mit Melissa eine Aufgabe aus, die wir gemeinsam erledigen können. Zum Beispiel Badeanzüge einsortieren, die sich zu einem alptraumhaften Knäuel von Trägern und Strippen geballt haben, und dann amüsieren wir uns kichernd – sie auf ihre christliche Art, ich eher aus feministischer Perspektive – über die offenherzigeren Modelle mit ihren unmotivierten kleinen Aussparungen.

Manchmal gibt mir Ellie auch eine Sonderaufgabe. Zum Beispiel muß ich alle Basic Equipment T-Shirts auf Bügel hängen – weil sich die Artikel auf Bügeln schneller verkaufen – und in der richtigen Reihenfolge anordnen. Ich mag Ellie sehr gern. Die gut 50-jährige Frau mit dem grauen Gesicht verkörpert im Grunde die Apotheose des »dienenden Herrschens«, oder um es weltlicher auszudrücken, den vielgerühmten »femininen« Managementstil. Sie sagt »bitte« und »danke«, sie befiehlt nicht, sondern sie bittet. Ein völlig anderer Typ ist der junge Howard – den alle »assistant manager Howard« nennen –, der über den ganzen »softline«-Bereich herrscht, zu dem noch Baby-, Kinder- und Männerkleidung sowie Accessoires und Unterwäsche gehören. An meinem ersten Tag findet eine Mitarbeiterversammlung statt, die Howard zehn Minuten mit seiner Anwesenheit beehrt, wobei er jede einzelne Mitarbeiterin mit seinem entnervenden Tom Cruise-Lächeln fixiert – die Augenbrauen zusammengezogen, die Mundwinkel geliftet –, um schließlich zu verkünden (wo habe ich das schon mal gehört?), was sein »liebstes Ärgernis« ist, nämlich wenn Mitarbeiter herumstehen und sich unterhalten, was natürlich ein klassisches Beispiel von Zeitdiebstahl ist.

Einige Tage nach Beginn meiner Wal-Mart-Karriere erwartet mich bei meiner Rückkehr ins Clearview Inn der Motelbesitzer vor meinem Zimmer, bei offener Tür. Es gibt da ein »Problem« – das Abwasser hat sich zurückgestaut und den ganzen Fußboden überschwemmt, aber meinem Koffer ist zum Glück nichts passiert. Ich muß in Zimmer 127 umziehen, was auch besser sei, weil es eine Sonnenjalousie hat. Wie sich allerdings herausstellt, ist die Jalousie zerfetzt und nicht einmal unten festzumachen, so daß sie nutzlos im Winde flattert. Ich frage nach einer richtigen Jalousie. Nein, er hat keine, die für dieses Fenster paßt. Ich frage nach einem Ventilator. Nein, er hat keinen, der funktioniert. Ich frage warum – dies ist doch angeblich ein funktionierendes Motel –, worauf er nur mit den Augen rollt, womit er offenbar etwas über die anderen Motelbewohner andeuten will: »Ich könnte ihnen da Geschichten erzählen …«

Ich schleppe also meine Besitztümer hinunter ins Zimmer 127 und versuche, mich erneut ein bißchen häuslich einzurichten. Statt der nicht vorhandenen Küche habe ich das, was ich meine »Essenstüte« nenne: eine Tragetasche vom Supermarkt mit Teebeuteln, ein bißchen Obst, diversen Salz- und Pfeffertütchen, die aus Fastfood-Läden stammen, fünf, sechs Ecken Schmelzkäse, die laut Etikett zwar in den Kühlschrank gehören, die aber dank ihrer Plastikverpackung noch eßbar sein dürften. Außerdem habe ich als Nabelschnur zu meinem normalen Beruf meinen Laptop dabei, der mir aber zunehmend Sorgen macht. Ich gehe davon aus, daß er das teuerste tragbare Objekt in der ganzen Wohnanlage ist, und lasse ihn deshalb während meiner rund neunstündigen Abwesenheit nur ungern in meinem Zimmer zurück. Während meiner ersten beiden Wal-Mart-Tage war kühles Wetter, und ich hatte ihn im Kofferraum meines Autos verstaut. Aber jetzt steigen die Temperaturen um die Mittagszeit auf über 30 Grad, und ich befürchte, daß er im Kofferraum zu brutzeln beginnt. Aber da ist noch ein akuteres Problem: der Zustand meiner Kleidungsstücke, von denen die meisten in einer brauen Papiertüte lagern, die mir jetzt als Wäschekorb dient. Meine Khakihosen kann ich vielleicht noch zwei Tage tragen, und bis zum nächsten Waschsalontermin habe ich noch zwei saubere T-Shirts, aber mit denen gibt es ein Problem. An dem Nachmittag war meine Kollegin Alyssa, die ich schon aus dem Einführungskurs kenne und die jetzt in der Sportabteilung arbeitet, bei der Damenbekleidung vorbeigekommen, um sich nach einem Polohemd zu erkundigen, das wir auf sieben Dollar heruntergesetzt hatten. Ob der Preis noch weiter fallen könnte? Natürlich hatte ich keine Ahnung, denn die Preisnachlässe legt Ellie fest, aber warum wollte Alyssa unbedingt genau dieses Hemd? Weil es eine Vorschrift gibt, wonach unsere Hemden einen Kragen haben müssen, es müssen also Polohemden sein und keine T-Shirts. Das ist mir bei der Einführung irgendwie entgangen, und jetzt ist es nur noch eine Frage der Zeit, bis Howard an meinem splitternackten Nacken Anstoß nehmen wird. Aber bei sieben Dollar Stundenlohn kann ich mir einfach kein Sieben-Dollar-Hemd leisten.

Jetzt ist es schon sieben Uhr vorbei, Zeit also, mich um mein Abendessen zu kümmern. Das Clearview bietet seinen küchenlosen Mietern nur zwei billige Varianten (teure gibt es nicht): ein chinesisches Buffet, an dem man unbegrenzt nachfassen kann, und Kentucky Fried Chicken, wobei beide Varianten mit einem bestimmen Unterhaltungsangebot aufwarten. Wenn ich mich für das Buffet im Freien entscheide, kann ich die großen mexikanischen Familien beobachten, oder die (nach der Gesamtkörpermasse) noch größeren Familien von Minnesota-Angelsachsen. Wenn ich KFC auf meinem Zimmer verzehre, kann ich mir eines der sechs empfangbaren Fernsehprogramme gönnen. Bei der zweiten Option fühle ich mich irgendwie weniger einsam, vor allem wenn eine meiner Lieblingsserien läuft (»Titus« oder »Third Rock from the Sun«). Aber ohne Tisch zu essen hat seine Tücken. Ich stelle den Teller auf die Kommode und lege mir eine Plastiktüte aus dem Supermarkt auf den Schoß, denn wenn man auf einer schrägen Fläche ißt, lassen sich Spritzer kaum vermeiden, und Spritzer bedeuten Zeit und Geld für den Waschsalon. Heute abend bringt CBS die neue Sensationsserie »Survivor«, in der »richtige Menschen« auf einer einsamen Insel sich abmühen, ein Feuer zu entfachen. Wer sind diese Vollidioten, die sich freiwillig für ein künstliches

Horrorerlebnis melden, um Millionen fremder Menschen mit ihren läppischen Überlebensbemühungen zu unterhalten? In dem Moment fällt mir wieder ein, wo ich mich befinde und was ich hier will.

Nach dem Essen wandern die Reste in die Plastiktüte, die mir als Tischtuch gedient hat. Die Tüte muß ich fest verschließen, um die Fliegen fernzuhalten, die sich in meiner praktisch fliegenfensterfreien Behausung austoben können. Dann erledige ich mein abendliches Programm, notiere die Ereignisse des Tages und lese einen Roman, und schließlich mache ich das Licht aus, um noch eine Weile an der offenen Tür in der frischen Luft zu sitzen. Die beiden Afro-Amerikaner im Zimmer nebenan haben die Tür ebenfalls offenstehen, und da dies auch tagsüber manchmal der Fall ist, habe ich mitbekommen, daß ihr Zimmer wie meines nur ein Bett hat. Aber dies ist nicht etwa das Liebesnest zweier schwuler Männer, denn sie benutzen das Bett ganz offensichtlich abwechselnd: Wenn der eine im Bett liegt, schläft der andere in ihrem Lieferwagen auf dem Motelparkplatz.

Ich mache die Tür zu, lasse das Fenster herunter und ziehe mich im Dunkeln aus, damit man mich nicht durchs Fenster sehen kann. Über meine Mitbewohner im Clearview habe ich immer noch nicht viel herausgefunden. Ich kann es mir nicht leisten, neugierige Fragen zu stellen; als alleinstehende Frau habe ich hier ohnehin einen schweren Stand, zumal mit dem Luxus eines eigenen Bettes. Soweit ich es beurteilen kann, gibt es in diesem Motel jedenfalls keine Drogendealer und keine Prostituierten; hier wohnen nur arbeitende Menschen, denen das Startkapital für eine normale Mietwohnung fehlt. Selbst die Teenager, die mir zu Beginn etwas Angst gemacht haben, scheinen hier mit ihren – wahrscheinlich alleinerziehenden – Müttern zu leben, die ich nicht gleich bemerkt hatte, weil sie tagsüber arbeiten gehen.

Schließlich lege ich mich hin und versuche, gegen die stehende Luft anzuatmen, die auf meinem Brustkorb lastet. Ein paar Stunden später wache ich von Tönen auf, die nicht aus einem Fernseher kommen. Das traurigste aller traurigen Lieder, gesungen von einer Altstimme, nur zwei Zeilen mit unverständlichen Worten, begleitet vom Dröhnen der Lastwagen auf der Autobahn.

Am Morgen fahre ich als erstes zu dem Laden bei der Holiday-Tankstelle, wo ich eine Plastikbox mit Eisstücken und zwei hartgekochte Eier kaufe. Das Eis brauche ich, um mir Eistee zu machen, nachdem ich die Teebeutel über Nacht in einem Plastikbecher mit Wasser eingeweicht habe. Nach dem Frühstück bringe ich mein Zimmer in Ordnung. Ich mache das Bett, wische das Spülbecken mit einem Schwung Toilettenpapier aus und bringe den Müll zum Container raus. Zwar zieht die Frau des Motel-Eigentümers (vielleicht ist sie auch Miteigentümerin) jeden Morgen mit einem Reinigungswagen durch die Zimmer, aber ihre Bemühungen zeugen von einer tiefen Depression oder möglicherweise auch von einem Syndrom mangelnder Aufmerksamkeit für ihre Umgebung. Zwar schafft sie es normalerweise, die fadenscheinigen kleinen Handtücher auszuwechseln (die immer, selbst wenn sie sauber sind, nach Kochfett riechen und mit Haaren verklebt sind), aber das sind auch schon die einzigen Spuren, die sie bei ihren Routinerunden hinterläßt, wenn man von dem Wischlappen oder einer Airfresh-Sprühdose absieht, die sie liegengelassen hat.

Wie mag diese Frau hierher gekommen sein? Vielleicht hat alles mit einer Anzeige in einer indischen Zeitung begonnen: Gesucht wird eine »traditionell gesinnte, hart arbeitende Ehefrau«, die Hochzeit wird noch in ihrem Heimatdorf gefeiert, und schwupps – ist sie schon im Clearway Inn in Minneapolis, Minnesota, an der Seite eines indisch-amerikanischen Ehegatten, der vielleicht nicht einmal ihre Sprache spricht, und Tausende von Kilometern von ihrer Familie, einem Tempel, einem Sari-Geschäft entfernt.[7]

Wenn ich mein Zimmer aufgeräumt habe, richte ich mich selbst her, stecke meine Frisur mit so viel Haarklemmen fest, daß sie bis zum Schichtende hält, und fahre zur Arbeit. Ich will nämlich unbedingt so aussehen, als ob ich die Nacht in einer richtigen Wohnung mit Küche und Waschmaschine und Wäschetrockner verbracht hätte – und nicht, als ob ich kurz vor der Obdachlosigkeit stehe. Aber meine häuslichen Rituale und Vorkehrungen helfen mir auch, die Zeit herumzubringen, die ich nicht bei der Arbeit sein kann, denn ich kann ja schlecht stundenlang bei Wal-Mart auf dem Parkplatz oder im Pausenraum herumhängen. Aber in diesem Zimmer zu wohnen ist doch belastender, als ich es mir zugeben will, und ich würde mit einigem Horror an den morgigen freien Tag denken, wenn ich nicht sicher wäre, daß ich damit beschäftigt sein werde, in eine bessere Behausung im Hopkins Park Plaza umzuziehen. Die ersten nervösen Symptome sind schon da. Manchmal bekomme ich nach dem Frühstück Magenschmerzen, weshalb ich dann kein Mittagessen riskiere, aber man hält die Schicht nicht durch, ohne mindestens einmal richtig Kalorien nachzutanken. Noch beunruhigender ist mein neuer Tick, ständig an meinem Hemd oder meinen Khakihosen herumzuzupfen, wenn ich eine Hand frei habe. Das muß aufhören. Meine Großmutter mütterlicherseits, die sich mit 101 Jahren noch immer irgendwie am Leben hält, war eine stoische Person, aber sie kratzte ständig in ihrem Gesicht und an ihrem Handgelenk herum, und obwohl sie damit runde, glutrot leuchtende Wunden erzeugte, behauptete sie immer, nicht zu wissen, daß sie sich die selber zufügte. Vielleicht habe ich diesen Tick geerbt und werde demnächst nicht mehr bloß Stoff, sondern Fleisch attackieren.

Am Morgen komme ich voll Tatendrang zur Arbeit, wo ich immer als erstes zum Anprobierraum gehe, um die diensthabende Dame aufzuheitern – meistens die herrische, selbstgefällige Rhoda –, weil die Beziehung zwischen mir und dieser Kollegin ganz ähnlich ist wie die zwischen Serviererin und Koch in einem Restaurant. Wenn sie will, kann sie mich piesacken, indem sie mir Einkaufswagen zuschiebt, die mit fremden, nicht aus der Damenabteilung stammenden Artikeln verseucht sind, oder mit Kleidungsstücken, die nicht richtig zusammengefaltet oder aufgehängt sind. »Da bin ich«, töne ich mit gewollter Fröhlichkeit und ausgebreiteten Armen, »der Tag kann beginnen.« Rhoda zieht nur eine krause Nase, und Lynn, die hagere Blonde, die für die BHs zuständig ist, zeigt ein schiefes Grinsen. Ich suche mir Ellie, die gerade damit beschäftigt ist, mit der Pistole neue Preisaufkleber zu schießen. Ich frage sie, ob es was Besonderes zu tun gibt. Nein, nur das Übliche. Dann gehe ich zu Melissa, um mich über die Zahl der Wagenladungen zu unterrichten. Heute macht Melissa einen leicht verlegenen Eindruck, als sie mich kommen sieht: »Wahrscheinlich hätte ich es nicht tun sollen, und du wirst denken, daß es wirklich blöd ist, aber…« Sie hat mir ein Sandwich zum Mittagessen mitgebracht. Ich hatte ihr nämlich erzählt, daß ich in meinem Motel fast nur von Fastfood lebe, und da hat sie Mitleid mit mir gehabt. Jetzt bin ich verlegen – und ganz überwältigt von einer verborgenen Großzügigkeit, die der allgemeinen Knickrigkeit der offiziellen Unternehmenskultur total zuwiderläuft. Melissa würde sich selbst wohl kaum als arm bezeichnen, aber ich weiß, daß sie mit jedem Cent rechnen muß, denn sie hat mich schon zweimal daran erinnert, daß man im Radio Grill jeden Dienstag beim Angebot des Tages 68 Cents sparen kann. Ein Sandwich ist für sie also keine Kleinigkeit. Ich ziehe mit meinem Wagen von dannen und murmle zufrieden in mich rein: »Bobbie Brooks türkise Elastikhosen« und »Faded Glory V-Ausschnitt-Pullis in den roten oberen Behälter«.

In meiner zweiten Arbeitswoche treten zwei Änderungen ein. Erstens werde ich einer anderen Schicht zugeteilt, die von 14 bis 23 Uhr statt von 10 bis 18 Uhr dauert (die sogenannte »Schlußschicht«, obwohl das Kaufhaus die ganze Nacht über offenbleibt). Mir hat niemand etwas gesagt; ich entdecke die Änderung vielmehr auf den neuen Schichtplänen, die – unter Glas – an der Wand vor dem Pausenraum hängen. Jetzt arbeite ich also neun statt acht Stunden, wobei eine Stunde allerdings die unbezahlte Abendessenpause ist, aber ingesamt bin ich netto täglich eine halbe Stunde länger auf den Beinen. Außerdem muß ich mir jetzt ganz genau überlegen, wann ich die beiden 15-Minuten-Pausen nehme, die mir bei der 10–18-Uhr-Schicht fast entbehrlich vorgekommen sind. Nehme ich beide vor dem Abendessen (normalerweise um 19 Uhr 30)? Dann heißt das aber, daß ich von 20 Uhr 30 bis zum Schichtende um 23 Uhr zweieinhalb Stunden lang keine Pause habe. Oder versuche ich, ab 14 Uhr zweieinhalb Stunden durchzuarbeiten? Das bedeutet bis zur Essenspause einen fast dreistündigen Marathon. Ein Problem ist auch, wie ich die 15-Minuten-Pausen nutzen soll, wenn ich mehrere dringende Bedürfnisse gleichzeitig habe: pinkeln gehen, etwas trinken, aus der Neonlichtzone rauskommen, um mal wieder Tageslicht zu sehen, und vor allem endlich sitzen. Eine Extra-Minute verschafft mir ein kleiner Zeitdiebstahl, indem ich auf die Toilette gehe, bevor ich die Stechuhr passiere (tatsächlich: Wir müssen unsere Stechkarte selbst in den Pausen stempeln, wir können sie also nicht um ein paar gestohlene Minuten verlängern). Von der Stechuhr bis zum Ausgang brauche ich 75 Sekunden, und wenn ich mich beim Radio Grill anstelle, kann ich bis zu volle vier Minuten in der Schlange einbüßen, abgesehen davon, daß dort eine kleine Tasse Eistee 59 Cents kostet. Wenn ich mir also einen kurzen Aufenthalt in dem winzigen, umzäunten Gelände neben dem Wal-Mart-Gebäude gönne – der einzige Ort, an dem die Angestellten rauchen dürfen –, schaffe ich eine Sitzpause von netto höchstens neun Minuten.

Die zweite Veränderung ist das Ende der Kundenflaute, die nach dem Memorial Day geherrscht hatte. Jetzt wühlen immer ein Dutzend oder mehr Kundinnen in der Damenbekleidungsabteilung herum, und abends kommt noch zusätzlich ein Schwung von Großfamilien – Großmutter, Mutter, ein Baby im Einkaufswagen und dahinter eine Schar verdrossener Kinder. Das bedeutet neue Aufgaben. Ich muß die von den Kunden zurückgelassenen Wagen zusammenschieben und alle halbe Stunde an ihren Stellplatz vor dem Kaufhaus bugsieren. Und ich muß nicht nur die liegengebliebenen Kleider einsammeln, sondern auch noch alle möglichen Artikel, die aus anderen Abteilungen mitgenommen und bei uns in der Damenabteilung einfach zurückgelassen wurden, als da sind: Kissen, Polsternägel, Pokemon-Karten, Ohrringe, Sonnenbrillen, Plüschtiere und sogar eine Packung Zimtplätzchen. Und dazu die ganzen Rückläufer aus dem Anproberaum, zu denen jetzt noch jede Menge Sachen kommen, die zu Boden gefallen oder achtlos am falschen Platz abgelegt worden sind. Mit Glück schaffe ich es manchmal, diese Artikel einzusammeln, ohne mit den Rückläufern in Verzug zu kommen. Aber auch wenn ich die verirrten Artikel genauso schnell einsammle, wie ich die Rückläufer einsortiere, wird mein Wagen nie leer, und es kommt zu einem gefährlichen Rückstau im Anproberaum, wo Rhoda oder eine andere Kollegin von der Spätschicht mich dann anzischt: »Hier stehen drei volle Wagen, Barb. Was ist denn los?« Das erinnert an Sisyphus oder an den Zauberlehrling.

Doch während der ersten Hälfte meiner Schicht bin ich noch ein unendlich gutmütiger und hilfsbereiter Mensch, der sich von der Multikulti-Mischung unserer Kundschaft faszinieren läßt (Menschen nahöstlicher und asiatischer Abstammung, Afro-Amerikanerinnen, Russinnen, Jugoslawinnen und altmodische Minnesota-Weiße) und sich ruhig mit dem Zweiten Hauptsatz der Thermodynamik abfindet, der besagt, daß die Entropie immer die Oberhand behält. Erstaunlicherweise bekomme ich ein Lob von Isabelle, der dünnen, kleinen, über 70 Jahre alten Dame, die Ellies rechte Hand zu sein scheint: Ich mache mich »wundervoll« und – es kommt noch besser – man kann ganz »phantastisch« mit mir zusammenarbeiten. Ich stolziere zwischen den Kleiderständern umher und fühle mich ganz toll. Aber irgendwann zwischen sechs und sieben Uhr, wenn das Bedürfnis, mich hinzusetzen, zur regelrechten Begierde wird, setzt eine Dr. Jekyll/ Mr. Hyde-artige Verwandlung ein. Ich kann nicht mehr darüber hinwegsehen, daß es unsere schlampigen und launenhaften Kundinnen sind, wegen denen ich mich ständig bücken und ducken und tummeln muß. Sie sind die Käufer, ich bin ihre Gegnerin, die dafür zu sorgen hat, daß das Geschäft so aussieht, als hätten sie es nie betreten. An diesem Punkt schlägt die »aggressive Gastfreundschaft« in aggressive Feindseligkeit um. Die Einkaufswagen der Kundinnen krachen mit meinem zusammen, ihre Kinder laufen Amok. Einmal kann ich nur noch hilflos mitansehen, wie einer dieser Blagen alles, was er erreichen kann, von den Ständern reißt. In dem Moment muß mein böser Gedanke, daß Abtreibung die falschen, weil ungeborenen Kinder trifft, auf meinem Gesicht abzulesen sein, denn endlich macht die Mutter ihrem Früchtchen klar, daß jetzt Schluß sein muß.

Für meinen Haß auf die Kunden beginne ich mir sogar völlig abwegige Gründe einzureden, bei der weißen Kundschaft zum Beispiel stört mich ihr körperliches Volumen. Ich meine damit nicht nur die Bäuche und Ärsche, sondern die mächtigen Wülste an völlig extravaganten Stellen wie im Nacken oder um die Knie. Der Fastfood-Laden Wendy's, wo ich häufig mein Mittagessen kaufe, hat diesen Sommer sogar das Verb »biggiesize« eingeführt (zum Beispiel: »Would you like to biggiesize that Combo?«), im Sinne von: die Portion »verdoppeln«, und so etwas wie »biggiesizing« scheint auch unserer weiblichen Kundschaft widerfahren zu sein. Nun ist ja allgemein bekannt, daß die Leute im Mittleren Westen, und vor allem die aus der unteren Mittelklasse, die tragischen Folgen des jahrzehntelangen Verzehrs von Kartoffelchips und French Toast mit sich herumschleppen, und wahrscheinlich sollte ich das hier nicht einmal erwähnen. Tatsächlich empfinde ich während meiner ersten Schichthälfte, als Dr. Jekyll, durchaus ein gewisses Mitleid für die korpulenten Figuren, die unser scheußliches »woman-size«-Sortiment in Anspruch nehmen müssen, zum Beispiel unsere Zugband-Shorts und jene monströsen, quergestreiften T-Shirts, die man offensichtlich entworfen hat, um sie der Lächerlichkeit preiszugeben. Aber im Verlauf der Schicht zehrt sich dieses Mitleid auf. Wer von uns in der Damenbekleidung arbeitet, hat aus durchsichtigen Gründen eine eher schlanke Figur (nach Minnesota-Maßstäben sehen wir aus, als müßte man uns auf der Stelle künstlich ernähren), und wir müssen ständig befürchten, daß uns eine der Übergrößenfrauen zermalmt, die sich durch den engen Gang zwischen Faded Glory und Woman Size schieben und dabei von grazilen Kathie-Lee-Modellen träumen.

Doch nicht die Kundinnen sind meine Bezugsgruppe, sondern die Kleidungsstücke. Und in der Hinsicht widerfährt mir in meiner dritten Schicht etwas ganz Eigenartiges: Ich beginne die Kleidungsstücke als die meinen anzusehen, aber nicht in dem Sinn, daß ich sie mitnehmen und anziehen wollte, ich bin ja auch gar nicht scharf auf sie. Nein, es sind meine, weil ich sie verwalte und unter mir habe. Und dasselbe empfinde ich für die gesamte Damenbekleidung. Nach 18 Uhr, wenn Melissa und Ellie nach Hause gehen, und vor allem nach 21 Uhr, wenn auch Isabelle weg ist, fange ich an, den Ort zu besitzen. Hau endlich ab, Sam Walton, dieser Laden heißt jetzt Bar-Mart. Ich patrouilliere das Revier mit meinem Einkaufswagen, um falsch plazierte und zu Boden gefallene Artikel aufzuheben und dafür zu sorgen, daß die ganze Abteilung wieder tiptop aussieht. Ich fummle die Kleidung nicht auseinander, wie es die Kundinnen tun, ich staple sie korrekt in Reih und Glied, befehle ihnen, kerzengerade in Habachtstellung zu hängen oder sich der perfekten Ordnung zu unterwerfen, die ich in den Regalen durchsetze. In dieser geistigen Verfassung will ich auf gar keinen Fall eine Kundin sehen, die überall rumgrabscht und wieder alles durcheinanderbringt. Ja, im Grunde hasse ich die Vorstellung, daß die Sachen verkauft und ihrer natürlichen Umgebung entrissen werden sollen, um in irgendeinem Schrank zu verschwinden, in dem Gott weiß welche Unordnung herrscht. Am liebsten würde ich die ganze Abteilung in eine riesige Plastikfolie einschweißen und zu einem sicheren Ort abtransportieren lassen, etwa in ein Museum für die Geschichte des Einzelhandels.

Als ich eines Abends mit müden Knochen aus der letzten Pause zur Arbeit zurückkehre, finde ich zu meinem Verdruß eine neue Kollegin vor: eine Frau asiatischer oder hispanischer Abstammung, gerade mal ein Meter vierzig groß, die im White Stag-Revier, in *meinem* White Stag-Revier, T-Shirts zusammenfaltet. Ich bin von der Schicht ohnehin schon geschlaucht. Als ich um halb neun vom Essen zurück war, hat mir die Dame vom Anproberaum vorgehalten, ich sei zu spät dran – was gar nicht stimmte –, und hinzugefügt, wenn das Howard wüßte, würde er mich dieses Mal wahrscheinlich noch nicht zusammenstauchen, weil ich noch ziemlich neu bin, aber wenn es noch mal passieren würde … Und ich hatte zurückgefaucht, es sei mir schnurzegal, ob Howard mich zusammenstaucht, wobei es nicht einfach war, meine Gefühlslage zu artikulieren, ohne auf eines der verbotenen Schimpfwörter zurückzugreifen. Also bin ich jetzt etwas mißtrauisch gegenüber dem späten Eindringling in mein White-Stag-Revier, und es wundert mich nicht, als die Neue, kaum haben wir uns knapp bekannt gemacht, mir sofort mit dummen Fragen kommt.

»Haben Sie hier heute irgendwas weggeräumt?« will sie wissen.

»Na ja, schon, sicher.« Klar habe ich heute überall was weggeräumt, wie jeden Tag. Wieso sie das interessiert?

»Weil dies hier nicht richtig einsortiert ist. Sehen Sie den Stoff – er ist anders«, und sie schmeißt mir den falsch plazierten Artikel vor die Brust.

Es stimmt, dieses olivgrüne Hemd ist leicht gerippt, während die anderen glatt sind. »Sie müssen die Sachen schon an der richtigen Stelle ablegen«, insistiert die Neue und fragt: »Checken Sie die UPC-Nummern?«

Diese mindestens zehnstelligen Zahlen, die genau unter den Strichkodes stehen, prüfe ich natürlich nicht – niemand tut das. Wo sind wir denn hier – an der Akademie der Wissenschaften? Mir ist nicht ganz klar, wie devot ich mich in diesem Fall verhalten soll, und ob überhaupt. Ist sie jetzt meine Vorgesetzte? Oder geht es hier um eine Art Machtprobe, um herauszufinden, wer zwischen neun und elf Uhr abends das Sagen hat? Aber mir ist das egal, sie kotzt mich einfach an, weil sie ihre Nase in meine Sachen steckt. Also sage ich ihr in etwa folgendes (allerdings ohne die verbotenen Schimpfwörter): Erstens arbeiten hier tagsüber viele andere Leute – von all den Kundinnen mal ganz abgesehen –, warum also muß sie mich beschuldigen? Und zweitens ist es jetzt nach zehn Uhr, und ich habe noch einen ganzen Wagen mit Rückläufern dastehen, weshalb ich es für sinnvoller halte, daß wir uns um die Wagen kümmern, statt die korrekte Plazierung dieser verdammten T-Shirts zu kontrollieren.

Worauf sie patzig erwidert: »Ich lege keine Sachen zurück. Ich bin für das Falten zuständig.«

Kurz darauf kann ich sehen, warum sie keine Rückläufer zurücklegt. Sie reicht nicht mal an die Kleiderständer heran. Und um an die höheren Regalfächer heranzukommen, braucht sie sogar eine Leiter. Und ich muß gestehen, als ich das arme Persönchen mit der Leiter rumhantieren sehe, steigt eine böse Schadenfreude in mir hoch. Ich spähe, vor dem Jordache-Regal stehend, zu ihr hinüber und hoffe inbrünstig, sie gleich runterplatschen zu sehen.

Auf der Heimfahrt macht mir meine Reaktion auf den Eindringling dann schwer zu schaffen. Wenn sie eine Vorgesetzte wäre, könnte ich für meine aufmüpfigen Äußerungen verwarnt werden, aber noch schlimmer finde ich meine Rachegedanken. Macht dieser Job aus mir einen bösen Menschen? Oder ist meine Reaktion nach einer Neun-Stunden-Schicht eine ganz normale Sache? Am selben Abend hatte ich mir einen weiteren Anfall mentaler Bösartigkeit geleistet. Als ich zu der Theke vor dem Anproberaum zurückging, um den nächsten Wagen mit Rückläufern abzuholen, traf ich dort den jungen Mann, der abends Telefondienst hat. Er saß deprimiert in seinem Rollstuhl und starrte noch trauriger vor sich hin als sonst. Aber mir kam nur der unzensierte Gedanke: »Du kannst wenigstens sitzen.«

Das bin nicht ich, jedenfalls nicht die Version von mir, mit der ich viel Zeit verbringen wollte, so wie auch meine winzige Kollegin im Normalzustand wohl nicht unbedingt ein fieses Aas ist. Später erfahre ich, daß sie die ganze Nacht durcharbeitet und nur tagsüber zum Schlafen kommt, und auch das nur, solange ihr Baby schläft. Außerdem finde ich heraus, daß sie gar keine Aufsichtsperson ist und ihrerseits ständig von Isabelle angemeckert wird, wenn sich ihre Arbeitsstunden überschneiden. Ich muß der Tatsache ins Auge sehen, daß die »Barb«, die auf meinem Namensschild steht, nicht unbedingt dieselbe Person ist wie Barbara. Mit »Barb« hat man mich auch als Kind angeredet, und meine Geschwister tun es heute noch, und ich habe das Gefühl, daß ich auf einer bestimmten Ebene zu regredieren beginne. Wenn man Studium und Karriere von mir abzieht, bleibt womöglich nur diese ursprüngliche Barb übrig – die Frau, die vielleicht tatsächlich bei Wal-Mart gelandet wäre, wenn mein Vater es nicht geschafft hätte, sich aus dem Bergwerk hochzuarbeiten. Deshalb ist es interessant – und ziemlich beunruhigend – zu beobachten, als welche Person sich diese Barb entpuppt hat. Daß sie gemeiner und hinterhältiger ist als ich, und dazu mißgünstiger und bei weitem nicht so nett, wie ich erhofft hatte.

An dem Tag, an dem mein Umzug ins Park Plaza-Motel bevorsteht, erwache ich mit dem köstlichen Gedanken an all die verderblichen

Waren, mit denen mein Kühlschrank bald gefüllt sein wird: Mayonnaise, Senf, Hühnerbrüstchen. Aber als ich bei meinem Traummotel eintreffe, ist Hildy nicht mehr da. Die Frau, die jetzt an ihrer Stelle sitzt, trägt einen schwarzen Bienenkorb auf dem Kopf und erklärt mir, da müsse ich etwas falsch verstanden haben: Das Zimmer wird erst nächste Woche frei sein, und um ganz sicher zu gehen, soll ich vorher anrufen. Hatte mich mein Wunschdenken tatsächlich so benebelt, daß ich »falsch verstanden« hatte, was mir wie eine ziemlich detaillierte Abmachung vorgekommen war (»bringen Sie Ihr Geld am Samstag um neun Uhr vorbei, um 16 Uhr können Sie einziehen« usw.)? Oder hatte jemand anders einfach mehr Miete gezahlt? Egal. Mein Kopf war immerhin klar genug, um die ganze Zeit zu wissen, daß das Park Plaza-Apartment mit Kochnische für 179 Dollar die Woche bei einem Wal-Mart-Stundenlohn von sieben Dollar ohnehin keine langfristige Lösung sein konnte. Ich hatte mir deshalb vorgenommen, einen zusätzlichen Wochenendjob für knapp acht Dollar Stundenlohn zu übernehmen, den man mir in einem Rainbow-Supermarkt in der Nähe meiner ersten Wohnung in Aussicht gestellt hatte. Mit den beiden Jobs würde ich netto etwa 320 Dollar pro Woche verdienen, so daß die 179 Dollar Miete rund 55 Prozent meines Einkommens geschluckt hätten, was zumindest in die Nähe einer »erschwinglichen« Miete gekommen wäre.[8] Aber mit dem Rainbow-Job wird es auch nichts, weil man mich dort nicht nur am Wochenende haben will, sondern für einen Teilzeitjob an fünf Wochentagen. Hinzu kommt, daß ich im Moment keinen Einfluß darauf habe, wie meine freien Tage bei Wal-Mart liegen werden. Howard hat für die erste Woche den Freitag als freien Tag vorgesehen, für die nächsten Wochen hingegen den Dienstag und den Mittwoch, und ich müßte ihm schon heftig um den Bart gehen, um einen konstanteren und passenderen Schichtplan zu bekommen.

Also muß ich entweder wie Melissa einen Ehemann finden oder einen zweiten Job wie einige meiner anderen Kolleginnen. Auf längere Sicht dürfte sich eine Lösung ergeben, wenn ich jeden Morgen auf Jobsuche gehe und mich zugleich um ein frei werdendes Zimmer im Park

Plaza-Motel bemühe oder besser um eine richtige Wohnung für 400 Dollar Monatsmiete, sprich 100 Dollar pro Woche. Aber, um um den bekannten Satz von Keynes abzuwandeln: Auf lange Sicht sind wir alle pleite, oder zumindest diejenigen von uns, die für einen niedrigen Lohn arbeiten und in einem unverschämt überteuerten Motel wohnen. Ich rufe bei der YWCA (Young Women's Christian Association) an, ob sie Zimmer frei haben, aber dort verweist man mich an eine Organisation namens Budget Lodging, die auch keine Zimmer hat, wohl aber Bettplätze für 18 Dollar in einem Übernachtungsheim. Dort hat man einen eigenen Schließschrank, und am Morgen wird man immerhin nicht »ausgeschlossen«; wenn ich will, kann ich also den ganzen Tag im Bett verbringen. Ich gestehe, daß ich trotz dieser zusätzlichen Anreize erleichtert bin, als der Budget Lodging-Angestellte mir mitteilt, daß das Heim am anderen Ende von Minneapolis liegt, so daß ich den Schlafsaal schon wegen der Fahrzeit und der Benzinkosten abhaken kann, zumindest solange ich bei Wal-Mart arbeite. Vielleicht hätte ich den Wal-Mart-Job einfach hinschmeißen und in das Übernachtungsheim ziehen sollen, um von dort aus meine Jobsuche neu aufzunehmen. Aber ehrlich gesagt bin ich nicht bereit, meinen ersten Job aufzugeben. Wal-Mart ist inzwischen meine Verbindung zur Welt, meine Identitätsquelle, mein Zuhause.

Bei Budget Lodging scheint man mit den alptraumhaften Erfahrungen, die schlecht bezahlte Arbeitskräfte auf dem Wohnungsmarkt machen, einigermaßen vertraut zu sein, denn der Angestellte meint, ich solle es doch weiter bei den Motels versuchen, bestimmt muß es da was für weniger als 240 Dollar pro Woche geben. Inzwischen verlangt das Clearway Inn für jede weitere Nacht unverschämte 55 Dollar; ich wäre also mit fast jedem anderen Motel billiger bedient. Ich rufe Caroline an und erkundige mich, was sie über den Wohnungsmarkt weiß. Sie ruft nach einigen Minuten zurück und schlägt mir vor – ich hätte es ahnen müssen –, ich solle doch bei ihr und ihrer Familie einziehen. Ich lehne ab, denn ich habe ja schon eine Zeitlang umsonst gewohnt und muß jetzt wie alle anderen auch auf dem freien Markt klarkommen. Aber für einen Augenblick habe ich erneut dieses Gefühl, von einem Engel berührt worden zu sein, wie ich es schon bei Melissas Sandwich-Angebot gehabt hatte: Also bin ich doch nicht ganz allein. Ich beginne abermals, die Motels abzutelefonieren, wobei ich jetzt noch weiter ins Umland vorstoße, nach Norden, aber auch in Richtung Westen, nach St. Paul. Aber die meisten Motels haben kein einziges Zimmer frei, egal wie teuer, weder jetzt noch in den kommenden Wochen. Das liegt an der Touristensaison, erklärt man mir, obwohl ich mir schwer vorstellen kann, was Touristen an einem Ort wie Clearview, Minnesota, finden könnten, zu welcher Jahreszeit auch immer. Nur im Comfort Inn ist ein Zimmer frei, für 49 Dollar 95 pro Nacht, und ich reserviere es für zwei Tage. Eigentlich müßte ich jetzt, da ich das schlechteste Motel des Landes hinter mir lasse, eine gewisse Erleichterung verspüren, aber die hat keine Chance gegen ein übermächtiges Gefühl der Niederlage.

Hätte ich es besser anstellen können? Die *St. Paul Pioneer Press* vom 13. Juni, die vor dem Wal-Mart ausliegt, bietet die überfällige Möglichkeit, meine Erfahrungen an der Realität zu messen. »Wohnungsmieten explodieren« lautet die Schlagzeile, in Minneapolis sind sie allein in den ersten drei Monaten des Jahres 2000 um 20,5 Prozent in die Höhe geschossen, was nach Aussage örtlicher Immobilienexperten noch nie dagewesen ist. Noch einschlägiger ist die Aussage, daß die Region der Twin Cities »eine der niedrigsten Wohnungsleerstandsraten des ganzen Landes aufweist – möglicherweise sogar die niedrigste«. Wie konnte ich das wissen? Meine kursorischen Nachforschungen vor meiner Reise hatten nichts über einen rekordverdächtigen Wohnungsmangel ergeben. In den Zeitungen hatte ich sogar Klagen gefunden, daß die Twin Cities von der Dotcom-Industrie gemieden werden, und das hatte mich zu der Annahme verführt, die irre Inflation der Immobilienpreise, wie sie etwa in der Gegend um San Francisco herrscht, sei dieser Region erspart geblieben. Aber offenbar ist kein Dotcom-Boom nötig, um eine Gegend für seine einkommensschwachen Bürger unbewohnbar zu machen. Die *Pioneer Press* zitiert Andrew Cuomo, den Wohnungsbauminister in Washington, der die »grausame Ironie« beklagt, daß die wirtschaftliche Blüte im ganzen

Land den Bestand an erschwinglichem Wohnraum schrumpfen lasse: »Je stärker die Wirtschaft, desto stärker gehen die Mieten nach oben.« Also bin ich gar kein Armuts-, sondern vielmehr ein Wohlstandsopfer. Die Reichen und die Armen, die nach herrschender Meinung in einem stabilen Verhältnis gegenseitiger Abhängigkeit leben – die einen bieten ihre billige Arbeitskraft, die anderen schlecht bezahlte Jobs –, können nicht mehr koexistieren.

Als ich im Comfort Inn einziehe, gehe ich fest davon aus, daß ich hier nur für ein, zwei Nächte bleibe, bis sich irgendwo irgend etwas anderes ergibt. In diesem Moment kann ich noch nicht wissen, daß mit diesem Einzug meine endgültige Niederlage in gewisser Weise schon besiegelt ist. Das Spiel ist aus, die Story zu Ende – zumindest insoweit sie von dem Versuch handelt, Einkommen und Mietausgaben zur Deckung zu bringen. In nicht ganz drei Wochen habe ich über 500 Dollar ausgegeben und nur 42 Dollar verdient – von Wal-Mart für den Einführungsabend. Am Ende wird zwar noch mehr Geld hereinkommen – wie so viele Billiglohn-Arbeitgeber hält Wal-Mart den Lohn für die erste Arbeitswoche zurück –, aber dieses »am Ende« ist für mich zu spät.

Es gibt einfach kein Motel, in dem ich ein bezahlbares Zimmer finden könnte. Aber ich starte noch einen allerletzten Versuch, und zwar bei einer Wohltätigkeitsorganisation. An die Adresse bin ich durch einen Anruf bei United Way of Minneapolis gekommen, wo man mich an einen anderen Verein verwies, der mich wiederum zum sogenannten Community Emergency Assistance Program (CEAP) weiterleitete, das bequemerweise nur 15 Autominuten von meinem Wal-Mart-Laden entfernt liegt. In den Räumen des CEAP entfaltet sich vor meinen Augen eine irritierende Szene: Zwei zaundürre schwarze Männer (nach ihrem Akzent zu schließen sind sie Somalis, von denen es in dieser Gegend viele gibt) fragen immer wieder: »Brot? Brot?«, worauf man ihnen antwortet: »Kein Brot, kein Brot.« Sie huschen hinaus und herein kommt eine etwa 50-jährige weiße Frau; die Szene wiederholt sich, und auch sie geht wieder hinaus, mit einem erstarrten Lächeln verlegener Demut im Gesicht. Dann holt man mich aus irgendeinem Grund in einen der inneren Büroräume, vielleicht weil ich einen Termin habe und mein Willkommensbonus noch nicht aufgebraucht ist. Dort werde ich von einer geistesabwesenden jungen Frau interviewt. Haben Sie ein Auto? Ja, ich habe ein Auto. Und zwei Minuten später: »Sie haben also kein Auto?« und so weiter.

Als ich ihr erzähle, daß ich bei Wal-Mart arbeite und was ich verdiene, schlägt sie mir vor, in ein Obdachlosenheim zu ziehen, damit ich mir das Geld für die erste Monatsmiete und die Kaution ansparen kann. Dann schickt sie mich in ein anderes Büro, wo ich, sagt sie, Mietbeihilfe beantragen kann und wo man mir bei der Wohnungssuche hilft. Aber dort gibt es nur eine photokopierte Liste mit erschwinglichen Apartments, die wöchentlich auf den neuesten Stand gebracht wird und bereits veraltet ist. Ich gehe in das erste Büro zurück, wo mich meine Interviewerin fragt, ob ich Lebensmittel aus ihrem Nothilfeprogramm brauchen kann, und ich erkläre ihr abermals, daß ich keinen Kühlschrank habe. Etwas wird sie schon finden, meint sie und kommt mit einer Schachtel zurück, in der sich ein Stück Seife, ein Deodorant und ein Haufen eßbarer Dinge befinden, die aus meiner Sicht weitgehend nutzlos sind: viele Süßigkeiten und Kekse und ein Pfund Dosenschinken, den ich mangels Kühlschrank auf einen Sitz hätte vertilgen müssen.[9] (Am nächsten Tag trage ich das ganze Paket zu einer anderen Organisation, die sich um die Armen kümmert, weil ich nicht undankbar sein will und weil die Sachen ja nicht verkommen sollen.)

Erst als ich mit meiner süßen Beute nach Hause fahre, geht mir auf, wie wichtig die Einsichten sind, die ich aus dieser Erfahrung gewonnen habe. Irgendwann gegen Ende des Interviews hat sich die CEAP-Dame dafür entschuldigt, daß sie fast alles, was ich von mir erzählte, sofort wieder vergessen hatte: daß ich ein Auto habe, in einem Motel wohne, usw. Das liege daran, daß sie mich mit einer anderen Frau, die bei Wal-Mart arbeitet, verwechselt habe – einer Frau, die erst vor ein paar Tagen bei ihr gewesen sei. Nun hatte ich zwar sehr wohl registriert, daß viele meiner Kolleginnen arm sind, und zwar an den sattsam bekannten und kaum übersehbaren Indizien wie schiefen gelben Zähnen oder unzulänglichem Schuhwerk. Mir tun schon nach vier

Stunden Arbeit die Füße weh, obwohl ich meine bequemen alten Reeboks trage, aber viele Frauen rennen den ganzen Tag in dünnsohligen Mokassins umher. Ein weiteres Klassenmerkmal sind die Haare: Am häufigsten ist ein Pferdeschwanz oder die typische, erschöpft bis trostlos aussehende Wal-Mart-Frisur, nämlich glatt fallende, schulterlange Haare mit Mittelscheitel, die mit zwei Haarklemmen aus dem Gesicht gehalten werden.

Aber jetzt habe ich bei dieser Wohltätigkeitsorganisation noch etwas anderes erfahren. Bei unserem Einführungsseminar hatten wir gelernt, daß der Erfolg der Ladenkette allein von uns abhängt, von uns »Partnern«. Und tatsächlich steht ja auf unseren blitzblauen Westen der Spruch »At Wal-Mart, our people make the difference« (Das Besondere an Wal-Mart sind unsere Leute). Doch in diesen Westen stecken Menschen, die in ihrem wirklichen Leben von mildtätigen Gaben oder gar im Obdachlosenheim leben.[10]

Jetzt aber beginnt erst mal meine surreale Existenz im Comfort Inn. Ich lebe im reinsten Luxus, mit Klimaanlage, einer Tür mit richtigem Riegel, einem großen Fenster mit intakter Jalousie – wie im Urlaub oder auf einer Geschäftsreise. Aber das alles lasse ich jeden Tag hinter mir, um ein Leben zu führen, das die meisten Geschäftsreisenden schäbig und deprimierend finden würden. Mittagessen bei Wendy's, Abendessen bei Sbarro (einem italienisch aufgemachten Fastfood-Laden), dazwischen der Job bei Wal-Mart, wo es mir peinlich wäre, wenn eine Angestellte des Comfort Inn hereinschneien und mich in meiner blauen Weste sehen würde. Natürlich rechne ich jeden Tag damit, ins Hopkins Park Plaza umzuziehen. Aber fürs erste genieße ich den Luxus meiner neuen Unterkunft und staune, daß das alles pro Tag 5.05 Dollar weniger kostet als die Miete für mein Rattenloch im Clearview Inn. Ich mache mir keine Gedanken mehr, ob mein Computer gestohlen oder gebrutzelt werden könnte, ich schlafe nachts durch, und mein kleiner Tick mit dem Herumgezupfe beginnt sich auch zu verlieren. Ich fühle mich wie der Mann in den Werbespots für die Holiday Inn Express-Hotels, der am Morgen so frisch und ausgeruht ist, daß er behauptet, jetzt könne er eine schwierige Operation vornehmen oder anderen Leuten das Fallschirmspringen beibringen. Auch ich werde bei meiner Arbeit im Wal-Mart immer besser, viel besser, als ich es mir zu Beginn je hätte vorstellen können.

Das große Erfolgserlebnis widerfährt mir an einem Samstag, der immer erhöhten Publikumsandrang bringt. Als ich um 14 Uhr eintreffe, erwarten mich zwei volle Wagen, und weite Flächen des Fußbodens sind von einer Schicht weggeworfener Artikel bedeckt. Hier wurde nicht eingekauft, hier wurde geplündert. In dieser Situation bleibt mir nur eines, nämlich alles auf einmal zu tun: bücken, einsammeln, Arme durchstrecken, Sachen hochreichen, mit meinem Wagen von einem Kleiderständer zum anderen rennen. Und dann geschieht es – dieses magische Fließen, diese Bewegung, bei der die Kleider beginnen, sich von selber einzuräumen. Gewiß, auch ich habe meine Hände im Spiel, aber nicht auf bewußte Weise. Statt zu denken »White Stag, marineblau, Hosenrock« und verbissen nach ähnlichen Hosenröcken zu suchen, geht alles wie von selbst. In meinem Kopf entsteht ein Bild des Artikels, dieses Bild überträgt sich auf das äußere Gesichtsfeld, und schon bewege ich mich zu genau der Stelle, wo das Bild in der dinglichen Welt sein Pendant vorfindet. Keine Ahnung, wie das funktioniert. Vielleicht kommt mein Hirn beim Verarbeiten der ankommenden optischen Daten derart auf Touren, daß es die Sprachzentren der linken Gehirnhälfte bewußt ausschalten muß, die doch nur umständliche sprachliche Befehle zustandebringen (»Geh in den White Stag-Bereich in der nordwestlichen Ecke der Damenabteilung, versuch es mit den unteren Fächern in der Nähe der Khakishorts …«). Vielleicht muß man auch nur begriffen haben, daß jeder Artikel mit seinen Familien- und Stammesmitgliedern vereinigt sein will und daß innerhalb jedes Stammes die einzelnen Artikel den Wunsch verspüren, ihren jeweils korrekten Platz in der Hierarchie der Größen und Farben einzunehmen. Ich muß nur die Kleidungsstücke sich selbst überlassen, brauche nur zu verstehen, daß ich lediglich ein Medium ihres Zueinanderfindens bin – und schon fliegen sie aus dem Wagen an ihren natürlichen Bestimmungsort.

Vielleicht liegt es daran, daß mir mein neues Arbeitstempo zu klarerem Denken verhilft, jedenfalls mache ich just an diesem Tag meinen Frieden mit den Kunden und entdecke den Sinn des Lebens, oder zumindest meines Wal-Mart-Lebens. Das Management mag diesen Lebenssinn im Verkaufen sehen, aber das ist nur eine reduktionistische, kapitalistisch verengte Betrachtungsweise. Was mich betrifft, so bekomme ich vom Verkaufen gar nichts mit, denn die Kaufakte vollziehen sich außerhalb meines Gesichtskreises, an den Kassen in der Nähe des Ausgangs. In meinem Revier sehe ich dagegen immer nur, wie die Kunden sorgfältig zusammengelegte T-Shirts auseinanderfalten, wie sie Kleider und Hosen von den Bügeln reißen, sie kurz zu müßiger Begutachtung in die Höhe halten und dann irgendwo fallen lassen, auf daß wir, das Wal-Mart-Personal, sie wieder einsammeln. Bei mir wird der Prozeß, in dem ich meine Ressentiments gegen die Kunden überwinde, durch das Wandposter angestoßen, das vor dem Pausenraum im hinteren Bereich des Ladens hängt, wo nur die Mitarbeiter hinkommen. Auf diesem Poster steht: »Hier arbeitet nicht deine Mutter. Bitte räum selber hinter dir auf.« Ich bin oft daran vorbeigegangen und habe gedacht: »Genau – ich mach hier nichts anderes, als hinter den Leuten herzuräumen.« Aber dann geht mir blitzartig auf: Die Leute, hinter denen ich aufräume, sind zumeist selber Mütter. Das heißt, was ich bei der Arbeit mache, das machen sie zu Hause: Spielzeug wegräumen, Kleider weghängen, Kleckse entfernen. Für die meisten dieser Frauen ist demnach das Tolle am Einkaufen, daß sie sich hier wie ihre Bälger benehmen dürfen. Sie können Sachen herumschmeißen und von anderen auflesen lassen und dabei sogar ihre brüllenden Babys im Kinderwagen vergessen. Und das ganze würde natürlich keinen Spaß machen, wenn die Kleider nicht zunächst einigermaßen ordentlich daliegen würden. Und hier komme ich ins Spiel, die diese Ordnung ständig wiederherstellt, damit die Kundinnen sie wieder böswillig zerstören können. So erschreckend es ist, aber es liegt in ihrer Natur: Richtig erregt werden diese Frauen nur vom Anblick unberührter und jungfräulicher Ware.

Ich versuche, die Theorie bei Isabelle zu testen. Findet sie nicht auch, daß unser Job nur darin besteht, die Bühne, auf der sich die Frauen austoben können, immer wieder aufs neue herzurichten? Ohne uns würde doch Kindesmißbrauch noch viel weiter um sich greifen. Und in gewisser Weise bewältigen wir die Aufgabe von Therapeuten, und dafür sollte man uns auch entsprechend bezahlen, mit 50 bis 100 Dollar pro Stunde. »Was du dir alles ausdenkst«, meint Isabelle kopfschüttelnd, aber dabei zeigt sie ein kleines listiges Lächeln, und ich denke, mein Vergleich liegt doch nicht ganz daneben.

Mit der Entdeckung neuer Fähigkeiten stelle ich mir die alte Frage noch unduldsamer: Warum nur finden sich die Leute mit den Löhnen ab, die man uns zahlt? Gewiß haben die meisten meiner Kolleginnen ein größeres Finanzpolster als mein aktuelles Ich, denn sie wohnen mit ihren Ehemännern oder erwachsenen Kindern zusammen, oder sie haben einen zusätzlichen Job. Eines Abends erzählt mir Lynne im Pausenraum, daß sie bei Wal-Mart nur einen Teilzeitjob hat und zu den sechs Stunden hier jeden Tag noch weitere acht Stunden für neun Mark Stundenlohn in einer Fabrik arbeitet. Macht sie das nicht furchtbar müde? Na ja, sie ist es nicht anders gewöhnt. Und der Koch im Radio Grill hat zwei weitere Jobs. Von solchen Leuten sollte man ein unzufriedenes Grummeln erwarten, ab und zu ein kleines Zeichen innerer Rebellion – ein aufsässiges Graffito auf den mahnenden Plakaten im Pausenraum oder verschlucktes Hohnlachen während einer Mitarbeiterversammlung. Aber ich habe nichts dergleichen entdeckt. Vielleicht kommt es ja daher, daß man mit Hilfe von Drogentests und Persönlichkeits»befragungen« alle rebellischen Elemente aussortiert hat – dann ist das Resultat eben eine durchgehend servile und abgestumpfte Belegschaft: Leute, deren einziger Traum es ist, eines fernen Tages am Gewinnbeteiligungsplan ihrer Firma partizipieren zu dürfen. Sie machen sogar bei dem »Wal-Mart-Sprechchor« mit, wenn man sie bei den Betriebsversammlungen dazu animiert, erzählt mir die Kollegin, die im Anprobierraum die Abendschicht macht. Aber diese finale Demütigung muß ich glücklicherweise nie miterleben.[11]

Es ist weiß Gott schwer genug, nicht mehr »in Kästchen« zu denken, aber fast unmöglich scheint es, außerhalb des »großen Kastens« zu denken. Das System Wal-Mart ist, wenn du einmal drin steckst, ein geschlossenes System, eine Welt für sich. Als ich eines Nachmittags zufällig im Pausenraum einen Wal-Mart-Fernsehspot mitkriege, packt mich das kalte Grausen. Wenn du einen Wal-Mart-Laden in einem Fernseher in einem Wal-Mart-Laden siehst, fragst du dich unwillkürlich, ob es überhaupt noch eine Außenwelt gibt. Du findest natürlich fünf Autominuten weiter ein anderes Geschäft, ein Kmart oder ein Home Depot, ein Target oder einen Burger King, ein Wendy's oder ein Kentucky Fried Chicken. Aber wo du auch hinsiehst, nirgends findest du eine Alternative zur Unternehmenskultur der Mega-Kettenläden, aus der eine irgendwo weit entfernt planende Firmenzentrale jede Form autonomer Kreativität und Initiative hinausgesäubert hat. Selbst Wäldern und Wiesen hat man ihre unregelmäßigen Formen des natürlichen Lebens genommen, hat sie in Uniformen aus Beton gezwängt. Was du siehst – Autobahnen, Parkplätze, Einkaufszentren – ist alles, was uns in dieser Welt geblieben ist, einer durch und durch globalisierten, totalisierten, zubetonierten und der Unternehmenslogik unterworfenen Welt. Beim Arbeiten lese ich gern die Etiketten in den Kleidern, weil ich wissen will, wo all die Dinge hergestellt werden, die wir verkaufen (in Indonesien und Mexiko, in der Türkei und auf den Philippinen, in Südkorea, Sri Lanka oder Brasilien), aber die Etiketten können uns nur noch in Erinnerung rufen, daß es keine »exotischen« Orte mehr gibt, daß alle diese Orte von der gewaltigen, blinden, profitmachenden globalen Maschine verschlungen wurden.

Also bleibt uns nur noch eine Frage: Warum arbeiten sie, warum arbeiten wir hier? Warum bleiben sie alle? Als Isabelle meine Arbeit zum zweiten Mal lobt, nutze ich die Gelegenheit und sage ihr, wie schön ich es finde, daß sie mir gut zuspricht, aber daß ich mit sieben Dollar Stundenlohn einfach nicht leben kann, und wie sie das eigentlich schafft? Die Antwort lautet, daß sie mit ihrer erwachsenen Tochter zusammenwohnt, die ebenfalls arbeitet, und daß sie schon zwei Jahre hier ist, weshalb ihr Stundenlohn inzwischen auf 7.75 Dollar gestiegen ist. Isabelle empfiehlt mir Geduld: Bei mir könnte es genauso gehen. Melissa, die den Vorteil eines arbeitenden Ehemanns hat, meint auf dieselbe Frage nur: »Es ist eben ein Job.« Klar, als Kellnerin hat sie doppelt so viel verdient, aber das Lokal hat zugemacht, und in ihrem Alter wird sie nie mehr von einem Restaurant genommen, das große Trinkgelder garantiert. Ich sehe an ihr ein gewisses Trägheitsmoment, einen Unwillen, sich erneut auf Bewerbungen, auf Interviews, auf Drogentests einzulassen. Sie will hier jetzt mal ein Jahr durchhalten, mal sehn. Ein Jahr? Ich erzähle ihr, daß ich mich frage, ob ich es noch eine Woche schaffe.

Ein paar Tage später geschieht etwas, was selbst die nette und gutmütige Melissa auf die Palme bringt. Sie wird für drei Stunden zu den Büstenhaltern verbannt, für uns eine terra incognita: ganze Reihen von Regalen mit lauter Doppelkegel-Teilen, die man kaum auseinanderhalten kann. Ich weiß, wie sie sich fühlt, weil man mich einmal für zwei Stunden zur Männerbekleidung delegiert hat, wo ich nutzlos in dem seltsamen Dickicht von Kleiderständern umherwanderte und wo mir von den ewig gleichen Farben und Modellen ganz dumpf im Kopf wurde.[12] Es ist der Unterschied zwischen arbeiten und so tun als ob: Du schiebst deinen Wagen ein bißchen weiter, hältst bedeutsam inne, mit einem Artikel in der Hand, betrachtest grübelnd die Kleiderständer um dich herum, schiebst dann weiter und wiederholst die ganze Prozedur. »Ich möchte einfach nicht ihr Geld vergeuden«, sagt Melissa, als sie wieder zurück ist. »Sie bezahlen mich schließlich, und da drüben habe ich rein gar nichts gemacht.« Mir scheint ihr Ärger in die völlig falsche Richtung zu gehen. Geht sie denn davon aus, daß die Familie Walton in irgendeinem versteckten, bescheiden möblierten Hinterzimmer wohnt, in ständiger Angst vor dem Bankrott, weil sie 21 Dollar für vergeudete Arbeit bezahlt haben? Ich versuche, ihr das auseinanderzusetzen, als sie plötzlich hinter einem Kleiderständer abtaucht, der unseren Standort im Jordach/No Boundaries-Bereich von der Faded Glory-Zone abgrenzt. Aus Angst, ich könnte sie irgendwie beleidigt haben, tauche ich sofort hinterher, aber sie flüstert mir zu: »Howard. Hast du ihn nicht vorbeikommen sehen? Wir dürfen uns nicht unterhalten!«

»Kapier doch mal, unsere Zeit ist für sie so billig, daß es ihnen egal ist, ob wir sie verplempern«, bohre ich weiter, wobei mir im selben Moment schon klar ist, daß das nicht stimmt, denn warum sollten sie uns dann auf Schritt und Tritt überwachen, um uns an einem »Zeitdiebstahl« zu hindern? Aber ich mache weiter: »Und das ist für uns doch die größte Beleidigung!« Natürlich nehme ich in meinem Anfall von Militanz gar nicht wahr, welch irren Anblick wir bieten: zwei Frauen in reiferen Jahren, zwei durchaus hart arbeitende Frauen, die sich hinter einem Kleiderständer vor einem 26-jährigen Ekel von Geschäftsführer wegducken. Kommentar überflüssig.

Als nächstes Ziel meines Kreuzzugs bietet sich Alyssa an. Als sie erneut vorbeikommt, um nach dem Sieben-Dollar-Polohemd zu sehen, entdeckt sie einen Flecken. Wieviel Nachlaß könnte das bringen? Ich denke mal zehn Prozent, und wenn noch der Zehn-Prozent-Rabatt für Angestellte dazukommt, wäre der Preis auf 5.60 Dollar runter. Ich versuche, mit der Anproberaum-Lady einen Preisnachlaß von 20 Prozent auszuhandeln, aber – verdammtes Pech – genau in dem Moment taucht Howard auf und verkündet, daß es für bereits herabgesetzte Artikel weder einen Nachlaß noch Angestelltenrabatt gibt. So sind die Vorschriften. Alyssa ist am Boden zerstört. Als Howard außer Sichtweite ist, rede ich auf sie ein: Da kann irgendwas nicht stimmen, wenn man nicht genug bezahlt bekommt, um ein Wal-Mart-Hemd zu kaufen, ein herabgesetztes Wal-Mart-Hemd mit einem Flecken drauf. »Du sagst es«, erwidert sie und gibt dann zu, daß die Rechnung bei Wal-Mart auch für sie nicht aufgeht, wenn der Lohn zum Leben reichen soll.

Dann werde ich ein bißchen übermütig. Als an demselben Nachmittag über Lautsprecher eine Mitarbeiterversammlung angekündigt wird, entschließe ich mich hinzugehen, obwohl die meisten meiner Kolleginnen weiterarbeiten. Ich verstehe nicht, was diese Versammlungen sollen, die etwa alle drei Tage stattfinden und sich zumeist auf eine Anwesenheitsfeststellung beschränken. Es sei denn, Howard will uns damit demonstrieren, daß er ein ganz einzigartiges Exemplar ist, während es von uns ganz viele gibt. Ich bin schon immer ganz froh, daß ich mich ein paar Minuten hinsetzen oder – wie an diesem Nachmittag – auf einen Stapel Kunstdüngersäcke legen kann, denn die Versammlung findet dieses Mal in der Rasen- und Gartenabteilung statt. Ich komme mit einem Mädchen aus der Optik-Abteilung ins Gespräch, die besser frisiert und geschminkt ist als die meisten Mitarbeiterinnen. Sie mußte den Job annehmen, weil sie vor kurzem geschieden wurde, erzählt sie mir, und jetzt macht sie sich Sorgen, weil sie herausgefunden hat, wie schäbig die Wal-Mart-Krankenversicherung ist. Ich höre nur halb zu, weil ich wie die meisten anderen Leute aus meinem Einführungsseminar diese betriebliche Krankenversicherung gar nicht abgeschlossen habe – die Beiträge der Angestellten kamen mir viel zu hoch vor. »Weißt du, was wir hier brauchen?« sage ich schließlich. »Wir brauchen eine Gewerkschaft.« Endlich ist das Wort heraus. Ich hätte es vielleicht nicht ausgesprochen, wenn meine Füße nicht so wehgetan hätten, und wahrscheinlich auch nicht, wenn uns gestattet wäre, ab und zu mal »zum Teufel« oder »verdammt« oder am besten »Scheiße« zu sagen. Aber das Wort »Gewerkschaft« hat uns niemand direkt verboten, und in dem Moment ist es der kräftigste verfügbare Ausdruck. »Ja. Irgendwas brauchen wir«, antwortet die Kollegin.

Danach kann mich nichts mehr bremsen. Ich habe meine Mission gefunden: Laßt uns die Fragen stellen, laßt uns das Feld bestellen! Die Pausen sind zu mehr nutze, als nur meine Beine auszuruhen. Hier arbeiten Hunderte von Leuten – die genaue Zahl sollte ich nie herausfinden –, und früher oder später werde ich alle treffen. Der Pausenraum ist dafür nicht geeignet, weil der Fernseher jedes Gespräch verhindert, und genau dazu ist er auch aufgestellt, jedenfalls nach meiner Meinung. Wir machen das also besser im Freien, in der umzäunten Raucherzone vor dem Wal-Mart-Gebäude. Im rauchfreien Amerika sind die Raucher die rebellischeren Elemente; so war es jedenfalls bei der Reinigungsfirma in Maine, wo die Nichtraucher im Büro saßen und schweigend auf den Beginn der Arbeit warteten, während die Raucher sich draußen auf dem Bürgersteig rauh, aber herzlich unterhielten. Im übrigen kann ich leicht ins Gespräch kommen, indem ich um Feuer bitte, was ich an windigen Tagen ohnehin tun muß. Und die nächste Frage lautet: »In welcher Abteilung arbeitest du?«, gefolgt von der Anschlußfrage »Wie lange arbeitest du schon hier?«, die dann zwanglos zum eigentlichen Thema überleitet. Fast alle wollen unbedingt über ihre Probleme sprechen, und bald werde ich zum wandelnden Beschwerdebriefkasten. Ich erfahre, daß bei Wal-Mart niemand seine Überstunden bezahlt bekommt, obwohl das Management häufig Druck macht, daß die Leute länger arbeiten.[13] Viele haben den Eindruck, daß die betriebliche Krankenversicherung die Beiträge nicht wert ist. Groß ist auch die Unzufriedenheit mit den Schichtplänen, besonders im Fall einer älteren Dame, die einer evangelischen Kirche angehört und noch nie am Sonntagmorgen frei bekam, wie inständig sie auch darum gebeten hat. Und dann die ständigen Klagen über die Geschäftsführer: Der eine ist dafür bekannt, daß er neue Kolleginnen in Tränen aufgelöst nach Hause schickt; der andere fegt gern, wenn er ein Regal für unaufgeräumt hält, mit einem Lineal alle Sachen runter, so daß man sie vom Boden aufsammeln und wieder einräumen muß.

Manchmal merke ich, daß mein Lieblingsthema, das lausige Lohnniveau, offenbar auch schmerzvoll sein kann. Da ist zum Beispiel Stan, ein Bursche von etwa 20 Jahren mit krass schiefstehenden Zähnen. Er will so dringend mit mir reden, daß er sich, kaum habe ich mich auf der Bank in der Raucherzone niedergelassen, auf den Sitz neben mit schmeißt. Aber wenn wir auf das Thema Löhne kommen, wird sein Gesicht immer länger. Er hatte ja eigentlich vor, neben dem Job eine Technikerschule zu besuchen, aber da ihm nicht genug Zeit zum Studium geblieben ist, hat er es aufgegeben und jetzt... Er starrt auf den Boden, der mit Zigarettenkippen übersät ist, als sehe er all die Haushaltswaren vor sich, die er in seinem Leben noch verkaufen muß. Ich deute an, daß wir eine Gewerkschaft brauchen, aber sein ratloser Gesichtsausdruck besagt, daß ich genausogut von Kaugummi oder Beruhigungspillen hätte reden können. Na ja, vielleicht wird er den Job wechseln und sich bei Media One bewerben, wo ein Freund von ihm arbeitet und die Löhne höher liegen... Die Schule noch mal versuchen? Na ja, hm.

Das andere Extrem sind Leute wie Marlene. Als ich in der Raucherecke mit der püppchenhaften Blondine ins Gespräch komme, die ich für eine Oberschülerin gehalten hatte, stellt sich heraus, daß sie hier schon seit November ganztägig arbeitet und nur eine einzige Sorge hat, nämlich ob ihr das Geld zu einem Auto reicht. Marlene kommt in ihrer Pause heraus, zündet sich eine Zigarette an und stimmt meiner Meinung über die Wal-Mart-Löhne nachdrücklich zu. »Wir sollen Begeisterung zeigen, sagen sie immer«, meint Marlene und meint damit das Management, »aber sie geben uns keinerlei Grund, begeistert zu sein.« Ihrer Ansicht nach stellt Wal-Mart lieber ständig neue Leute ein, als die vorhandene Belegschaft anständig zu behandeln. Man könne ja selber sehen, daß jede Woche ein Dutzend neue Leute zu den Einführungskursen kommen – was durchaus stimmt. Wal-Mart hat einen unstillbaren Appetit auf menschliches Fleisch: Wir werden sogar gedrängt, Angestellte von der Konkurrenzfirma Kmart anzuwerben, wenn wir zufällig welche kennen. Marlene meint, es sei ihnen ganz egal, daß sie dich ausgebildet haben, sie können immer jemand anderen kriegen, wenn du dich beschwerst. Durch ihre Vehemenz ermutigt, wage ich erneut, den tollkühnen Satz auszusprechen: »Ich weiß, es ist gegen diese ganze Wal-Mart-Philosophie, aber wir könnten hier eine Gewerkschaft brauchen.« Sie grinst, und ich gehe einen Schritt weiter: »Es geht nicht nur um unser Geld, es geht um unsere Würde.« Sie nickt wild entschlossen und zündet sich ihre zweite Zigarette an der ersten an. Diese Frau muß sofort in das gewerkschaftliche Organisationskomitee aufgenommen werden, weise ich meine imaginären Mitverschwörer an, während ich an meine Arbeit zurückkehre.

Ich gebe es ja zu: Als Gewerkschaftsorganisatorin bin ich ebenso wenig tauglich wie als »Stoff fürs Management«, zu dem Isabelle mich einmal erklärt hat. Tatsächlich glaube ich keineswegs, wie es viele aktive Gewerkschafter tun, daß die Gründung einer Gewerkschaftsgruppe ein Allheilmittel wäre. Natürlich würde fast jede traditionelle Gewerkschaft höhere Löhne durchsetzen und überhaupt den Leuten mehr Mut machen, aber ich weiß auch, daß selbst höchst aktive und demokratisch organisierte Gewerkschaften von ihren Mitgliedern mißtrauisch beäugt werden. In den endlosen, sich wüstengleich hinziehenden Arbeitsphasen zwischen den nachmittäglichen Pausen kann ich dem Eingeständnis der Wahrheit nicht länger ausweichen: Im Grunde gehe ich hier nur meinem Vergnügen nach, und dies auf offenbar ziemlich harmlose Weise. Tatsächlich müßte hier endlich jemand die herrschende Vorstellung durchlöchern, wonach alle – wir »Partner« und unsere »Diener-Führer« – eine »Familie« darstellen, die einzig durch ihr Engagement für die »Gäste« zusammengehalten wird. »Dysfunktional« ist fürwahr ein zu schwacher Ausdruck, um eine Familie zu beschreiben, in der ein paar Mitglieder am Tisch essen, während alle anderen – die »Partnerinnen« und die dunkelhäutigen Näherinnen und Fabrikarbeiter in aller Welt, die all das herstellen, was wir verkaufen – zu ihren Füßen hocken und vom Boden auflecken, was die da oben fallen lassen. Mit »psychotisch« wäre der Sachverhalt weit angemessener beschrieben.[14] Auch müßte jemand das mysteriöse Wörtchen »wir« tilgen, mit dem wir auf unserem Rücken für Wal-Mart Reklame machen (»Our people make the difference«). Und dieser Jemand könnte durchaus ich sein, die ich nichts zu verlieren habe, ja im Grunde weniger als nichts. Denn mit jedem Tag, an dem ich keine billigere Bleibe finde, zahle ich 49.95 Dollar drauf – für das Privileg, Klamotten in einem Wal-Mart-Laden wegräumen zu dürfen. Wenn das so weitergeht, werde ich den Rest von den 1200 Dollar, die ich mir für mein Leben in Minneapolis bewilligt habe, in weniger als einer Woche verbraten haben.

Ich könnte eine kleine Aufmunterung brauchen. Mir ist soeben eine bedeutende Einsicht über die Arbeit im Niedriglohnsektor gekommen, die wahrscheinlich auch für einen Großteil der besser bezahlten Arbeit gilt: daß nichts passiert, oder besser, daß immer das gleiche passiert, was sich dann Tag für Tag für Tag zu diesem Nichts addiert. Diese Gesetzmäßigkeit gilt weniger für die Dienstleistungsjobs, die ich vor Minneapolis ausgeübt hatte. Als Kellnerin kannst du ständig neue Gäste studieren, und sogar als Putzfrau lernst du im Lauf deines Arbeitstags die unterschiedlichsten Haushalte kennen. Aber hier bei Wal-Mart? Ich habe ja berichtet, was ich mache und was die Kunden daraus machen, so daß ich immer wieder von vorn anfangen und alles noch mal machen muß. Wie konnte ich nur annehmen, ich würde es in einer Fabrik aushalten, wo jede Minute exakt wie die nächste ist, und nicht nur jeder Tag? Hier wird es keine Krisen geben wie im Hearthside von Key West, außer vielleicht im Vorweihnachtsgeschäft. Hier wird kein »Code M« in Kraft treten, der »Geiselnahme« bedeutet, und wahrscheinlich auch nicht Code F oder T, was Feuer oder Tornado bedeutet (ich rate diese Code-Buchstaben nur, die ich während des Einführungskurses nicht mitgeschrieben habe und die ohnehin ein Betriebsgeheimnis darstellen dürften). Es wird also keine plötzliche Evakuierung geben, keine Gelegenheit, Mut oder außerordentliche Fähigkeiten zu demonstrieren. Schlagzeilenträchtige Ereignisse, daß etwa ein verbitterter Ex-Angestellter in einem Laden herumballert oder eine Lawine aufgetürmter Waren eine Meute Kunden unter sich begräbt, kommen so selten vor wie der Sechser im Lotto. Mein Leben dagegen hält immer nur Einkaufswagen für mich bereit – erst volle, dann leere, dann wieder volle.

In diesem Job kannst du ziemlich schnell altern. Die Zeit spielt dir merkwürdige Streiche, wenn es nicht die kleinen Überraschungsmomente gibt, die sie in erinnerungsfähige Häppchen aufteilen; ich fühle mich jedenfalls schon um Jahre älter als zu Beginn meiner Wal-Mart-Arbeit. In dem einzigen Vollspiegel, den wir bei der Damenbekleidung haben, sehe ich eine mittelgroße Gestalt über einen Einkaufswagen gebeugt, mit einem von grotesker Anspannung verzerrten Gesicht. Das kann ich nicht sein. Wie lange wird es dauern, bis ich so grau sein werde wie Ellie oder so verschroben wie Rhoda oder so verhutzelt wie Isabelle? Wenn selbst eine natriumreiche Fastfood-Ernährung nicht verhindern kann, daß ich jede Stunde pinkeln muß und meine Füße so kaputt sind, daß sie dem Sprößling eines Orthopäden das Studium finanzieren könnten? Ja, ich weiß, daß ich demnächst in mein abwechslungsreiches und spannendes Leben als Barbara Ehrenreich zurückkehren werde. Aber der Gedanke kann mich nur in dem Sinne aufrichten, wie, sagen wir mal, die Aussicht auf den Himmel einen todkranken Menschen tröstet: Gut zu wissen, aber in der aktuellen Situation hilft es nicht viel weiter. Wenn du anfängst, deine Zeit stundenweise zu verkaufen, bekommst du das Entscheidende nicht unbedingt gleich mit: daß nämlich das, was du verkaufst, in Wirklichkeit dein Leben ist.

Doch dann tut sich etwas. Zwar nicht bei mir und bei Wal-Mart, und dennoch hat es verblüffende Folgen. Die *Star Tribune* meldet es als Schlagzeile: 1450 Dienstkräfte, die in der Gewerkschaft der Hotel- und Restaurantangestellten organisiert sind, bestreiken neun Hotels. Ein Wirtschaftsredakteur der *Pioneer Press*, der diesen Streik und einen Lastwagenfahrerstreik im Pepsi-Cola-Abfüllbetrieb kommentiert und dazu einen Protestmarsch von Arbeitern in der Fleischverpackungsfabrik von St. Paul, die ihre Gewerkschaft anerkannt haben wollen, reibt sich die Augen und fragt sich und seine Leser: »Was geht hier vor?«

Als ich an diesem Tag zur Arbeit erscheine, fische ich die Zeitung aus dem Abfallkorb vor dem Wal-Mart-Eingang – was nicht schwierig ist, denn bei den wie immer überquellenden Körben muß ich nicht besonders tief stöbern. Dann bringe ich die Zeitung in den Pausenraum und lasse sie mit dem Titelblatt nach oben auf einem Tisch liegen, damit auch niemand die Schlagzeile übersieht. In dieser neuen Rolle – als Überbringerin wahrhaft wichtiger Nachrichten – fühle ich mich ausgelastet und bedeutend. In der Damenbekleidungsabteilung gebe ich die Nachricht an Melissa weiter und füge hinzu, daß die Hotelangestellten bereits über einen Dollar mehr verdienen als wir, daß sie dies aber nicht davon abhält, für höhere Löhne zu streiken. Sie blinzelt ein paar Mal und denkt nach, dann kommt Isabelle und verkündet, am nächsten Tag werde der Regionalmanager unsere Filiale besuchen, deshalb müsse alles »hochgradig aufgeräumt sein«. Die Arbeit hat uns wieder.

Aber ich habe noch viel mehr Dinge im Kopf als die Aufgabe, die Faded Glory-Jeans in den Regalen wieder auf Vordermann zu bringen. Gegen sechs Uhr abends soll ich zwei Motels anrufen, die nur 40 Dollar pro Tag für ein Zimmer verlangen. Es könnte was freigeworden sein, aber dann habe ich die Telefonnummern im Auto vergessen. Die könnte ich in einer meiner Pausen holen, aber die will ich nicht für so was aufbrauchen – nicht heute, wo ich mit den Kolleginnen über die Streikneuigkeiten reden kann. Soll ich einen größeren Zeitdiebstahl riskieren? Und wie komme ich hier raus, ohne daß Isabelle es merkt? Sie hat mich heute schon erwischt, als ich die Jeans falsch zusammengefaltet habe (man faltet sie dreifach, und zwar mit dem Hosenbeinrand nach innen und nicht nach außen), und ist schon ein zweites Mal zur Kontrolle vorbeigekommen. Aber dann verschafft mir ausgerechnet Howard eine Auszeit, als er plötzlich neben mir auftaucht und mich daran erinnert, daß ich mit meiner Computer-Ausbildung weit zurück bin. Neu eingestellte Mitarbeiter dürfen mit Erlaubnis ihrer Vorgesetzten ab und zu den Arbeitsplatz verlassen, um ihr computergestütztes Lernprogramm (CBL) zu Ende zu bringen, und ich hatte das halbherzig mitgemacht. Die Lerneinheiten über Karton öffnen, Paletten beladen und Abfall zerkleinern hatte ich schon hinter mir, aber dann war das Programm abgestürzt. Jetzt funktioniert es wieder, sagt Howard, und ich soll mich sofort an den Computer setzen. Damit kann ich zwar aus der Damenbekleidung entwischen, aber der CBL-Raum liegt viel weiter vom Ausgang entfernt. Ich klicke mich bei der Lerneinheit ein, in der Sam Walton sich in den höchsten Tönen über das System der »ständigen Inventur« begeistert. Dann entferne ich mich vorsichtig von dem Computer, um zu sehen, ob Howard irgendwo in der Nähe ist. Gut, der Weg ist frei. Ich gehe entschlossen in Richtung Eingang, als ich ihn plötzlich 50 Meter links von mir erblicke, in dieselbe Richtung strebend. Ich tauche in die Schuhabteilung ab, doch als ich wieder heraustrete, hält er immer noch Kurs parallel zu meinem. Wieder gehe ich in Deckung, diesmal bei den Miederwaren, dann biege ich rechts ab und halte mich immer auf der anderen Seite der Damenoberbekleidung. Solche Szenen habe ich bislang nur im Kino gesehen, wenn der Gute in einem labyrinthischen öffentlichen Raum dem Bösen zu entkommen versucht. Aber ich hatte mir nie vorgestellt, selber in diese Rolle zu geraten.

Als ich die Telefonnummern in meiner Westentasche habe, beschließe ich, noch ein paar weitere Minuten zu stehlen, und mache meine Anrufe zu Lasten der Arbeitszeit von dem Münztelefon neben dem Fach, wo die zurückgelegten Sachen liegen. Beim ersten Motel nimmt niemand ab, was bei billigen Adressen nicht ungewöhnlich ist. Dann rufe ich spontan bei Caroline an, ich will wissen, ob sie streikt. Nein, ihr Hotel macht nicht mit. Aber sie erzählt mir lachend, daß sie gestern abend den Manager eines Hotels, bei dem sie früher beschäftigt war, in den Fernsehnachrichten gesehen hat. Ein weißer Typ, der sie regelmäßig daran erinnerte, daß er sie als erste Afroamerikanerin auf einem Posten eingestellt hat, der nicht bloß ein Putzjob ist, und jetzt hat man ihn im Fernsehen gezeigt, wie er einen Staubsauger vor sich herschob, während die Frauen, die normalerweise mit Staubsaugern hantieren, als Streikposten vor dem Hotel standen.

Als ich das zweite Motel anrufe, steht plötzlich Howard vor mir. Warum ich nicht am Computer bin, will er wissen und bleckt mich mit seinem typischen Haß-Lächeln an. »Pause«, sage ich und bringe ein »Angstgrinsen« zustande, wie die Primatenforscher diese Mischung aus Zähnefletschen und Grimasseschneiden nennen. Wer Zeit stehlen will, muß bereit sein zu lügen. Howard kann natürlich innerhalb einer Minute herausfinden, ob meine Stechkarte abgestempelt ist. Ich könnte einen schriftlichen Verweis erhalten, zu den Miederwaren verbannt oder von einer tief enttäuschten Roberta zu einem ernsten Gespräch vorgeladen werden. Aber meine Wal-Mart-Karriere geht ohnehin zu Ende, und zwar aus rein finanziellen Gründen, denn das zweite Motel hat für die nächsten Tage kein Zimmer frei.

Als Melissa um 18 Uhr nach Hause geht, sage ich ihr, daß ich Schluß mache, womöglich schon morgen. Wenn es so ist, meint Melissa, dann wird sie wohl auch gehen, weil sie ohne mich hier nicht weiterarbeiten will. Wir schauen beide zu Boden. Mir ist klar, daß dies keine Liebeserklärung, sondern nur eine praktische Erwägung ist. Du arbeitest eben nicht gern mit Menschen, die ihren Job nicht richtig machen oder die du nicht leiden kannst, und du willst dich auch nicht ständig auf neue Leute einstellen. Wir tauschen unsere Adressen aus, einschließlich meiner echten Daueradresse. Ich erzähle ihr von dem Buch, an dem ich arbeite, und sie nimmt es nicht besonders überrascht zur Kenntnis und meint nur, daß sie hofft, nicht »zu viele schlechte Dinge über Wal-Mart« gesagt zu haben. Nein, das hat sie nicht, versichere ich ihr, und daß ihre Anonymität ohnehin gut geschützt sein wird. Dann erzählt sie mir, sie habe nachgedacht, und sieben Dollar Stundenlohn sei wirklich nicht genug für die harte Arbeit, die wir schließlich leisten, und sie werde sich bei einer Plastikfabrik bewerben, wo sie auf neun Dollar kommen kann, hofft sie wenigstens.

An diesem Abend nehme ich um zehn Uhr meine letzte Pause, aber meine Füße tun mir so weh, daß ich nicht zu der Raucherzone vor dem Haus hinausgehe. Ich setze mich im Pausenraum auf die Bank und lege die Beine hoch. Die vorangegangene Pause – die ich mir mit so viel krimineller Energie erhalten habe – war propagandistisch gesehen eine totale Pleite. Es war niemand da, bis auf eine höhere Angestellte aus der Buchhaltung. Ich habe das typische Spätschicht-Gefühl des Eingeschlossenseins, als gäbe es keine Welt mehr jenseits der Türen und kein größeres Problem als die rätselhaften Artikel, die in meinem Wagen übriggeblieben sind. Im Pausenraum ist außer mir nur noch eine Person, eine weiße Kollegin von vielleicht 30 Jahren, die in den Fernseher starrt, und ich habe nicht mehr die Energie, eine Unterhaltung anzufangen, obwohl der Streik sich als Thema anbietet.

Aber dann auf einmal, durch die Gnade des Gottes, der Jesus die Bergpredigt diktiert hat, der seine Hand über Melissa hält und der überall gegenwärtig ist, beginnen im Fernsehen die Lokalnachrichten und die handeln von dem Streik. Ein Streikposten, mit einem kleinen Jungen an der Hand, spricht in die Kamera: »Das ist für meinen Sohn. Ich tue dies für meinen Sohn.« Senator Paul Wellstone ist auch da. Er gibt dem Jungen die Hand und sagt: »Du kannst stolz auf deinen Vater sein.« Da springt meine einzige Mitzuschauerin auf und streckt dem Fernseher grinsend ihre Faust entgegen. Ich lege beide Zeigefinger zusammen und deute mit ihnen zu Boden, um mit der Geste zu sagen: »Hier! Wir! Das könnten wir hier auch!« Sie beugt sich zu mir herüber – wenn ich noch besser drauf wäre, würde ich zu ihr hinüberrücken – und sagt: »Verdammt richtig!« Ich weiß nicht, ob es an meinen schmerzenden Füßen liegt oder daran, daß sie »verdammt« gesagt hat oder woran auch immer, jedenfalls fange ich an zu heulen. Dann überziehen wir meine und vielleicht auch ihre Pausenzeit, und sie erzählt mir von ihrer Tochter, und wie sie diese langen Arbeitszeiten satt hat, weil nie genug Zeit für ihre Tochter bleibt, und wozu das Ganze überhaupt, wenn du nicht genug verdienst, um etwas zurückzulegen?

Ich denke immer noch, wir hätten etwas bewegen können – wir beide zusammen –, wenn ich es mir finanziell hätte leisten können, ein bißchen länger bei Wal-Mart zu arbeiten.

4

BILANZ

Wie habe ich mich ingesamt als Niedriglohnarbeiterin geschlagen? Vielleicht darf ich mit einem kleinen Eigenlob beginnen. Die Arbeit selbst habe ich gar nicht übel gemacht, und schon das halte ich für eine bemerkenswerte Leistung. Man könnte ja annehmen, daß für einen akademisch ausgebildeten Menschen, der sich in seinem richtigen Beruf alle zwei Wochen in ein völlig neues Thema einarbeiten muß, eine unqualifizierte Arbeit ein Klacks sein sollte. Diese Annahme ist falsch. Meine allererste Entdeckung war die Tatsache, daß keine auch noch so miese Arbeit wirklich »unqualifiziert« ist. Alle sechs Jobs, die ich im Lauf meines Experiments ausgeübt habe, erforderten eine erhebliche Konzentration, und bei den meisten mußte ich mir Fachausdrücke, neue Techniken und neue Fertigkeiten aneignen, zum Beispiel beim Eingeben der Bestellungen in Restaurant-Computer oder bei der Handhabung des Huckepack-Staubsaugers. All diese Dinge fielen mir keineswegs so leicht, wie ich es mir gewünscht hätte; und nie bekam ich zu hören: »Mensch, bist du aber fix!« oder »Kaum zu glauben, daß du gerade erst angefangen hat.« Was immer ich in meinem weiteren Leben noch leisten werde, in der Welt der Niedriglohnarbeit war ich eine Person mit durchschnittlichen Fähigkeiten: Ich schaffte es, den Job zu lernen, aber auch einigen Mist zu bauen.

Natürlich feierte ich auch meine kleinen persönlichen Triumphe. Bei The Maids gab es Tage, an denen ich meine Arbeit so schnell erledigt hatte, daß ich die anderen entlasten konnte, und darüber bin ich heute noch froh. Auch bei Wal-Mart hatte ich mich irgendwann eingearbeitet, und wenn ich mein Mundwerk besser im Zaum gehalten hätte, wäre ich vermutlich nach ein, zwei Jahren auf einen Stundenlohn von 7.50 Dollar gekommen. Und ganz sicher werde ich mein Leben lang jenen glorreichen Tag im Woodcrest-Pflegeheim in Erinnerung behalten, an dem ich es ganz allein schaffte, die komplette geschlossene Alzheimer-Abteilung durchzufüttern und danach noch aufzuräumen und dabei sogar ab und zu den leeren Gesichtern meiner Schützlinge ein Lächeln zu entlocken.

Man muß ja nicht nur den Job als solchen erlernen. An jedem neuen Arbeitsplatz hat man es auch mit einem neuen sozialen Mikrokosmos zu tun, mit einer bestimmten Eigendynamik, mit jeweils besonderen Menschen, mit einer spezifischen Hierarchie und ganz neuen Gewohnheiten und Leistungsstandards. Manchmal konnte ich ein paar hilfreiche soziologische Hinweise aufschnappen, also Sätze wie: »Nimm dich vor diesem Typen in Acht, der ist ein richtiges Arschloch.« Aber in der Regel mußte ich selbst herausfinden, wer wofür verantwortlich ist, mit wem man gut zusammenarbeiten kann und wer auch mal einen Spaß verträgt. Dabei kamen mir wahrscheinlich die Erfahrungen zustatten, die ich auf meinen vielen Reisen gemacht hatte. Mit dem Unterschied allerdings, daß ich in meinem normalen Leben eine neue Umwelt stets in einer Rolle kennenlerne, die mir Achtung und vielleicht auch gesteigerte Beachtung sichert, zum Beispiel als »Gastdozentin« oder als »Workshop-Leiterin«. Demgegenüber empfand ich es bei meinem Job-Experiment als ungleich schwieriger – aber auch notwendiger –, ein menschliches Mikrosystem »von unten«, aus der Perspektive der Arbeitenden zu begreifen.

Ein schwieriges Thema ist auch die Frage der Leistungsstandards. Damit du jemand bist, mit dem andere gut zusammenarbeiten können, mußt du schnell und gründlich sein, aber andererseits auch nicht so schnell und gründlich, daß es alle anderen am Ende schwerer haben. Bei mir bestand zwar selten die Gefahr, daß ich die Leistungslatte höher gelegt hätte, aber als ich im Hearthside von Key West die in der Vitrine ausgestellten Desserts optisch aufgefrischt hatte, attackierte mich meine Kollegin Annette mit der Bemerkung: »Künftig werden sie so was von uns allen verlangen!« Daraufhin habe ich es gelassen, so wie ich in jedem anderen Job mein Arbeitstempo auf ein arthritisches Maß drosseln würde, sobald sich ein Zeitnehmer sehen ließe, um seine Arbeitsablaufstudien zu machen. In diesem Sinn hat eine Kollegin bei Wal-Mart in Minneapolis mir klargemacht, ich müsse zwar noch einiges lernen, aber andererseits sei es ebenso wichtig, »nicht zuviel zu können« oder jedenfalls zu verhindern, daß die Bosse über alle meine Fähigkeiten Bescheid wissen: »Je mehr du ihrer Meinung nach kannst, desto mehr werden sie dich beanspruchen und ausnutzen.« Die Leute, die mir solche Ratschläge gaben, waren übrigens keineswegs »faul«. Sie haben nur begriffen, daß heroische Leistungen nicht oder kaum honoriert werden. Und daß die entscheidende Kunst darin besteht, mit den eigenen Kräften so hauszuhalten, daß sie auch noch für den nächsten Tag reichen.

Ein weiterer Punkt ist die Belastungsfähigkeit. Alle meine Jobs waren körperlich anstrengend, und einige waren sogar gesundheitsgefährdend, wenn man sie mehrere Monate ausübt. Ich selbst bin nach jahrelangen Aeorobic-Kursen und Fitness-Bemühungen zwar überdurchschnittlich gut in Schuß. Aber bei diesen Jobs habe ich etwas gelernt, was mir noch kein Fitneßtrainer beigebracht hat: Was wir als »Stärke« empfinden, ist großenteils davon abhängig, wie wir mit dem Gegenteil, also mit »Schwäche« umgehen. Die ersten Anzeichen einer solchen Schwäche setzen nach der ersten Hälfte der Schicht ein. Die kann man dann ganz normal als Anfangsstadium einer Krankheit interpretieren, die sich auffangen läßt, indem man sofort eine Pause einlegt. Man kann diese Anzeichen aber auch anders deuten – als Hinweis auf die harte Arbeit, die man schon geleistet hat, mithin als Beleg dafür, daß man noch viel mehr leisten kann. In diesem zweiten Fall wird die eigene Erschöpfung zu so etwas wie einem Korsett, das dich irgendwie aufrechthält. Natürlich hat diese Art von Selbsttäuschung ihre Grenzen, und die hätte ich sehr schnell erreicht, wäre ich wie so viele Frauen gezwungen gewesen, von der Arbeit nach Hause zu hetzen, um ein paar Kleinkinder einzusammeln und hinter der Familie herzuräumen. Und dennoch bin ich sehr stolz darauf, daß ich diese Zeit so gut überstanden habe und daß ich – immerhin mit Mitte 50 – niemals zusammengeklappt bin und auch nie eine Auszeit zum Regenerieren gebraucht habe.

Außerdem habe ich bei meinen Jobs, oder jedenfalls bei den meisten, sämtliche Eigenschaften an den Tag gelegt, die als entscheidende Voraussetzungen für einen Job gelten, als da sind: Pünktlichkeit, Sauberkeit, Gehorsam, ein fröhliches Wesen. Dies sind genau die Qualitäten, die man den Sozialhilfeempfängern in den staatlichen Programmen anzutrainieren versucht, um sie für den Arbeitsmarkt zu qualifizieren. Wobei ich allerdings vermute, daß die meisten Kandidaten diese Qualitäten bereits mitbringen bzw. mitbringen würden, wenn ihre beiden größten Probleme gelöst wären: die Kinderbetreuung und die Fahrt zum Arbeitsplatz.

Ich selbst habe mich schlicht an die Regeln gehalten, die ich mir zu Beginn meines Experiments verordnet hatte. Und ich habe jedes Mal alles getan, um den Job zu behalten. Wer meine Aussagen bezweifelt, sei auf meine Vorgesetzten verwiesen, die mir zuweilen versicherten, daß ich mich bei der Arbeit »ganz prima« oder sogar »großartig« mache. Alles in allem denke ich also, daß ich für meine Leistungen in den verschiedenen Jobs die Note 2 oder auch 2+ verdient habe, mit ein paar Abstrichen für die Dinge, die ich vermasselt habe, aber auch mit einem Extralob für eifriges Bemühen.

Aber die entscheidende Frage lautet ja nicht, wie gut ich mit meiner Arbeit zurechtkam. Entscheidend ist, wie ich mit meinem Leben insgesamt zurechtgekommen bin, was etwa auch Essen und Unterkunft einschließt. Diese beiden Fragen – ob man Arbeit hat und ob man von der Arbeit leben kann – sind von Anfang an strikt auseinanderzuhalten. Ich unterstreiche dies besonders, weil in den rhetorischen Kontroversen um die Reform der Wohlfahrtsprogramme immer so getan wird, als sei ein Job allein schon die Gewähr dafür, daß man der Armut entrinnen kann, und als sei der einzige Faktor, der die Empfänger von Sozialleistungen in der Armutsfalle festhält, ihr mangelnder Wille, sich auf dem Arbeitsmarkt umzusehen und einen Job zu bekommen. Ich habe einen bekommen, und manchmal mehr als einen, und dennoch war meine Bilanz in Sachen »von der Arbeit leben« weit weniger überzeugend als meine Leistung an den diversen Arbeitsplätzen. Bei den kleinen Dingen war ich noch einigermaßen sparsam: keinen Cent für Alkoholika, Schnäppchenkäufe oder ähnliche Ersatzbefriedigungen, die blasierte Beobachter häufig für das Defizit in Armutshaushalten verantwortlich machen. Daß ich mir in Key West eine 30-Dollar-Hose und in Minneapolis einen 20-Dollar-Gürtel geleistet habe, war zugegebenermaßen ein bißchen extravagant, und heute weiß ich, daß ich so etwas bei der Heilsarmee oder gar bei Wal-Mart weit günstiger bekommen hätte. Aber in puncto Essen habe ich das Sparen fast zu einer Wissenschaft entwickelt. Wenn ich selber kochen konnte, gab es viel Hackfleisch, Bohnen, Käse und Nudeln, und ansonsten Fastfood, was mich in der Regel nicht mehr als neun Dollar pro Tag kostete.

Im folgenden will ich eine exakte Bilanz meines Arbeitslebens vorlegen. In Key West verdiente ich 1039 Dollar pro Monat, denen Ausgaben von 517 Dollar für Essen, Benzin, Toilettenartikel, Waschsalon, Telefon und sonstige Nebenausgaben gegenüberstanden. Aber der entscheidende Ausgabenposten war die Miete. Hätte ich mein 500-Dollar-Billigquartier behalten, wären mir nach Zahlung der Miete noch 22 Dollar in der Tasche geblieben (also 78 Dollar weniger als zu Beginn des Monats). Schon dies wären prekäre Ausgangsbedingungen gewesen, falls ich versucht hätte, mehrere Monate durchzuhalten, denn früher oder später wären Ausgaben für Arzt und Zahnarzt dazugekommen, oder für irgendwelche Medikamente, die über meine Ibuprofen-Tabletten hinausgehen. Aber als ich dann in den Trailerpark umzog (zur Erinnerung: damit ich einen zweiten Job annehmen konnte), mußte ich allein für die Monatssmiete 625 Dollar aufbringen, und zwar ohne Nebenkosten. Gewiß hätte ich an diesem Punkt ein bißchen sparen können, etwa indem ich das Auto aufgegeben und für 50 Dollar ein gebrauchtes Fahrrad gekauft oder auch die eineinhalb Kilometer zu meinem Arbeitsplatz zu Fuß zurückgelegt hätte. Das ändert aber nichts daran, daß zwei Jobs – oder mindestens eine ganze plus eine halbe Stelle – eine unabdingbare Notwendigkeit waren. Und gerade in diesem Punkt mußte ich die Erfahrung machen, daß ich unmöglich an einem Tag zwei körperlich anstrengende Jobs bewältigen konnte, zumindest nicht auf einem akzeptablen Leistungsniveau.

In Portland, Maine, kam ich einem ausgewogenen Verhältnis von Einkommen und Ausgaben noch am nächsten, aber nur dank einer Arbeitswoche von sieben Tagen. Mit meinen beiden Jobs verdiente ich (nach Steuern) etwa 300 Dollar die Woche und zahlte 480 Dollar Monatsmiete, was etwa 40 Prozent meines Einkommens entsprach. Dabei kam mir zugute, daß Gas und Strom in der Miete enthalten waren und daß ich an jedem Wochenende im Pflegeheim zwei- oder dreimal umsonst essen konnte. Zudem hatte ich das Glück, mich in der touristischen Vorsaison einzumieten. Wenn ich bis Juni 2000 geblieben wäre, hätte ich im Blue Haven-Motel die Sommermiete von 390 Dollar pro Woche zahlen müssen, was natürlich unmöglich gewesen wäre. Um ganzjährig über die Runden zu kommen, hätte ich deshalb von August 1999 bis Mai 2000 genug Geld beiseite legen müssen, um die erste Monatsmiete und die Kaution für ein richtiges Apartment aufzubringen. Vermutlich hätte ich diese 800 bis 1000 Dollar sogar sparen können, wenn keine Autoreparaturen oder Erkrankungen mein Budget strapaziert hätten. Aber ich bin mir nicht sicher, ob ich wirklich Monat für Monat eine siebentägige Arbeitswoche hätte durchstehen und mir die typischen Berufskrankheiten vom Leibe halten können, die meinen Kolleginnen in der Reinigungsbranche so sehr zusetzen.

Was Minneapolis betrifft, so bleibe ich auf viele Mutmaßungen angewiesen. Wäre es mir gelungen, ein Apartment für höchstens 400 Dollar Monatsmiete zu finden, hätte mein Verdienst bei Wal-Mart – monatlich 1120 Dollar brutto – wahrscheinlich ausgereicht, wenngleich die anfänglichen Ausgaben für das Motel, die während meiner Wohnungssuche anfielen, mich daran gehindert hätten, das Geld für die erste Monatsmiete plus Kaution anzusparen. Ein zusätzlicher Wochenendjob wäre zweifellos hilfreich gewesen, zum Beispiel der für 7.75 Dollar Stundenlohn, den ich fast bei einem Supermarkt bekommen hätte. Aber es wäre mir sicher nicht gelungen, bei Wal-Mart um alle Wochenendschichten herumzukommen. Hätte ich den Job bei Menards angenommen und unter dem Strich wirklich zehn Dollar pro Stunde bei einem elfstündigen Arbeitstag bezogen, hätte ich netto etwa 440 Dollar die Woche verdient. Das hätte ausgereicht, um zunächst ein

Motelzimmer zu mieten und noch etwas für die Anfangskosten eines Apartments beiseite zu legen. Aber auch hier bleiben Fragen offen: Hat man mir wirklich zehn Dollar pro Stunde angeboten? Und hätte ich mich wirklich fünf Tage in der Woche elf Stunden lang auf den Beinen halten können? Wer weiß. Dennoch würde ich sagen, daß ich es – mit ein paar anderen Optionen – in Minneapolis wahrscheinlich geschafft hätte, mit meinem Geld auszukommen Aber ich werde das sicher nicht noch einmal durchtesten.

Gewiß habe ich auch Fehler gemacht, vor allem in Minneapolis, und für diese Fehler habe ich mich geschämt und als Versagerin gefühlt. So hätte ich mich einfach am Riemen reißen und den besser bezahlten Job annehmen sollen; oder ich hätte in das Wohnheim einziehen sollen, das ich am Ende fand (wobei angesichts der Wal-Mart-Löhne selbst die 19 Dollar für ein Bett pro Nacht ein Luxus gewesen wären). Aber zu meiner Verteidigung kann ich anführen, daß dieselben Fehler auch viele andere begangen haben. Zum Beispiel den Fehler, bei Wal-Mart zu arbeiten, statt besser bezahlte Jobs anzunehmen (was vermutlich in vielen Fällen nur an der großen Entfernung zwischen Wohnung und Arbeitsstelle scheitert), oder den Fehler, zu lange für 200 bis 300 Dollar Wochenmiete in einer Motelanlage zu bleiben. Ich muß mir diese Probleme also nicht etwa als persönliches Versagen oder als Fehleinschätzung anrechnen. Wenn eine kerngesunde Person wie ich, die zudem ein intaktes Auto besitzt, sich mit ihrer Hände Arbeit kaum einen ausreichenden Lebensunterhalt verdienen kann, dann ist da irgendwas falsch, und zwar grundlegend falsch. Man muß nicht Volkswirtschaft studiert haben, um zu erkennen, daß die Löhne zu niedrig sind und die Mieten zu hoch.

Der Grund für die hohen Mieten ist auch für Nicht-Ökonomen und selbst für unterbezahlte Arbeitskräfte mit schlechter Schulbildung ziemlich leicht zu begreifen: Es liegt schlicht und einfach am Markt. Wenn die Reichen und die Armen auf dem offenen Markt um Häuser und Wohnungen konkurrieren, haben die Armen keine Chance. Die Reichen können sie immer ausstechen, sie können ihre Mietwohnungen und Trailerparks jederzeit aufkaufen und durch Eigentumswohnungen, Villensiedlungen und Golfplätze ersetzen. Und da die Zahl der Reichen – vor allem dank steigender Aktienkurse und Managergehälter – deutlich zugenommen hat, sind die Armen zwangsläufig auf Häuser oder Wohnungen verwiesen, die teurer oder qualitativ schlechter sind oder zu weit von ihren Arbeitsplätzen entfernt liegen. In Key West zum Beispiel wurde in dem einzigen Trailerpark, der in zumutbarer Nähe zu den Hoteljobs lag, für einen Mini-Wohnwagen monatlich 615 Dollar Miete verlangt, weshalb sich die Beschäftigten in diesem Niedriglohnsektor gezwungen sahen, ihre Unterkunft immer weiter weg und damit in schlechteren Wohngegenden zu suchen. Aber auch in Minneapolis, das nicht gerade von Touristen belagert wird, sind die Mieten in die Höhe geschossen. Hier liegen die letzten halbwegs erschwinglichen Wohnungen meist im Zentrum der Innenstadt, während die neuen Jobs vor allem in den städtischen Randzonen entstanden sind, also in der Nähe von Vorstädten, die für Niedriglohnarbeiter praktisch unerschwinglich sind. Also müssen sich die Armen, die in den Wohngebieten der Reichen zu arbeiten gezwungen sind (was für viele Dienstleistungs- und Verkäuferjobs gilt), mit langen Anfahrtswegen oder deprimierend hohen Mietkosten abfinden.

Wenn sich kaum jemand über diesen Mangel an bezahlbarem Wohnraum aufzuregen scheint, so liegt dies unter anderem daran, daß dieser Mangel in der offiziellen Statistik gar nicht in Erscheinung tritt, die seit Jahren eine täuschend niedrige Armenquote von rund 13 Prozent ausweist. Daß der Zusammenhang zwischen dem realen Alptraum, den das tägliche Wohnen für die Armen bedeutet, und der offiziell ermittelten »Armut« unsichtbar bleibt, hat einen einfachen Grund: Die offizielle Armutsrate errechnet sich in den USA noch immer nach einer fast altertümlichen Methode, indem für die verschiedenen Familientypen lediglich die nackten Ausgaben für Nahrungsmittel ermittelt und mit dem Faktor drei multipliziert werden. Nun sind allerdings die Kosten für Nahrungsmittel, jedenfalls im Vergleich mit den Mieten, relativ wenig inflationsanfällig. Als man diese Methode für die Ermittlung der Armut in den sechziger Jahren entwickelte, machten die Ausgaben für Nahrungsmittel noch 24 Prozent des durchschnittlichen Familienbudgets aus (also schon damals nicht die unterstellten 33 Prozent!), die Kosten für Wohnen hingegen 29 Prozent. 1999 lag der Anteil der Nahrungsmittel am Familienbudget nur noch bei 16 Prozent, die Kosten für Wohnen hingegen sind auf 37 Prozent emporgeschnellt.[1] Deshalb ist es aus heutiger Sicht eine ziemlich willkürliche Setzung, das Familienbudget auf der Basis der Ausgaben für Nahrungsmittel zu berechnen. Genausogut könnte man die offizielle »Armut«, jedenfalls auf dem Papier, komplett abschaffen, indem man die durchschnittlichen Ausgaben für Comics oder für Zahnseide nimmt und ein beliebiges Vielfaches dieser Summe zum offiziellen »Existenzminimum« erklärt.

Wenn der Markt es nicht schafft, ein so lebensnotwendiges Gut wie eine Wohnung allen Menschen, die es benötigen, tatsächlich auch zuzuteilen, begründet dies aus progressiver bis gemäßigt liberaler Sicht normalerweise die Erwartung, daß der Staat einspringt und Abhilfe schafft. Im Fall der medizinischen Grundversorgung wird dieses Prinzip – zumindest halbherzig und zögernd – von der Gesellschaft akzeptiert. Der Staat hat für die Alten das Medicare-Programm und für die ganz Armen das Medicaid-Programm vorgesehen, darüber hinaus gibt es in einigen Einzelstaaten noch spezielle Programme für die Kinder besonders armer Familien. Nicht so auf dem Wohnungsmarkt. Hier gehen die Mieten steil in die Höhe, während sich zugleich der Staat feige aus seiner Verantwortung stiehlt. Die öffentlichen Ausgaben für Wohnungsbau sind seit den achtziger Jahren ständig zurückgegangen, und auch die Ausweitung der öffentlichen Mietbeihilfen-Programme stagniert seit Mitte der neunziger Jahre. In demselben Zeitraum sind dagegen die Subventionen für Darlehen an Wohnungs- und Hauseigentümer – die in der Regel weit wohlhabender sind als Mieter – auf ihrem alten, soliden Niveau geblieben. Bei meiner Gastrolle im Niedriglohnsektor konnte ich nicht übersehen, daß die Summe, die ich in meinem normalen Leben als Wohnsubvention beziehe (jährlich über 20.000 Dollar in Form von Steuernachlässen für Hypothekenzinsen), einer einkommensschwachen Familie zu einem ziemlich komfortablen Lebensalltag verhelfen würde. Hätte ich in Minneapolis eine solche Summe in monatlichen Raten zur Verfügung gehabt, hätte ich mir eine Wohnung in einem der exklusiven Apartmentblocks – mit Sauna, Fitnessclub und Swimmingpool – leisten können.

Während die Mieten also besonders sensibel auf die Marktkräfte reagieren, gilt dies für die Löhne ganz entschieden nicht. In allen Städten, die ich im Lauf meines Experiments kennengelernt habe, klagten die örtlichen Unternehmen über einen »Arbeitskräftemangel«, der auch in der Lokalpresse kommentiert wurde. Von diesem Mangel kündeten allenthalben auch die Schilder mit der Aufschrift »Jetzt Neueinstellungen« oder noch etwas gebieterischer: »Bewerbungen werden jetzt entgegengenommen.« Und dennoch steigt die Lohnkurve für die Beschäftigten am unteren Ende des Jobspektrums nur wenig an, wenn sie nicht sogar stagniert. In der *New York Times* war im März 2000 der Satz zu lesen: »In den nationalen Einkommensstatistiken sind inflationstreibende Lohnzuwächse ganz gewiß nicht auszumachen.«[2] Und Alan Greenspan, der Chef der Federal Reserve, der den Wirtschaftshorizont ständig ängstlich nach den kleinsten Anzeichen solcher »inflationstreibenden« Lohnzuwächse absucht, konnte dem Kongress in Washington im Juli 2000 erfreut berichten, daß die künftige Entwicklung in dieser Hinsicht weitgehend ungetrübt zu sein scheint. Ja er ließ sogar die Vermutung anklingen, daß die ökonomischen Gesetze über den Zusammenhang zwischen niedriger Arbeitslosenrate und Lohnerhöhungen womöglich außer Kraft gesetzt seien, was sich fast ein bißchen wie eine Grabrede auf das Gesetz von Angebot und Nachfrage anhört.[3] Einige Wirtschaftswissenschaftler argumentieren allerdings, diese offensichtlich paradoxe Erscheinung beruhe auf einer Illusion, denn in Wirklichkeit gebe es keinen »Arbeitskräftemangel«, sondern nur einen Mangel an Menschen, die gewillt sind, zu den aktuell angebotenen Löhnen zu arbeiten.[4] Mit demselben Recht könnte man auch von einem »Porsche-Mangel« sprechen, der gewissermaßen für all die Leute existiert, die nicht zigtausend Dollar für ein solches Luxusauto hinblättern wollen.

Nun ist allerdings das Lohnniveau tatsächlich angestiegen, zumindest im Zeitraum 1996 bis 1999. Als ich im Sommer 2000 bei einigen akademischen Ökonomen anrief und sie auf die unzureichenden Löhne für Jobeinsteiger hinwies, reagierten fast alle mit dem Satz: »Aber die Löhne gehen doch hoch!« Nach Angaben des Economic Policy Institute stiegen in den USA die durchschnittlichen realen Stundenlöhne für die unterste Dezile, also für die zehn Prozent der am schlechtesten bezahlten Arbeitskräfte[5], zwischen 1996 und 1999 von 5.49 auf 6.05 Dollar. Auf der nächsthöheren Stufe der sozialen Leiter, also für die zweitunterste Dezile (zu der ich als Niedriglohnarbeiterin gehörte), stiegen die Stundenlöhne im selben Zeitraum von 6.80 auf 7.35 Dollar.[6]

Offensichtlich geht es hier wieder mal um die berühmte Frage, ob man ein Glas als halb leer oder als halb voll bezeichnet. Die Einkommenszuwächse, die viele Ökonomen offenbar so eingelullt haben, können mir aus zwei Gründen nicht besonders imponieren. Erstens muß man die Lohnerhöhungen der letzten vier Jahre in einer historischen Perspektive sehen, die das Bild beträchtlich eintrübt: Sie reichen nicht einmal aus, um die Niedriglohn-Arbeitskräfte wieder auf das materielle Niveau zu heben, das sie bereits vor 27 Jahren erreicht hatten. Im ersten Quartal 2000 bezog die ärmste Dezile nur 91 Prozent des Reallohns, den ihre Kollegen 1973, in der fernen Zeit des Watergate-Skandals und der Discomusik, nach Hause brachten. Und zum anderen ist es genau diese ärmste Arbeiterschicht, die am weitesten hinter ihr 1973 erreichtes Lohnniveau zurückgefallen ist. Die relativ gut bezahlten Arbeitskräfte der achten, also der drittobersten Dezile, die Stundenverdienste um die 20 Dollar erzielen, verfügen heute über Realeinkommen, die um 6,6 Prozent über dem Niveau von 1973 liegen.

Als ich gegenüber den Wirtschaftswissenschaftlern auf diesem kritischen Punkt beharrte, steckten sie meist ein bißchen zurück und gaben immerhin zu, daß die niedrigen Einkommen zwar ansteigen, aber in keinem allzu flotten Tempo. Lawrence Michel vom Economic Policy Institute, der zu Beginn unseres Gesprächs eher ein halbvolles Glas gesehen hatte, machte die Sache noch rätselhafter, indem er darauf hinwies, daß der Produktivitätszuwachs – an den die Lohnentwicklung in der Theorie gekoppelt sein sollte – so zügig erfolgt sei, daß »die Arbeiter eigentlich weit mehr verdienen müßten«.[7]

Warum ist das nicht der Fall? Der offensichtlichste Grund ist natürlich, daß die Arbeitgeber sich mit allen erdenklichen Tricks und mit aller ihnen zu Gebote stehenden Macht gegen Lohnerhöhungen sperren. In Maine hatte ich Gelegenheit, einen meiner Arbeitgeber in dieser Frage auszuhorchen. Das war, als mich mein Boss bei dem Reinigungsunternehmen The Maids zu einem Haus fuhr, wo ich ein unterbesetztes Arbeitsteam verstärken sollte. In diesem Gespräch klagte Ted ständig über sein hartes Managerlos, räumte zugleich aber interessanterweise ein, er könnte seinen Umsatz über Nacht verdoppeln, wenn er nur genügend verläßliche Arbeitskräfte finden könnte. Da fragte ich ihn so höflich wie nur möglich, warum er nicht einfach die Löhne erhöhe. Die Frage schien einfach an ihm abzuperlen, denn er antwortete: »Aber wir bieten doch die ideale Arbeitszeit für Mütter!« (womit er die Tatsache meinte, daß die Putzschicht normalerweise nachmittags um drei zu Ende ist). Das klang, als wolle er sagen: »Wie kann sich jemand bei so großzügigen Leistungen über die Löhne beschweren!«

Vermutlich war das kostenlose Frühstück, das er seinen Reinigungskräften anbot, das einzige Zugeständnis, mit dem er auf den Arbeitskräftemangel zu reagieren beliebte. Entsprechend spendierte die Wal-Mart-Filiale, in der ich in Minneapolis arbeitete, den Angestellten einmal pro Woche Gratis-Doughnuts (jedenfalls soweit sie es schafften, ihre Pause zu nehmen, so lange noch welche da waren). Wie Louis Uchitelle in der *New York Times* berichtet hat, bieten viele Arbeitgeber weit lieber alle möglichen Vergünstigungen an – von Gratisessen über Fahrtkostenzuschüsse bis zu Einkaufsrabatten –, als daß sie die Löhne erhöhen würden. Den Grund hat ein Unternehmer ganz offen ausgesprochen: Solche Extras kann man »leichter wieder abschaffen« als Lohnerhöhungen, wenn eine neue Marktsituation das Zugeständnis überflüssig zu machen scheint.[8] Nach derselben Logik bieten Autohersteller ihren Kunden lieber Preisnachlässe als reduzierte

Listenpreise, denn ein Rabatt sieht wie ein Geschenk aus, und außerdem kann man ihn ohne Begründung wieder streichen.

Doch der Widerstand der Arbeitgeber gegen Lohnerhöhungen verweist nur auf eine zweite und letztlich vertracktere Frage: Warum machen die Beschäftigten selbst nicht mehr Gegendruck? Wenn die Arbeitgeber Lohnerhöhungen vermeiden und verweigern, verhalten sie sich ökonomisch natürlich völlig rational. Schließlich sind sie nicht dazu da, ihren Arbeitern und Angestellten das Leben angenehmer und sicherer zu machen, sondern unter dem Strich möglichst hohe Gewinne zu erzielen. Warum handeln also die Beschäftigten nicht ebenso rational und verlangen von ihren Arbeitgebern höhere Löhne oder verschaffen sich besser bezahlte Jobs? Auf den Arbeitsmarkt bezogen, beruht das Gesetz von Angebot und Nachfrage auf der Annahme, daß sich die Arbeitskräfte wie Kugeln auf einer schiefen Ebene verteilen: Der Schwerkraft folgend werden sie zu den besser bezahlten Jobs hinstreben, also entweder die zahlungsunwilligen Unternehmen verlassen oder höhere Löhne von ihnen erzwingen. Der »homo oeconomicus«, diese kühne Abstraktion der Wirtschaftswissenschaften, handelt in der Theorie stets so, daß er – innerhalb eines gewissen Rahmens – seinen wirtschaftlichen Nutzen maximiert.

Zu Beginn meines Experiments war ich ziemlich irritiert, daß meine Kolleginnen und Kollegen so wenig Eigeninitiative an den Tag legten. Warum suchten sie nicht einfach einen besser bezahlten Job, so wie ich, als ich vom Hearthside-Restaurant zu Jerry's wechselte? Die Antwort liegt zum Teil in der Tatsache, daß konkrete Menschen etwas mehr »Reibung« entwickeln als die blanken Kugeln in dem theoretischen Modell. Und je ärmer sie sind, desto gebremster ist gewöhnlich auch ihre Mobilitiät. Schlecht bezahlte Arbeitskräfte, die kein Auto besitzen, sind häufig auf Verwandte angewiesen, die sie tagtäglich zur Arbeit bringen und danach wieder abholen, und möglichst auch noch ihre Kinder beim Babysitter oder im Hort absetzen. Wer unter diesen Umständen den Arbeitsplatz wechseln will, steht vor fast unlösbaren logistischen Problemen oder zumindest vor der Aufgabe, einen unwilligen Fahrer zu einer neuen Route zu überreden. In Minneapolis wie in Key West kamen einige meiner Kolleginnen mit dem Fahrrad zur Arbeit, was ihre geographische Reichweite ziemlich einschränkte. Und auch wer ein Auto besitzt, hat noch die Benzinkosten und den üblichen Verkehrsstress am Hals. Wobei der Stress natürlich viel größer ist, wenn man sich ohne Auto um einen Job bemüht, das heißt Bewerbungsunterlagen abgeben, zu Interviews antreten oder Drogentests absolvieren muß. Auf einen weiteren Beharrungsfaktor habe ich schon hingewiesen: die sehr verbreitete und sehr verständliche Scheu, die Hölle, die du schon kennst, gegen eine unbekannte Hölle einzutauschen, auch wenn diese mit höheren Löhnen oder zusätzlichen Vergünstigungen lockt. Denn in jedem neuen Job stehst du wieder wie ein Anfänger da – ohne die geringste Ahnung und ohne Freunde.

Es gibt noch einen weiteren Unterschied zwischen dem »homo oeconomicus« und den Arbeitskräften des Niedriglohnsektors. Damit die Gesetze der Wirtschaftstheorie funktionieren, müssen die »Mitspieler« über ihre Handlungsalternativen möglichst gut informiert sein. Ein idealer Akteur – für den die technologischen Mittel in Kürze auf dem Markt sein werden, wie ich den Zeitungen entnehme – wäre der Konsument, der auf seinem Palm Pilot oder seinem Handy die Menüs und Preise aller Restaurants und Geschäfte seiner Gegend ablesen kann. Aber auch ohne diese Technologie sind die besser verdienenden Jobsucher schon heute privilegiert: Sie studieren das Angebot ihrer potentiellen Arbeitgeber (bestehend aus Gehalt und zusätzlichen Leistungen) außerordentlich genau, sie verschaffen sich Informationen, um herauszufinden, ob das angebotene Leistungspaket den Marktbedingungen in anderen Regionen und Branchen entspricht, und wahrscheinlich versuchen sie auch, günstigere Konditionen auszuhandeln.

Für Leute, die einen Niedriglohnjob suchen, gibt es dagegen keine Palm Pilots, keine Kabelprogramme und auch keine Websites, die ihnen sinnvolle Informationen bieten. Sie können sich nur an den »Aushilfskraft gesucht«-Schildern orientieren oder an den Anzeigen von Firmen, die sich bei den Informationen über die Lohnhöhe meist verschämt zurückhalten. Wo wer wieviel verdient, erfährt man nur durch Mundpropaganda, und dieser Kommunikationskanal funktioniert – aus unerklärlichen kulturellen Gründen – nur sehr träge und höchst unzuverlässig. Für Kristine Jacobs, die den Arbeitsmarkt in Minneapolis und St. Paul erforscht hat, ist das »Geldtabu«, wie sie es nennt, ein entscheidender Grund dafür, daß die Beschäftigten ihr Arbeitseinkommen nicht optimieren können: »Was die persönlichen Einkommensverhältnisse betrifft, so gibt es ein regelrechtes Schweigegebot. Über alles andere wird in unserer Gesellschaft geredet – über Sex, Verbrechen, Krankheiten usw. Aber niemand enthüllt gern die Höhe des eigenen Einkommens oder wie sie zustande gekommen ist. Das Geldtabu ist etwas, worauf sich die Arbeitgeber absolut verlassen können.«[9] Ich vermute nun, daß dieses Tabu bei den am schlechtesten bezahlten Arbeitskräften am besten funktioniert, denn in einer Gesellschaft, die ihre New economy-Milliardäre und ihre Profisport-Millionäre rund um die Uhr feiert, kann ein Stundenverdienst von sieben oder auch von zehn Dollar als Zeichen angeborener Minderwertigkeit empfunden werden. Deshalb mag es vorkommen, daß der Supermarkt um die Ecke bessere Löhne zahlt als Wal-Mart, aber du erfährst es nicht – selbst dann nicht, wenn deine eigene Schwägerin dort arbeitet.

Die Arbeitgeber zeigen naturgemäß wenig Interesse, ihren Arbeitskräften das ökonomische Einmaleins beizubringen. Sie appellieren zwar ständig an ihre potentiellen Kunden: »Vergleichen Sie unsere Preise«, aber auf Arbeiter und Angestellte, die dasselbe mit ihren Löhnen und Gehältern tun, legen sie keinen gesteigerten Wert. Ich habe schon angemerkt, daß mir in einigen Fällen das Einstellungsverfahren darauf angelegt schien, jede Diskussion oder auch nur Information über den Lohn zu unterbinden, insofern die Bewerberinnen nach dem ersten Interview gleich in den Schulungskurs weitergereicht wurden, bevor die unfeine Geldfrage auf den Tisch kommen konnte. Einige Arbeitgeber gehen sogar noch weiter. Sie verlassen sich nicht darauf, daß das informelle Geldtabu ihre Angestellten davon abhält, ihre Gehälter zu diskutieren und zu vergleichen, sie erlassen vielmehr ein ausdrückliches Verbot. In der *New York Times* stand ein Bericht über mehrere Angestellte, die gegen diese Anordnung verstoßen hatten und daraufhin entlassen wurden, dann aber ihre frühere Firma verklagten. Unter den Klägern war auch eine Frau, die eine bessere Bezahlung forderte, nachdem sie von ihren männlichen Kollegen erfahren hatte, daß sie für dieselbe Arbeit deutlich weniger Lohn erhielt. Der seit 1935 geltende National Labor Relations Act (Gesetz über die Arbeitsbeziehungen) hat eine Bestrafung von Personen, die andere über ihre Löhne informieren, zwar für illegal erklärt, aber diese Praxis dürfte sich noch so lange halten, bis sie in jedem einzelnen Unternehmen mit rechtlichen Mitteln zu Fall gebracht wird.[10]

Wenn es die Arbeiter und Angestellten schwer haben, der ökonomischen Theorie entsprechend die eigenen Möglichkeiten auszuloten und in besser bezahlte Jobs aufzurücken, so führt uns das zu einer weiteren Frage: Warum kämpfen nicht mehr Leute für ihre Interessen an ihrem aktuellen Arbeitsplatz? Warum dringen sie nicht – als einzelne oder als Gruppe – auf eine bessere Bezahlung und humanere Arbeitsbedingungen? Dies ist natürlich ein weitgespanntes Thema, über das vermutlich schon viele arbeitspsychologische Doktorarbeiten verfaßt wurden, und ich kann mich hier nur über Dinge äußern, die ich aus eigener Anschauung kenne. Ein relevanter Punkt ist ganz sicher die integrierende Macht des Managements, die sich an euphemistischen Ausdrücken wie »Partner« oder »Teammitglied« ablesen läßt. Bei The Maids beherrschte der Boss des Betriebs – als einziger Mann unter lauter Frauen – eine schleimig-paternalistische Methode der Machtausübung, mit der er imstande war, einige meiner Kolleginnen davon zu überzeugen, daß er selbst in einer ungeheuer schwierigen Lage sei und deshalb ihre gnädige Nachsicht verdiene.

Bei Wal-Mart hat man einige weniger persönliche und wohl auch wirksamere Methoden entwickelt, um den Angestellten das Gefühl zu vermitteln, daß sie »Partner« seien. Da ist zum einen der Gewinnbeteiligungsplan, weshalb die Tageskurse der Wal-Mart-Aktie an auffälliger Stelle in der Nähe der Frühstückskantine aushängen, und zum anderen ein pausenlos propagierter Patriotismus, wie er sich etwa in den Transparenten äußert, die Angestellte und Kunden zu Spenden für den Bau einer Gedenkstätte für die Veteranen des Zweiten Weltkriegs aufrufen (zu denen auch der Unternehmensgründer Sam Walton zählte). Schließlich gibt es noch die sogenannten »Partner«-Meetings, die als reine Aufpepp-Versammlungen funktionieren, bei denen regelmäßig die ganze Palette von Wal-Mart-Selbstbeweihräucherungs-Ritualen abgespult wird.

Das Angebot, sich mit einer mächtigen und reichen Instanz – mit der Firma oder dem Chef – zu identifizieren, ist freilich nur das Zuckerbrot. Und die Peitsche ist nicht weit. Was mich bei meiner Niedriglohnarbeit am meisten überrascht und verletzt hat, war die Entdeckung, wie weitgehend wir unserer persönlichen Grundrechte und – was auf dasselbe hinausläuft – unserer Selbstachtung beraubt wurden (wobei an diesem Punkt meine privilegierte Mittelklassenherkunft natürlich besonders deutlich zutage tritt). Ich erfuhr es schon an meinem ersten Tag in dem Restaurant, als mich meine Kolleginnen warnten, das Management könne jederzeit meine Handtasche durchsuchen. Zwar hatte ich weder gestohlene Salzstreuer noch kompromittierende Objekte zu verbergen, aber dennoch empfindet eine Frau beim Gedanken an Handtaschenkontrollen ein ähnliches Unbehagen, wie wenn an ihrem Kleid einige entscheidende Knöpfe fehlen würden. Am Ende meines ersten Arbeitstags holte ich mir juristische Auskunft und erfuhr, daß dieses Vorgehen völlig legal ist: Solange meine Handtasche sich auf dem Firmengelände befindet, hat die Geschäftsführung jederzeit das Recht, ihren Inhalt zu überprüfen.

Ein weiteres Demütigungsritual sind die Drogentests. Bürgerrechtler sehen darin eine klare Verletzung des vierten Amendments der US-Verfassung, das den Schutz vor ungerechtfertigter Durchsuchung garantiert. Und die meisten Beschäftigten und Stellenbewerber empfinden diese Tests schlicht als entwürdigend. Aus einigen Testprotokollen geht hervor, daß sich die Angestellte bis auf die Unterwäsche ausziehen und in Anwesenheit einer Arzthelferin oder medizinischen Assistentin in ein Gefäß pinkeln muß. Ich selbst durfte bei meinem Test gnädigerweise angezogen bleiben und die Toilettentür hinter mir abschließen, aber Urinieren ist per se eine intime und strikt private Verrichtung, und ich halte es für unvereinbar mit der Menschenwürde, sie auf Anordnung einer fremden Machtinstanz vollziehen zu müssen. Meines Erachtens müßte man auch die von den Jobbewerbern verlangten Persönlichkeitstests, oder zumindest die meisten ihrer Inhalte, auf die Liste entwürdigender Belästigungen setzen. Einige hypothetische Fragen mögen noch gerechtfertigt sein, etwa die, ob man klauen würde, wenn man die Chance dazu hat, oder ob man eine klauende Kollegin anzeigen würde. Aber das gilt auf keinen Fall für Fragen zur eigenen Persönlichkeit wie zum Beispiel ob man zu »Selbstmitleid« neige, ob man sich häufig mißverstanden fühle oder ob man ein Einzelgänger sei. Ich finde es zumindest höchst irritierend, einem Fremden die eigenen Selbstzweifel oder den eigenen Urin anvertrauen zu müssen – was man ansonsten nur im Krankheitsfall oder in einer therapeutischen Situation tun würde.

Es gibt allerdings auch andere, direktere Methoden, um die billigen Arbeitskräfte einzuschüchtern. Zum Beispiel sollen die Vorschriften, die innerhalb der Belegschaft das »Klatschen« oder selbst schon das »Reden« untersagen, lediglich verhindern helfen, daß Kolleginnen sich über ihre Beschwerden unterhalten oder sogar, wenn sie den Mut dazu finden, andere für ein gemeinsames Agieren gegen Mißstände gewinnen, etwa in Form einer gewerkschaftlichen Organisationskampagne. Wer aus der Reihe tanzt, wird häufig mit kleinen, nicht weiter begründeten Strafen belegt, zum Beispiel durch einseitige Änderung der Schichtpläne oder der Arbeitsaufgaben. Oder man wird einfach gefeuert. Die große Mehrheit der Niedriglohn-Arbeitskräfte hat keine gewerkschaftlich vereinbarten Arbeitsverträge, arbeitet also »nach Belieben«, das heißt nach dem Belieben des Arbeitgebers, und kann ohne Begründung entlassen werden. Der Gewerkschaftsdachverband AFL-CIO geht davon aus, daß jährlich etwa 10.000 Arbeiterinnen und Angestellte wegen ihrer Beteiligung an gewerkschaftlichen Organisationskampagnen gefeuert werden. Da aber eine Entlassung aufgrund gewerkschaftlicher Aktivitäten ungesetzlich ist, wird sie in der Regel vermutlich mit anderweitigen kleinen Regelverletzungen begründet. So wurden Wal-Mart-Angestellte, die sich mit dem Unternehmen anlegten – indem sie etwa für die Gewerkschaft geworben oder ihre Firma wegen unbezahlter Überstunden verklagt haben –, mit der Begründung entlassen, sie hätten gegen die betriebliche Regel verstoßen, die das Fluchen untersagt.[11]

Wenn sich Niedriglohn-Arbeitskräfte also nicht immer »ökonomisch rational« im Sinne der klassischen Theorie verhalten, das heißt wie »freie Akteure« in einem kapitalistischen demokratischen System, so deshalb, weil an ihrem Arbeitsplatz weder Freiheitsrechte noch irgendwelche demokratischen Prinzipien gelten. Beim Eintritt in das Reich der Niedriglöhne – und das gilt ebenso für viele durchschnittlich bezahlte Jobs – gibst du deine Bürgerrechte an der Pförtnerloge ab, du läßt die Vereinigten Staaten von Amerika ebenso hinter dir wie alle Werte, für die dieses Land angeblich steht, und lernst, das Maul zu halten, bis deine Schicht zu Ende ist. Die Folgen dieser tagtäglichen Unterwerfung beschränken sich nicht auf die Probleme der Entlohnung und der Armut. Schließlich können wir uns kaum rühmen, die beste aller Demokratien darzustellen, wenn so viele Bürger die Hälfte ihrer nicht verschlafenen Zeit einem Regime unterworfen sind, das – im Klartext gesprochen – einer Diktatur gleichkommt.

Jede Diktatur hat negative psychologische Auswirkungen auf die Psyche ihrer Untertanen. Wenn man dich ständig als nicht vertrauenswürdige Person behandelt – als potentiellen Faulenzer, Drogensüchtigen oder Dieb –, beginnst du womöglich selbst an deiner Vertrauenswürdigkeit zu zweifeln. Wenn man dich immer wieder an deine niedrige Position in der sozialen Hierarchie erinnert – sei es durch einzelne Vorgesetzte, sei es durch eine Fülle kleinlicher Verhaltensvorschriften –, beginnst du, diesen unglückseligen Zustand innerlich zu akzeptieren. Man kann das an einem Beispiel illustrieren, das aus meinem alten Interessengebiet, der biologischen Verhaltenswissenschaft, stammt. Es ist empirisch hinreichend belegt, daß sich bei Tieren (z.B. bei Ratten oder Affen), die innerhalb ihres sozialen Gefüges auf einen niedrigen Rang verwiesen sind, die biochemischen Vorgänge im Gehirn entsprechend anpassen: Diese Tiere werden »depressiv«, ganz wie Menschen in vergleichbarer Lage. Sie verhalten sich ängstlich und verschlossen, der Serotonin-Spiegel in ihrem Gehirn (der Neurotransmitter, der von einigen Anti-Depressiva aktiviert wird), sinkt deutlich ab. Vor allem aber – und das scheint mir hier besonders wichtig – kämpfen diese Tiere nicht einmal mehr, um sich selbst zu verteidigen.[12]

Nun sind Menschen natürlich weitaus komplexere Wesen, und selbst in extremen Situationen erzwungener Unterordnung können wir unser Selbstbewußtsein stabilisieren, indem wir etwa an die Familie denken oder an unsere Religion oder an eine schönere Zukunft. Aber wie bei jedem anderen sozialen Lebewesen wird unser Selbstbild auch von unserer unmittelbaren Umgebung beeinflußt, was so weit gehen kann, daß wir unsere Wahrnehmung der Welt so verändern, daß sie mit der Wahrnehmung unserer Mitmenschen übereinstimmt.[13] In diesem Sinne vermute ich, daß die Demütigungen, die so viele schlecht bezahlte Arbeitskräfte erfahren – die Drogentests, die ständige Überwächung, der Leistungsdruck seitens des Managements –, dazu beitragen, die Löhne zu drücken. Denn wenn man dich so weit hat, daß du dich hinreichend wertlos fühlst, denkst du am Ende vielleicht selbst, daß der Lohn, den man dir zahlt, tatsächlich deinem Wert entspricht.

Ich kann mir kaum vorstellen, daß die autoritären Herrschaftsformen am Arbeitsplatz eine andere Funktion haben sollen. Die Manager mögen das anders sehen. Sie glauben vielleicht wirklich, ohne ihren rastlosen Einsatz würde bald niemand mehr arbeiten. Ich teile diesen Eindruck nicht. Zwar bin ich einigen Zynikern begegnet und auch vielen Menschen, die gelernt haben, sich ihre Kräfte einzuteilen. Aber ich habe nicht einen einzigen echten Faulenzer getroffen, und übrigens auch keine Drogenabhängige und keine Diebe. Ich war im Gegenteil immer wieder überrascht – und manchmal richtig traurig –, wie stolz die Kolleginnen auf ihre Arbeit waren, die ihnen so kümmerlich entgolten wurde, und zwar in Geld wie in sozialer Anerkennung. Diese Menschen empfanden das Management sogar häufig als einen Faktor, der sie daran hindert, ordentliche Arbeit abzuliefern. Ich denke dabei an die Serviererinnen, die sich über das knickrige Verhalten ihrer Vorgesetzten gegenüber den Gästen aufregten; oder an die Reinigungskräfte, die sich über die knappen Zeitvorgaben beklagten, weil sie dadurch gezwungen waren, beim Putzen einige Ecken auszusparen; oder an die Verkäuferinnen, die an ihrem Arbeitsplatz lieber ein gefälliges Angebot präsentiert hätten, statt all die überschüssigen Artikel feilzubieten, wie es das Management von ihnen verlangt. Wenn man diese Leute eigenständig arbeiten ließ, kam eine sinnvolle Zusammenarbeit und Arbeitsteilung zustande, und wenn sich eine kritische Situation ergab, wurden sie auch damit fertig. Dagegen konnte man in vielen Fällen kaum ahnen, wozu Vorgesetzte gut sein sollen – außer dazu, den Untergebenen ein unterwürfiges Verhalten abzuverlangen.

Hier haben wir es offenbar mit einem Teufelskreis zu tun, der für die extreme Ungleichheit verantwortlich ist, die nicht nur unsere Wirtschaft, sondern unsere Gesellschaft insgesamt kennzeichnet. Die maßgeblichen Leute in den Unternehmen, und sogar ein kleiner Franchise-Unternehmer wie mein Boss bei The Maids, stehen im ökonomischen Gefüge unendlich hoch über den Leuten, von deren Arbeit sie abhängen. Gegenüber der Schicht, aus der sie ihre Arbeitskräfte rekrutieren, empfinden sie zunehmend Angst und Mißtrauen, und zwar aus Gründen, die offenbar weniger mit persönlichen Erfahrungen als vielmehr mit Klassen- und häufig auch mit Rassenvorurteilen zu tun haben. Deshalb sehen sie die Notwendigkeit, ein repressives Management und Kontrollmaßnahmen wie Drogen- und Persönlichkeitstests zu praktizieren. Aber diese Dinge kosten Geld, zum Beispiel 20.000 Dollar und mehr an Jahresgehalt für einen Manager, 100 Dollar für einen Drogentest und so weiter. Diese hohen Repressionskosten wiederum verstärken entsprechend den Druck auf die Löhne.

In einem ähnlichen Teufelskreis scheint auch die Gesellschaft insgesamt gefangen: Sie beschneidet die öffentlichen Leistungen für die Armen, die man zuweilen unter dem Begriff »Soziallohn« zusammenfaßt, zugleich aber investiert sie immer mehr Geld in Gefängnisse und in den Ausbau der Polizei. Und auch auf dieser gesamtgesellschaftlichen Ebene wirken die steigenden Repressionskosten als ein weiterer Hemmfaktor, der dem Ausbau oder der Wiedereinführung der unerlässlichen sozialen Leistungen entgegensteht. Dieser tragische Teufelskreis verdammt unsere Gesellschaft zu wachsender sozialer Ungleichheit. Von dieser Entwicklung profitiert auf lange Sicht fast niemand – außer den Agenten der Repression.

Doch was immer die Löhne niedrig hält (und mir ist bewußt, daß meine Überlegungen noch keine tiefergehende Analyse darstellen) – es bleibt das Faktum, daß viele Menschen weit weniger Lohn bekommen, als sie zum Leben brauchen. Aber wieviel brauchen sie wirklich? Das Economic Policy Institute hat Dutzende von Untersuchungen ausgewertet, die einen »living wage«, also einen zum Lebensunterhalt ausreichenden Mindestverdienst zu definieren versuchen. Das Institut kam zu dem Ergebnis, daß eine Familie (eine erwachsene Person und zwei Kinder) ein Jahreseinkommen von 30.000 Dollar benötigt, was einem Stundenlohn von 14 Dollar entspricht. Natürlich ist dies nicht das absolute Minimum, das eine Familie zum Leben braucht. Dieses Familienbudget enthält zum Beispiel die Ausgaben für eine Krankenversicherung, für ein Telefon und für einen ordentlichen Kinderhort, die für Millionen Menschen unerschwinglich sind. Andererseits sind weder Restaurantbesuche noch Video-Leihgebühren vorgesehen, weder ein Internetanschluß noch Wein und andere alkoholische Getränke, weder Zigaretten noch Lotteriescheine, und auch nur wenige Fleischgerichte. Doch jetzt kommt der schockierende Befund: Die meisten arbeitenden Menschen in den USA – etwa 60 Prozent – verdienen weniger als 14 Dollar in der Stunde. Viele von ihnen kommen dennoch zurecht, indem sie sich mit einem weiteren Lohnbezieher zusammentun, etwa dem Ehepartner oder einem erwachsenen Kind. Etliche von ihnen beziehen öffentliche Unterstützung, zum Beispiel in Form von Lebensmittelgutscheinen, Mietbeihilfen, Steuernachlässen oder Zuschüssen für Kinderbetreuung (die in relativ großzügigen Einzelstaaten auch an Familien, die aus der Sozialhilfe herausfallen, noch weitergezahlt werden). Aber viele andere – wie zum Beispiel alleinerziehende Mütter – müssen allein von ihrem Lohneinkommen leben, egal, wie viele Mäuler sie durchzufüttern haben.

Die Arbeitgeber werden bei einem »living wage« von 30.000 Dollar – der mehr als doppelt so hoch liegt wie der Eintrittslohn, den sie ihren Arbeitskräften heute zahlen – aufheulen und den sicheren Bankrott ihres Unternehmens an die Wand malen. Und wahrscheinlich ist der private Wirtschaftssektor in der Tat nicht in der Lage, allen Beschäftigten allein über das Lohneinkommen einen ausreichenden Lebensstandard zu verschaffen. Dazu dürften selbst Lohnzahlungen plus betriebliche Gratifikationen nicht ausreichen, denn zu viele der notwendigen Leistungen – wie eine verläßliche Kinderbetreuung – sind sogar für Mittelschichtsfamilien schlicht zu teuer. Die meisten zivilisierten Staaten kompensieren denn auch die unzureichenden Löhne durch relativ großzügige öffentliche Leistungen wie eine allgemeine Krankenversicherung, kostenlose oder subventionierte Kinderbetreuung, subventionierte Wohnungen und ein effektives öffentliches Verkehrssystem. Die Vereinigten Staaten dagegen lassen trotz ihres immensen Reichtums ihre Bürger weitgehend allein – zum Beispiel auf dem Wohnungsmarkt, wo sie die marktdiktierten Mieten allein aus ihrem Lohneinkommen bestreiten müssen. Und dieses Einkommen aus einem Stundenlohn von zehn Dollar, oder sogar von acht oder sechs Dollar, ist für Millionen von US-Bürgerinnen und -Bürgern alles, was sie haben.

Unter den Nicht-Armen ist es üblich, sich Armut als durchaus erträglichen Zustand vorzustellen: Das Leben mag zwar hart sein, aber irgendwie schlagen sich diese Armen ja schon durch. Und irgendwie gehören sie immer noch »zu uns«. Weit schwerer fällt den Nicht-Armen die Einsicht, daß Armut akute Entbehrung bedeutet. Das gilt etwa für das Mittagessen, das aus Doritos oder Hot Dogs besteht, weshalb schon vor Schichtende die Kräfte auszugehen drohen. Das gilt für das »traute Heim«, das auch ein Auto oder ein Lieferwagen sein kann. Das gilt für eine Krankheit oder eine Verletzung, die bedeutet, daß man mit zusammengebissenen Zähnen »durcharbeiten« muß, weil es keine Lohnfortzahlung und keine Krankenversicherung gibt und weil der Ausfall eines Tageslohns heißt, daß man am nächsten Tag nichts einkaufen kann. Solche Erfahrungen sind nicht Teil einer

»erträglichen« Lebensweise, die trotz aller täglichen Entbehrungen und der ständigen kleinen Nackenschläge immer noch eine Art Leben bietet. Solche Erfahrungen sind – wie immer man das Existenzminimum definiert – akute Notstandssituationen. Und als nichts anderes sollten wir die Armut von Abermillionen Amerikanern auch sehen – als einen nationalen Notstand.

Im Sommer 2000 kehrte ich – auf Dauer, wie ich Grund habe zu hoffen – auf meinen gewohnten Platz im sozioökonomischen Spektrum zurück. Ich gehe wieder in Restaurants, die häufig viel schicker sind als die, in denen ich gekellnert habe. Ich schlafe in Hotelzimmern, die andere geputzt haben, und kaufe in Geschäften ein, die andere aufräumen werden, wenn ich wieder draußen bin. Wenn man sich von der untersten 20-Prozent-Schicht in die oberste 20-Prozent-Schicht begibt, ist das so, als betrete man eine Wunderwelt, in der persönliche Bedürfnisse befriedigt und auftretende Probleme gelöst werden, ohne daß man selbst viel damit zu schaffen hat. Wenn du rasch irgendwohin willst, bestellst du dir ein Taxi. Wenn deine alten Herrschaften unbequem oder inkontinent geworden sind, schaffst du sie in ein Pflegeheim, wo andere mit ihren schmutzigen Windeln und ihren Gedächtnisstörungen klarkommen müssen. Wenn du wie die meisten Menschen aus der oberen Mittelschicht eine Aufwartefrau hast oder eine Reinigungsfirma in Anspruch nimmst, findest du deinen Haushalt nach der Rückkehr von deiner Arbeit wie durch Wunderhand wieder aufgeräumt vor: die Toilettenschüsseln blitzblank und ohne Scheißespuren, die Socken, die du auf dem Boden liegengelassen hast, wieder da, wo sie hingehören. In dieser feinen Welt ist Schweiß zwar eine Metapher für harte Arbeit, aber nur ausnahmsweise ihre reale Folge. Hier werden täglich Hunderte von kleinen Dingen verläßlich und routinemäßig erledigt, ohne daß jemand zu sehen wäre, der sie tut.

Doch diese obersten 20 Prozent üben routinemäßig auch noch eine ganz andere und weitaus bedeutsamere Art von Herrschaft aus. Zu dieser Schicht, die ich in einer früheren Studie die »Klasse der Manager und professionellen Experten« genannt habe[14], gehören unsere Entscheidungsträger, Meinungsbildner und Kulturproduzenten, das heißt Professoren, Rechtsanwälte, Wirtschaftsbosse, Entertainer, Politiker, Richter, Schriftsteller, Film- und Fernsehproduzenten, Chefredakteure. Wenn diese Leute sprechen, hört man ihnen zu. Wenn sie sich beschweren, steht sofort jemand auf der Matte, um das Problem zu beseitigen und sich für das Versäumnis zu entschuldigen. Wenn sie sich oft genug beschweren, wird vielleicht sogar jemand, der über weit weniger Geld und Einfluß verfügt, gemaßregelt oder gar gefeuert. Auch die politische Macht konzentriert sich in dieser 20-Prozent-Oberschicht, nicht zuletzt weil die Angehörigen dieser Oberschicht im Vergleich zu den Armen – oder selbst zur Mittelklasse – viel eher imstande sind, die winzig kleinen Unterschiede zwischen den Kandidaten für ein Wahlamt auszumachen, aus denen man schließen kann, welchen Kandidaten es zu finanzieren, zu unterstützen und zu wählen lohnt. Die Reichen üben also auf vielfältige Weise eine übermäßige Macht über das Leben der weniger Reichen aus, und vor allem über das Leben der Armen. Denn sie befinden darüber, welche öffentlichen Leistungen der Staat noch zur Verfügung stellt und welche Gesetze oder Mindestlöhne für die Welt der Arbeit gelten.

Was mich seit meiner gewiß nur kurzfristigen Alice-im-Wunderland-Exkursion zu den Armen vor allem beängstigt, ist die Erfahrung, wie rasch und wie endgültig sich das Kaninchenloch nach meiner Rückkehr in die obere Mittelklasse wieder hinter mir geschlossen hat. So daß ich mich selber frage: *Wo* warst du da? Und *was* hast du da gemacht? In unserer extrem polarisierten und ungleichen Gesellschaft gibt es diesen merkwürdigen optischen Effekt, der die Armen für diejenigen, die ökonomisch über ihnen stehen, nahezu unsichtbar macht. Während die Armen die Reichen praktisch ständig zu sehen bekommen, etwa im Fernsehen oder auf den Covern von Magazinen und Zeitschriften, bekommen die Reichen die Armen nur ganz selten in den Blick. Und wenn ihnen dann die Armut an irgendeinem öffentlichen Ort begegnet, begreifen sie nur selten, was sie da sehen, weil die Armen in der Regel die Fähigkeit haben (die sie Versandhäusern und leider auch Firmen wie Wal-Mart verdanken), sich als Angehörige der etwas gehobeneren Klassen zu verkleiden. Vor 40 Jahren war die »Entdeckung der Armen« ein heißes journalistisches Thema, und es wurde viel über die »Nischen der Armut« in den Innenstädten und in den Appalachen geschrieben. Heute stößt man eher auf Kommentare über das »Verschwinden« der Armut, die entweder von einer angeblichen demographischen Realität handeln oder von einem Wahrnehmungsdefizit der Mittelklassen.

In einem Anfang 2000 erschienenen Artikel über das »Verschwinden der Armut« hat der Journalist James Fallows herausgefunden, daß die Neureichen, die ihr Geld in der Internet-Branche gemacht haben, sich kaum mehr in Menschen hineinversetzen können, »für die eine Million Dollar ein Vermögen darstellen würde... ganz zu schweigen von denen, für die 264 Dollar ein voller Wochenlohn sind«.[15] Einer der Gründe, auf die Fallows und andere diese Blindheit der Reichen zurückführen, ist die Tatsache, daß diese Leute immer weniger Kontaktflächen mit der ärmeren Bevölkerung haben. In dem Maße, in dem die staatlichen Schulen und andere öffentliche Bereiche qualitativ ständig schlechter werden, schicken alle Eltern, die es sich leisten können, ihre Kinder auf Privatschulen. Und auch sie selbst verbringen ihre Freizeit in privaten Räumen, also etwa im Fitnessklub statt im städtischen Park. Sie fahren nicht mehr mit öffentlichen Verkehrsmitteln, sie ziehen aus den sozial gemischten Wohnvierteln der Innenstädte weg in die äußeren Vorstädte, in eingezäunte Wohnanlagen oder bewachte Apartmentblocks. Sie kaufen in Geschäften ein, die im Zuge der vorherrschenden »Marktsegmentierung« nur die wohlhabenden Schichten anziehen sollen. Selbst Jugendliche aus reichen Familien erfahren in ihren Sommerferien immer seltener, wie die »andere Hälfte« der Gesellschaft lebt, da sie kaum mehr als Rettungsschwimmer oder als Bedienung oder Putzkraft in einem Urlaubshotel jobben. Wie die *New York Times* berichtet, planen die reicheren Jugendlichen heute bevorzugt solche Ferienaktivitäten, die ihrer Karriere förderlich sind. Sie machen also einen Sommerkurs oder ein Praktikum in einem relevanten beruflichen Umfeld, statt die »anstrengenden, schlecht bezahlten und geisttötenden Jobs anzunehmen, auf die sie lange Zeit angewiesen waren«.[16]

Diese Haltung, die sich fast wie eine »Verschwörung des Schweigens« gegenüber der Armut und den Armen ausnimmt, wird auch durch das aktuelle politische Klima begünstigt. Die Demokraten wollen sich das Bild des »beispiellosen Wohlstands«, den sie sich auf ihr politisches Konto gutschreiben, nicht vermiesen lassen; die Republikaner dagegen haben jedes Interesse an den Armen verloren, seit die staatliche Sozialhilfe »alten Typs« endgültig ausgedient hat. Die während der Amtszeit von Präsident Clinton durchgesetzte »Reform« des Sozialstaats ist für sich schon ein Faktor, der einer genaueren Analyse der Lebensbedingungen der Armen entgegenwirkt. Diese »Reform« wurde von beiden Parteien getragen, und die Anerkennung der Tatsache, daß eine Niedriglohnarbeit die Menschen nicht aus der Armutsfalle befreit, wäre gleichbedeutend mit den Eingeständnis, daß sie sich – für die Menschen – als katastrophaler Fehler erweisen könnte. In der Tat haben wir nur ganz wenige Informationen über das soziale Schicksal der Menschen, die früher noch staatliche Beihilfen bezogen haben, weil man beim Welfare Reform-Gesetz von 1996 schlicht vergessen hat, dafür zu sorgen, daß die wirtschaftliche Lage dieser Personengruppe nach Inkrafttreten der Reform systematisch beobachtet wird. Jedenfalls haben die Medien die Situation beharrlich schöngeredet, indem sie die gelegentlichen Erfolgsgeschichten hervorgehoben und die eindeutig steigende Zahl der Hungernden heruntergespielt haben.[17] Zuweilen erfüllen diese Berichte sogar den Tatbestand der vorsätzlichen Irreführung. Im Juni 2000 jubelte die Presse vorschnell eine Studie hoch, die angeblich belegen sollte, daß das in Minnesota durchgeführte Programm »Von der Sozialhilfe zur Arbeit« die Armut deutlich reduziert habe. Im *Time*-Magazin wurde das Programm sogar als »Erfolgsschlager« bezeichnet.[18] Aber in solchen Berichten wurde übersehen, daß das hochgelobte Programm ein Pilotprojekt war, das weitaus großzügigere Regelungen für die Kinderbetreuung und andere Hilfsleistungen vorsah als das »Reform«-Programm von Minnesota, das dann später tatsächlich beschlossen wurde. Diesen Irrtum könnte man sogar noch verzeihen, denn das 1997 beendete Pilotprojekt lief unter demselben Namen (Minnesota Family Investment Program) wie das viel umfassendere Programm, das bis heute in Kraft ist.[19]

Um die Zeichen des sozialen Elends zu entziffern muß man sich die Mühe machen, eine Unmenge Zeitungen und Zeitschriften Seite für Seite nach Informationen abzugrasen. Da kann man zum Beispiel die Information finden, daß die Suppenküchen im Staate Massachusetts für das Jahr 1999 eine um 72 Prozent höhere Nachfrage als 1998 zu vermelden hatten. Oder daß 1999 in Texas die von karitativen Organisationen unterhaltenen »food banks« um zusätzliche Nahrungsmittel »betteln« mußten, obwohl die privaten Zuwendungen gegenüber 1998 eher zugenommen hatten. Ähnliches wird aus Atlanta berichtet.[20] Man erfährt auch, daß die Katholische Kirchengemeinde von San Diego im Januar 2000 keine weiteren obdachlosen Familien mehr in ihrem Heim unterbringen konnte (das übrigens das größte von San Diego ist), weil die Belegkapazität bereits um 100 Prozent überschritten war.[21] Man würde auch auf eine Untersuchung stoßen, die belegt, daß sich in den letzten zehn Jahren in Wisconsin der Prozentsatz der »extrem armen« Familien mit Anspruch auf Lebensmittelhilfe verdreifacht hat und nunmehr bei über 30 Prozent liegt.[22] Und man könnte entdecken, daß die »food banks« der karitativen Organisationen im ganzen Land von einer »stürmischen Nachfrage« überrollt werden, der sie nicht mehr gerecht werden können. Und daß nach einer Studie, die im Auftrag der US-Bürgermeisterkonferenz erstellt wurde, 67 Prozent der erwachsenen Bürger, die Nahrungsmittelhilfe in Anspruch nehmen, Menschen mit einem Job sind – also tatsächliche »working poor«.[23]

Warum macht sich niemand die Mühe, all diese Daten und Informationen zu einem umfassenden Bild zusammenzufügen und einen allgemeinen Notstand zu proklamieren? Vielleicht liegt es daran, daß die US-Bürger, die zur akademisch ausgebildeten Mittelklasse gehören und noch Zeitungen lesen, Armut nur noch als Folge von Arbeitslosigkeit zu sehen gewohnt sind. Das war in der Hochzeit des Sozialabbaus, während der Reagan-Ära, oft genug eine realistische Vorstellung, und sie trifft auch heute noch auf viele Bewohner der Innenstädte zu, für die viele der neuen Einstiegsjobs, die in den städtischen Randgebieten entstehen, verkehrstechnisch außer Reichweite liegen. Wenn Arbeitslosigkeit die Ursache von Armut ist, können wir das Problem mit der klassischen Diagnose dingfest machen, wonach eben »die Wirtschaft nicht schnell genug wächst«. Und wir kennen auch die traditionelle Lösung des linksliberalen Lagers, nämlich »Vollbeschäftigung«. Aber wenn wir eine zumindest annähernde Vollbeschäftigung haben, wenn es also Jobs für alle einigermaßen mobilen Arbeitsuchenden gibt, dann sitzt das Problem tiefer und schneidet tief in das Netz der Erwartungen, aus dem sich unser »Gesellschaftsvertrag« zusammensetzt. Nach einer neueren Meinungsumfrage der Bostoner Firma »Jobs for the Future«, die auf Arbeitsmarktforschung spezialisiert ist, sind 94 Prozent aller Amerikaner der Meinung, daß »Menschen, die ganztags arbeiten, genug Geld verdienen sollten, um ihre Familien vor der Armut zu bewahren«.[24] Ich selbst bin noch mit den Sprüchen aufgewachsen, die »harte Arbeit« bis zum Überdruß als Geheimnis des persönlichen Erfolgs propagierten: »Arbeite hart und du kommst voran«, oder auch: »Nur mit harter Arbeit haben wir es so weit gebracht.« Damals hat uns niemand auf die Möglichkeit vorbereitet, daß du hart arbeiten kannst – sogar härter, als du es je für möglich gehalten hättest – und dennoch immer tiefer in Schulden und Armut versinkst.

Als die armen alleinerziehende Mütter noch die Alternative hatten, von staatlichen Sozialleistungen zu leben, statt sich eine Beschäftigung zu suchen, pflegten die mittleren und oberen Klassen ihnen ziemlich ungnädig oder sogar mit Verachtung zu begegnen. Dieser von Sozialhilfe lebenden Armutsbevölkerung wurde ständig vorgehalten, sie sei faul, setze trotz ihrer widrigen Lebensumstände weiter Kinder in die Welt, sei für Drogen anfällig usw. Vor allem aber wurde ihr verübelt, was man ihre »Abhängigkeit« nannte. Diese Leute waren ja glücklich und zufrieden, daß sie von »staatlichen Almosen« leben konnten, statt sich wie alle anderen um einen Job zu bemühen und sich auf die eigenen Beine zu stellen. Diese Leute mußten sich endlich aufraffen, mußten endlich lernen, wie man einen Wecker stellt, um am Morgen aus dem Bett zu kommen und zur Arbeit zu gehen. Aber kann man noch so denken? Wie sehen wir die Armen heute, nachdem die Regierung ihnen die »Almosen« weitgehend gestrichen hat und die allermeisten von ihnen bei Wal-Mart oder bei Wendy's schuften? Für unsere mißbilligenden und herablassenden Gefühle geben sie nichts mehr her. Was also sollen wir heute für sie empfinden?

Schuld – wäre ein Gedanke, der sich einschleichen könnte. Müßten wir uns nicht eigentlich schuldig fühlen? Aber das Gefühl der Schuld ginge längst nicht weit genug. Das einzig angemessene Gefühl wäre Scham – Scham über unsere eigene Abhängigkeit, in diesem Falle von der unterbezahlten Arbeit anderer Menschen. Wenn jemand für einen Lohn arbeitet, der nicht zum Leben reicht, wenn zum Beispiel eine Serviererin hungrig zu Bett geht, damit du billiger und angenehmer essen kannst, dann hat sie ein großes Opfer für dich gebracht. Sie hat dir ein Geschenk gemacht, hat dir einen Teil ihrer Fähigkeiten, ihrer Gesundheit, ihres Lebens abgegeben. Die »working poor«, wie man sie wohlwollend nennt, sind in Wirklichkeit die größten Philanthropen unserer Gesellschaft. Sie vernachlässigen ihre eigenen Kinder, damit die Kinder der anderen gut versorgt sind. Sie wohnen in miesen Unterkünften, damit die Wohnungen der anderen blitzblank und tadellos aufgeräumt sind. Sie nehmen Not und Entbehrungen hin, damit die Inflationsrate sinkt und die Aktienkurse steigen. Wer zu den »working poor« gehört ist ein anonymer Spender, ein namenloser Wohltäter – zugunsten aller anderen. Die Serviererin Gail, meine Kollegin aus dem Restaurant in Key West, hat es mit ihren Worten gesagt: »Du gibst und gibst und gibst …«

Aber diese Menschen müssen es irgendwann – und über den genauen Zeitpunkt werde ich keine Voraussage riskieren – einfach satt haben, daß ihre Arbeit so wenig einbringt. Und dann werden sie einen Lohn verlangen, der ihren Leistungen gerecht wird. Wenn es so weit ist, werden wir ihre Wut zu spüren bekommen, werden Streiks und eine soziale Zerreißprobe erleben. Aber der Himmel wird nicht einstürzen. Und am Ende wird diese Wut gut für uns alle sein.

NACHWORT

Von Horst Afheldt

Die Menschen, mit denen Barbara Ehrenreich bei ihrem Ausflug in die Welt der Niedriglöhne zusammenarbeitete, hatten keine andere Wahl. Andere Jobs gab's für sie nicht. Fanden sie keine Arbeit oder wurden sie entlassen, versanken sie in Armut, denn soziale Netze, wie wir sie in der Bundesrepublik kennen, sind in den USA nicht (mehr) gespannt. Arbeitslosigkeit mit der (sehr realen) Angst vor Armut zu bekämpfen, also Teufel mit Belzebub auszutreiben, ist somit die Grundlage des amerikanischen »Beschäftigungserfolgs«. Den amerikanischen Weg der Teufelsaustreibung zu loben ist wiederum seit Jahren ein Standardargument der wirtschaftsliberalen Schreiber und Redner in der Bundesrepublik. Nur: Sind die humanen Kosten, die Barbara Ehrenreich in diesem Buch so eindrucksvoll beschreibt, zu verantworten? Sind soziale Errungenschaften wie Arbeitszeitbegrenzung, ausreichende Löhne und soziale Absicherung, um die 200 Jahre lang gekämpft wurde, in einer globalisierten Wirtschaft wirklich verzichtbar?

Kritische Stimmen und moralische Appelle werden heute meist mit dem Hinweis auf die Zwänge des Markts und die wirtschaftliche Realität beantwortet, die andere Lösungen nicht zuläßt. Sehen wir uns diese wirtschaftliche Realität deshalb etwas genauer an.

Dabei stellt sich zunächst die Frage: Stimmt denn die Behauptung, die Arbeitslosigkeit in den USA sei praktisch überwunden? 67 Millionen erwerbsfähige Amerikaner tauchen in der Arbeitslosenstatistik nicht auf, weil sie – aus welchem Grund auch immer – nicht aktiv Arbeit suchen. 67 Millionen sind immerhin 50 Prozent aller beschäftigten Amerikaner. Und was ist mit den Gefängnisinsassen, die eigentlich zu den Arbeitslosen hinzugerechnet werden müßten? (Mehr als fünf Millionen US-Bürger befinden sich derzeit in Haft, warten auf ihr Verfahren oder stehen unter Bewährungsaufsicht.)Wenn man dann weiter feststellt, daß die amerikanischen Angaben zur Arbeitslosigkeit überhaupt keine gesicherte statistische Basis haben, sondern nur auf Stichproben-Erhebungen gegründet sind, bei denen jede Person als »beschäftigt« registriert wird, die in der Woche vor der Befragung eine *einmalige* bezahlte Arbeit verrichtet hat, dann kann man sehr wohl den Erfolg der Teufelsaustreibung durch Billigarbeit in Zweifel ziehen.

Doch wichtiger als ein Streit über den »amerikanischen Erfolg« ist die Frage: Gibt es auch in der BRD bereits *working poor*, die ähnlich ums Überleben kämpfen müssen, wie es Barbara Ehrenreich beschreibt?

Wer arbeitet, kann man noch feststellen. Aber wer ist arm? Über diesen Begriff kann man lange streiten. Da gibt es eine internationale Übung, denjenigen arm zu nennen, der weniger als 50 % des durchschnittlichen Einkommens in seinem Land verdient – was zur Folge hat, daß diese Armutsgrenze mit sinkenden oder steigenden Masseneinkommen sinkt und steigt. Wenn wir den Bezug zu den Lebensschilderungen Barbara Ehrenreichs herstellen wollen, nützt uns diese Definition nicht viel. Wir sollten hier besser so vorgehen wie die Autorin und fragen: Reicht der Lohn zum Leben oder nicht?

Die Grenze, von der ab Barbara Ehrenreich sich eben am Leben halten konnte – ohne Aufwendungen für Gesundheit oder Autoreparaturen und ohne Luxus –, erreichte sie in Key West mit zwei Jobs bei monatlich 1039 Dollar. Das sind nach amtlichem Umrechnungskurs von zur Zeit 2,17 DM/Dollar 2254,63 DM. Mit sieben Arbeitstagen pro Woche und zwei Jobs erreichte sie mit Putzen und Arbeit im Altersheim in Portland 300 Dollar die Woche, also ca. 1300 Dollar im Monat (2821 DM), ein Betrag, mit dem sie ihrer Meinung nach bescheiden hätte leben können – wenn sie sieben Tage Arbeit auf längere Zeit hätte durchhalten können.

Wie viele Arbeitsplätze in Deutschland bieten einen ebenso unzureichenden Lohn? Die Antwort ist: 45 % aller Erwerbstätigen in der BRD verdienten 1998 weniger als 2200 DM im Monat, 70,3 % weniger als 3000 DM. Die Bundesrepublik müßte deshalb ein einziges Elendslager mit ca. 60 % *working poor* sein, wenn die von Dollar auf DM umgerechnete (amerikanische) Armutsgrenze ein zutreffendes Kriterium wäre. Das ist aber offensichtlich Unsinn.

Natürlich sind alle Einkommensvergleiche zwischen den USA und Ländern wie der Bundesrepublik stets mit Unsicherheiten verbunden. Doch zur Zeit des tief gesunkenen Euro, von dem die DM ein Teil ist, müssen solche simplen Umrechnungen über den Wechselkurs zu besonders falschen Resultaten führen. Aber wie kommt man dann zu einer verläßlicheren Antwort auf die Frage nach Jobs in der BRD, mit denen zum Sterben zu viel, zu einem anständigen Leben aber zu wenig verdient wird?

Die beste Richtschnur für die Untergrenze eines Einkommens, das zum Überleben reicht, bieten wohl die »Regelsätze für die Hilfe zum Lebensunterhalt nach dem Bundessozialhilfegesetz«. Sozialhilfe stockt auf Antrag ungenügende Einkommen zu Mindesteinkommen nach den Regelsätzen auf. Weil diese Mindesteinkommen aber für größere Aufwendungen wie Waschmaschinenreparatur usw. nicht ausreichen, gibt es daneben noch besondere Leistungen. Wenn wir hier die Regelsätze als Minimum für Einkommen ansetzen, handelt es sich daher nur um die fürs tägliche Überleben notwendigen Einkommen. Allein mit diesen Summen könnten die Menschen oder Familien also auf die Dauer nicht leben.

Diese Sätze betragen nun für:
Alleinstehende: 550 DM
Alleinerziehende mit einem Kind: 1049 DM
Eheleute mit zwei Kindern (15–18 Jahre): 1976 DM
Eheleute mit vier Kindern (8–18 Jahre): 2690 DM.

Und das war die Einkommensverteilung in Deutschland 1998: (Erwerbstätige insgesamt: 27.625.000)[1]

Netto-Monatseinkommen	% der Erwerbstätigen
Unter 600 DM	6,6%
Unter 1000 DM	15,2%
Unter 1800 DM	32,1%
Unter 2200 DM	45,4%
Unter 3000 DM	70,3%

Das bedeutet: Ca. 6% der ausgeübten Tätigkeiten bieten ein Einkommen, das zum Unterhalt eines einzelnen Menschen nicht ausreicht. 15,2% der Erwerbstätigen verdienen weniger, als ein Elternteil mit Kind als Minimum zum Überleben braucht (1049 DM). Mehr als 32% der Erwerbstätigen verdienen weniger, als ein Ehepaar mit zwei Kindern braucht (1976 DM). Etwa 50% (weit mehr als 45%) der Erwerbstätigen verdienen weniger, als eine Familie mit vier Kindern als Minimum braucht (2690 DM).

Beschäftigte, die so allein oder mit anderen Familienangehörigen zusammen weniger verdienen, als sie zum Leben auf die Dauer brauchen, nennt man in den USA »working poor«. Wir sollten unseren Stolz, zwar Arbeitslose, nicht aber *working poor* zu haben, deshalb ablegen. Stolz können wir nur darauf sein, daß diese Menschen in der BRD auch die benötigte Sozialhilfe bekommen. Oder?

Seit langer Zeit wird diskutiert, ob der Abstand zwischen niedrigen Einkommen aus Arbeit und Einkommen aus Sozialleistungen nicht so gering ist, daß der Anreiz zur Arbeit fehlt. Und offensichtlich ist es in vielen Fällen so. Nur, wie vergrößert man diesen Abstand? Theoretisch gibt es zwei Wege: Entweder man erhöht die Niedriglöhne, oder man senkt die Sozialleistungen. Und dann – so grotesk es in diesem Zusammenhang klingt – gibt es noch die immer wieder geäußerte Forderung nach Einsteigerlöhnen für Arbeitslose, die etwa 20% unter den derzeitigen Tarifen liegen sollen.

Erhöhung der Niedriglöhne? Es gibt seit Jahren keine Lohnverhandlung, bei der die Arbeitgeber, sekundiert von Chor der »Wirtschaftssachverständigen«, nicht Lohnzurückhaltung oder gar Nullrunden fordern. Ohne Lohnzurückhaltung kein Wachstum, ohne Wachstum keine Arbeitsplätze, klingt es. Und letzteres ist auch nicht falsch. Aber ohne höhere Löhne vor allem für die unteren Einkommensklassen führt kein Weg aus der Falle der *working poor*. Gibt es ein Mittel, Arbeitslosigkeit zu bekämpfen, ohne Arbeit zu fördern, die dem Beschäftigten kein Auskommen bietet?

Allgemeine Zustimmung findet hier der, der Wirtschaftswachstum fordert. Aber ist Wirtschaftswachstum wirklich ein Mittel, um der Alternative Arbeitslosigkeit oder *working poor* zu entgehen? Selbstverständlich hat die im Wirtschaftswachstum sich ausdrückende Konjunktur Einfluß auf die Zahl der Arbeitsplätze. Doch dieser Einfluß ist sehr begrenzt. So hat das Sozialprodukt der BRD (preisbereinigt) von 1991 bis 1999 um 10 % zugenommen. Die Zahl der Arbeitsplätze aber nahm im selben Zeitraum um ca. 6 % ab.[2]

Der Einfluß von Wirtschaftswachstum auf die gezahlten Löhne, einst eine Realität, ist in der Bundesrepublik – genauso wie Barbara Ehrenreich es für die USA zeigt – seit zwei Jahrzehnten praktisch verschwunden. Gewachsen sind die Löhne bis etwa 1980. Sie liegen heute im gesamtdeutschen Durchschnitt etwa auf dem Niveau von 1976 (alte BRD). Hier ist die Situation in der Bundesrepublik derjenigen der Vereinigten Staaten also sehr ähnlich, wenn Barbara Ehrenreich berichtet, daß dort heute die Löhne der unteren Gruppen noch unter denen von 1973 liegen. Und in beiden Ländern hat sich das Sozialprodukt in derselben Zeitspanne etwa verdoppelt (preisbereinigt).

»Wachstum, Wachstum über alles« zu singen ist deshalb zwar populär, löst aber das Problem der Arbeitslosen bzw. der arbeitenden Armen nicht. Darüber hinaus wird Wirtschaftswachstum gesellschaftlich immer teurer, letztlich sogar unbezahlbar. Verdoppelung des Sozialprodukts bedeutet Vervierfachung von weltweitem Handel und Verkehr. Und der Verkehr zu Lande, zu Wasser und in der Luft ist ein zentraler Faktor bei der Zerstörung von Umwelt und Atmosphäre.

Wenn man Mittel sucht, einem Problem abzuhelfen, muß man wissen, warum es entstanden ist. Fragen wir deshalb: Warum sind denn die Einkommen so niedrig? Was bestimmt denn die Lohnhöhe? Immer deutlicher wird, daß es vor allem außenwirtschaftliche Faktoren sind, die die Höhe der Löhne in den mittleren bis unteren Einkommensklassen begrenzen. Denn nach der klassischen Außenhandelstheorie nähert sich bei offenen Märkten und Kapitalmärkten mit der Möglichkeit, Produktionsstandorte zu verlagern, die Entlohnung geringqualifizierter Arbeitskräfte in Industrieländern dem in Entwicklungsländern vorherrschenden Niveau an (Stolper-Samuelson-Theorem). So entwickelt sich ein »Weltmarktpreis« für diese Arbeit. Mehr als diesen Weltmarktpreis kann der, der diese Arbeit »am Markt« gegen Lohn anbietet, nicht erzielen. Die negative Lohnentwicklung in den letzten 20 Jahren z.B. in den USA, Großbritannien, Frankreich und Deutschland trotz kräftigen Wirtschaftswachstums bestätigt diese Theorie der klassischen Ökonomie.

Auf diesen »Weltmarktpreis« für die Ware »Arbeit« wirken nun gewichtige Faktoren ein, die diesen Preis drücken und ihn weiter und weiter sinken lassen. Da ist einmal das Gesetz von Angebot und Nachfrage, das sagt, daß mit dem weltweit stetig wachsenden Arbeitskräfteangebot die Löhne weltweit niedriger werden.

Da ist zum anderen die Tendenz der großen Weltfirmen, sich durch »outsourcing« von dem Ballast der Produktion mit vielen teuren Arbeitsplätzen zu befreien. So vermeiden die Unternehmen die Schaffung von Arbeitsplätzen und das Zahlen guter Löhne, Löhne, von denen die Mitarbeiter ihre Familie ernähren könnten. An die Stelle der Produktion eines Computers oder Radios in Deutschland tritt das Aufkleben des Firmenzeichens Siemens auf ein Produkt aus Taiwan, Malaysia oder China. Aber in China oder Malaysia entstehen nicht die gleichen Arbeitsplätze wie die, die bei uns wegfallen. An Stelle der alten, gut bezahlten Arbeitsplätze in Europa treten Billigstlohnplätze in mehr oder weniger unmenschlichen »Produktionshöllen« in den Industriezonen der Entwicklungsländer.

Ein großer Teil der unzureichenden Einkommen in der BRD

stammt aus unbeständigen Teilzeitverträgen. Denn diese Umwandlung von Arbeitsplätzen ist keine amerikanische Spezialität. Auch in Deutschland hat sich die Verschiebung zu Teilzeitjobs bereits manifestiert: 1991 standen noch 29.436.000 Vollzeitarbeitsplätze 4.743.000 Teilzeitarbeitsplätzen gegenüber. Bis 1999 war die Gesamtzahl der Arbeitsplätze von 34.179.000 auf 32.094.000 gesunken. Nur noch 25.490.000 davon waren Vollzeitarbeitsplätze (Verlust ca. vier Millionen), 6.604.000 Teilzeitarbeitsplätze (Zunahme ca. zwei Millionen).[3] Aber auch das ist – jedenfalls zum Teil – eine Folge der weltweiten Zerstörung fester Ganzzeit-Arbeitsplätze und ihrer Aufsplitterung in Teilzeitjobs und Arbeit für »selbständige Subunternehmer«.

Auch den Entwicklungsländern hilft diese Art von Weltwirtschaft nicht. Den ersten »asiatischen Tigern« brachte die Eroberung von Exportmärkten einen der größten Erfolge in der Wirtschaftsgeschichte. Aber die These, die Verlagerung der Produktion in Entwicklungsländer sei für alle der Königsweg aus dem Elend, beruht auf einem Trugschluß. Als zunächst nur wenige Länder wie Südkorea und Taiwan diese Exportoffensive mit billig hergestellten Waren führten, stieg nicht nur ihr Sozialprodukt. Auch die Löhne fingen an zu steigen, Technologietransfer stärkte die Volkswirtschaft, und schließlich konnten sogar Steuern erhoben werden.

Aber das können immer nur einige wenige zur gleichen Zeit. Ein Tiger, der eine Weide mit vielen Kühen und Schafen findet, wird satt. Sieben Tiger ohne Kühe oder Schafe auf der Weide haben keine Chance. Und damit sind wir beim grundlegenden Konstruktionsfehler dieses Versuchs, Armut in der Welt durch Freihandel zu beseitigen: Mehr exportieren, als man importiert, kann nun einmal kein globaler Imperativ sein. Denn leider können nach den Gesetzen der Logik nicht alle gleichzeitig mehr exportieren, als sie importieren. Versuchen sie es trotzdem, erweist sich in dem Kampf um Märkte die Arbeit in denjenigen Tigerstaaten, in denen schon ein bescheidener Wohlstand für größere Bevölkerungsteile entstanden ist, als zu teuer.

Als die koreanischen Arbeiter die Löhne von nur einem Dollar pro Tag nicht mehr akzeptierten, wurden zwischen 1987 und 1992 in Südkorea allein in der Schuhindustrie 30.000 Arbeitsplätze abgebaut. 1985 produzierte Reebok seine Turnschuhe in Südkorea und Taiwan.[4] Bis 1995 waren fast all diese Fabriken aus Korea und Taiwan verschwunden, und 60 % der Reebok-Aufträge gingen nach Indonesien und China. Französische Zahnärzte ließen ihre Prothesen vor zehn Jahren in Hongkong und Singapur anfertigen; als dort die Löhne stiegen, gingen sie nach Thailand. Heute produzieren sie in China.

Wenn die Entwicklung der Volkswirtschaft überall in der Welt zu schnell wachsender Nachfrage führen würde, würden sich nach einem mehr oder weniger tiefen »Tal der Tränen« vielleicht wirklich wieder Wohlstandslöhne einstellen. Doch wie soll sich eine ausreichende Nachfrage entwickeln, wenn weltweit Löhne durch Billiglöhne und Billiglöhne durch Hungerlöhne ersetzt werden?

Daß das Tigerkonzept so auf Kosten der Binnenmärkte geht ist unvermeidlich. Denn bei den erwachsenen Tigern mit ihren hochwertigen Waren ebenso wie bei den jungen Tigern mit ihren arbeitsintensiven Produkten gilt bei solcher Exportorientierung die Devise, die Kosten zu minimieren. Was immer man auch einwenden mag: Zu den Kosten gehören selbstverständlich auch die Arbeitskosten. Minimierung der Löhne ist zwangsläufig in beiden Fällen die Devise der Arbeitgeber, die unter unmittelbarem Konkurrenzdruck stehen. Und je mehr die Masseneinkommen im Inland zurückgehen, desto abhängiger wird man vom Export.

Die Schwächung der Binnenmärkte schwächt aber wieder das vielbeschworene Wachstum der Volkswirtschaften. Und so überrascht nicht, daß, entgegen aller Beteuerungen der Neoliberalen, die liberalisierte Wirtschaft weltweit gesehen keineswegs sehr erfolgreich ist. Noch jede neue Liberalisierungsrunde wurde mit der Verheißung nie erlebter Wohlstandssteigerungen propagiert. Nichts davon ist eingetreten. Das preisbereinigte Welt-Sozialprodukt steigt vielmehr seit 1950 ziemlich streng linear, und das bedeutet eine Abnahme des jährlichen Wachstums – und nicht die versprochene Zunahme.

Was schon für das Sozialprodukt gilt, gilt vervielfacht für den versprochenen neuen »Wohlstand für alle«: Wie die »Berichte über die menschliche Entwicklung« (des Entwicklungsprogramms für die Vereinten Nationen) der letzten Jahre belegen, werden die Früchte des Wachstums immer ungleicher verteilt. Die ärmsten Nationen und die Ärmsten in den einzelnen Ländern gehen zunehmend leer aus.

Gleichzeitig schwinden die seit fast 200 Jahren entwickelten sozialen Gegenkräfte dahin: die Gewerkschaften und die Staaten. Die Macht der Gewerkschaften sinkt, ihre Mitgliederzahlen nehmen mit der Abnahme der klassischen Dauerarbeitsverträge ebenfalls ab. Flächentarifverträge, das einzige wirksame Mittel zur Lohnsicherung, werden aufgegeben oder durch immer mehr Sonderregelungen zugunsten einzelner Unternehmen ausgehöhlt. Und was bleibt den Mitarbeitern eines kränkelnden Unternehmens anderes übrig, als auf Lohn zu verzichten oder unbezahlte Mehrarbeit zu leisten?

Und der Staat? Mit der weltweit steigenden Menge an Standortangeboten steigt die Marktmacht des Kapitals. Es ist wie bei den Arbeitseinkommen: Übergroßes Angebot bei begrenzter Nachfrage treibt auch die am Markt um die Industrie konkurrierenden Gemeinden und Staaten in die Enge. Mit immer neuen Steuersenkungen und Subventionen müssen sie sich um die »Standorte« der Unternehmen bewerben. Macht haben sie gegenüber der Wirtschaft nicht mehr. Macht, die es nicht mehr gibt, kann auch nicht vom Volke ausgehen. Aber daß sie das tut, ist die Grundlage der Demokratie. Ohne diese Grundlage wird die Demokratie zur Farce, werden Wahlen zu einem Possenspiel. Ihre Ergebnisse ändern nichts – und landauf, landab gehen deshalb auch schon immer weniger »Bürger« zur Wahl.

Je stärker die Macht der großen Unternehmen, desto geringere Unternehmenssteuern lassen sich noch durchsetzen. Die Weltbank rechnet sogar damit, daß Steuern für größere Unternehmen ganz verschwinden werden. Als Steuerzahler bleiben so nur noch die abhängig Beschäftigten. Doch wenn deren Einkommen durch die Umwandlung sicherer Arbeitsplätze mit einem Einkommen, mit dem ein Beschäftigter seine Familie ernähren kann, in unsichere Zeitverträge verwandelt werden, mit Gehältern, die in der Nähe oder gar unter dem

Existenzminimum liegen, werden schließlich auch sie als Steuerzahler ausfallen.

Und damit scheitert eigentlich die Vorstellung, man könne durch Niedrigstlöhne, die 20 % unter den bisherigen Niedriglöhnen liegen, neue Arbeitsplätze schaffen. Auch die meisten Befürworter dieser Lösung sehen, daß niemand von solchen Löhnen leben kann. Weshalb neben diese Löhne eine staatliche Zusatzzahlung treten muß. Eine negative Einkommensteuer z.B., die den zu diesen Niedrigstlöhnen Arbeitenden Zusatzbeträge auszahlt. Doch dazu braucht man nicht weniger, sondern mehr Steuern.

Also wird uns das neoliberale Wirtschaftscredo wohl auf die letzte Option drängen, die bleibt, um den Abstand zwischen Sozialleistungen und Lohn zu erhöhen: das Senken der Sozialleistungen. Zweckmäßigerweise verbunden mit schärferen Zwangsmaßnahmen, um auch bei einem sehr kleinen Einkommensabstand die Annahme schlecht bezahlter Jobs zu erzwingen. Es gibt eben kein »Recht auf Faulheit«.

*

Wer garantiert die Stabilität einer Gesellschaft? Es sind nicht die Pensionsfonds und Aktionäre, die das shareholder-value-Konzept der Unternehmensführung durchgedrückt haben, das Manager zwingt, dem aktuellen Aktienwert des Unternehmens Priorität einzuräumen. Es sind nicht die Manager der Schlagzeilen, die das Börsengeschehen dominieren, Firmen kaufen oder verkaufen, fusionieren oder verschlanken und sanieren – was dann meistens bedeutet: Mitarbeiter entlassen. Nein, die Stabilität, das Umgangsklima, die Lebensqualität in einer Gesellschaft hängt ab von den Millionen, die morgens früh die Busse für den Berufsverkehr fahren, als Putzkolonnen die Stadt vom Dreck befreien, Alte und Kranke pflegen, die auf dem Bau Wohnungen und Fabrikgebäude schaffen, von Lehrern, die multikulturelle Klassen unterrichten und Polizisten, die in die Problemviertel der Städte geschickt werden. Von Menschen, die das Gebot der Flexibilität zwingt, morgens um vier Uhr ihre Familie zu verlassen, um rechtzeitig zum Arbeitsbeginn in der Fabrik zu sein. All diese Menschen halten die Gesellschaft zusammen – und sie sind es, die die Kosten der neoliberalen Globalisierung zahlen. Denn der Abstand dieser großen Masse zu den wenigen Großverdienern wächst und wächst. In den USA verdiente ein Firmenboss 1980 im Durchschnitt 42 mal so viel wie ein Arbeiter, 1999 das 475-fache[5]. Und deutsche Bosse, die sich z.B. mit 60 Millionen abfinden lassen[6], sind dabei, es ihnen nachzutun. Die Stützen der Gesellschaft, die mittleren und kleinen Arbeitnehmer, werden dagegen seit mehr als 20 Jahren immer mehr benachteiligt. Sie haben – wie sich zeigte – von der Verdopplung des Sozialprodukts in den letzten 20 Jahren nicht mehr profitieren können. Und zwar weder in den USA noch in Deutschland. Barbara Ehrenreich:

> »Aber diese Menschen müssen es irgendwann … einfach satt haben, daß ihre Arbeit so wenig einbringt. Und dann werden sie einen Lohn verlangen, der ihren Leistungen gerecht wird. Wenn es soweit ist, werden wir ihre Wut zu spüren bekommen, werden Streiks und eine soziale Zerreißprobe erleben … Und am Ende wird diese Wut gut für uns alle sein.«

Oder wird man vielleicht doch noch rechtzeitig aufwachen und erkennen: Wer seine Grenzen weltweit für Kapital und Waren geöffnet hat, verliert letztlich jeden sozialen Handlungsspielraum. Über Produktionsweise, Produktionsstandorte, Preise und damit auch über Arbeitslosigkeit und *Arbeit poor* bestimmt dann nur noch das Kapital der weltweiten Unternehmen. Und über die Umwelt sowieso.

ANMERKUNGEN

KAPITEL 1

1. Heute verlangen 81 Prozent der großen Firmen vor der Einstellung einen Drogentest, 1987 waren es erst 21 Prozent. Auf die Gesamtheit der Unternehmen bezogen liegt der Anteil der Betriebe, die einen Test verlangen, im Süden der USA am höchsten. Die Droge, die am ehesten entdeckt werden kann (Marihuana, das man noch Wochen nach dem Konsum nachweisen kann), ist zugleich die harmloseste, während Heroin und Kokain im allgemeinen nach drei Tagen nicht mehr nachzuweisen sind. Auf Alkohol, den der Körper innerhalb von Stunden ausscheidet, werden die Bewerber nicht getestet.
2. Nach dem Fair Labor Standards Act sind die Arbeitgeber nicht verpflichtet, »Trinkgeld empfangenden Angestellten« wie dem Bedienungspersonal in Restaurants mehr als 2.13 Dollar Stundenlohn zu zahlen. Aber für den Fall, daß der Stundenverdienst einschließlich Trinkgeldern unter dem Mindestlohn von 5.15 Dollar liegt, muß der Arbeitgeber die Differenz bezahlen. In beiden Restaurants, in denen ich gearbeitet habe, wurde diese Bestimmung weder von den Managern erwähnt noch den Beschäftigten in irgendeiner anderen Form bekanntgemacht.
3. Über die Anzahl von Beschäftigten, die in Autos oder Lieferwagen wohnen, konnte ich keine statistischen Angaben finden. Aber nach dem 1997 veröffentlichten Report der National Coalition for the Homeless (»Myths and Facts about Homelessness«) geht nahezu jede fünfte Person ohne festen Wohnsitz einer Voll- oder Teilzeitarbeit nach (die Zahl wurde anhand von 29 Städten in allen Teilen der USA ermittelt).
4. Kim Moody zitiert in ihrem Buch *Workers in a Lean World: Unions in the International Economy*, London (Verso) 1997, einige Studien, die für die

Zeit zwischen Mitte achtziger und Anfang neunziger Jahre eine Zunahme von durch Stress verursachten Arbeitsunfällen und -krankheiten ermittelt haben. Er argumentiert, daß diese steigende Stressbelastung ein neues System widerspiegelt, das er »management by stress« nennt. Dieses besteht darin, daß die Arbeitskräfte in verschiedenen Industriezweigen gedrängt werden, eine maximale Produktivität zu erreichen, was auf Kosten ihrer Gesundheit geht.

5. Bis April 1998 gab es kein durch ein Bundesgesetz abgesichertes Recht auf den Gang zur Toilette. Dazu schreiben Marc Linder und Ingrid Nygaard in ihrem Buch *Void Where Prohibited: Rest Breaks and the Right to Urinate on Company Time*, Ithaca (Cornell University Press) 1997: »Das Recht auf Ruhe- und Toilettenpausen am Arbeitsplatz steht nicht besonders hoch auf der Liste der sozialen und politischen Forderungen, für die Freiberufler oder leitende Angestellte eintreten, die an ihrem Arbeitsplatz persönliche Freiheiten genießen, von denen Millionen von Fabrikarbeitern nur träumen können... Während wir über die Entdeckung entsetzt waren, daß Arbeiter kein anerkanntes Recht auf einen Toilettengang während der Arbeit haben, waren (die Arbeiter) erstaunt über den naiven Glauben von Außenstehenden, daß ihre Arbeitgeber ihnen gestatten würden, diesem elementaren körperlichen Bedürfnis nachzukommen, wenn es nötig wird... Eine Fabrikarbeiterin, der über sechs Stunden keine Pause gestattet wurde, mußte sich in Papierwindeln entleeren, die sie in ihrer Arbeitskleidung trug. Und eine Kindererzieherin in einer Vorschule ohne Aushilfskräfte mußte alle ihre zwanzig Kinder mit in den Toilettenraum nehmen und vor der Tür ihrer WC-Kabine Aufstellung nehmen lassen, während sie ihr Geschäft verrichtete.«

6. Ein paar Wochen später hörte ich in der Rundfunkwerbung, daß dieses Hotel neues Reinigungspersonal für den erstaunlichen Lohn von »bis zu neun Dollar pro Stunde« suchte. Meine Nachfrage ergab, daß das Hotel jetzt tatsächlich pro Zimmer entlohnt, und ich vermute, daß Carlie bei diesem System (wenn sie überhaupt noch da ist) nach wie vor nur auf einen Stundenlohn von höchstens sechs Dollar kommt.

7. Für 1996 weist die Statistik 7,8 Millionen Personen mit zwei oder mehr Jobs aus, das entspricht 6,2 Prozent aller Beschäftigten. Der Prozentanteil

war bei Männern und Frauen ungefähr derselbe (6,1 bzw. 6,2 Prozent). Etwa zwei Drittel dieser Menschen kombinieren einen Vollzeitjob mit einem weiteren Teilzeitjob. Nur eine heldenhafte Minderheit (vier Prozent bei den Männern, zwei Prozent bei den Frauen) haben gleichzeitig zwei Vollzeitjobs (nach John F. Stinson Jr., »New Data on Multiple Jobholding Available from the CPS«, in: *Monthly Labor Review*, März 1997.

KAPITEL 2

1. So ist es auch in Cape Cod, wo die steigenden Mieten für Wohnungen und Häuser die Arbeiterklasse in die Motels abdrängen, wo ein Zimmer im Winter bis zu 880 Dollar Monatsmiete kostet, die in der Touristensaison bis auf 1440 Dollar ansteigen kann. Die *Cape Cod Times* berichtet über vierköpfige Familien, die in einem Raum zusammengedrängt wohnen, in einem Mikrowellenherd kochen und auf ihren Betten sitzend essen. (Myers, K.C., »Of Last Resort«, in: *Cape Cod Times* vom 25. Juni 2000)
2. Margaret Talbot berichtet im *New York Times Magazine* (vom 17. Oktober 1999, S.28), »Personaltests am Arbeitsplatz« seien heute verbreiteter als je zuvor und ernährten eine ganze Branche mit 400 Millionen Dollar Jahresumsatz.
3. Nach Angaben des Bureau of Labor Statistics verdienten ganztags arbeitende Bedienstete in Privathaushalten 1998 im Durchschnitt 223 Dollar die Woche, was 23 Dollar unterhalb der Armutsgrenze für eine dreiköpfige Familie liegt. Bei einer 40-Stunden-Woche würden Reinigungskräfte bei The Maids auf 266 Dollar kommen, das liegt 43 Dollar über der Armutsgrenze.
4. Reinigungsunternehmen wie Merry Maids, Molly Maids und The Maids International, die in ganz USA und sogar auf internationaler Ebene operieren, sind durchweg im Laufe der 1970er Jahre entstanden. Heute beherrschen sie 20 bis 25 Prozent der Wohnungsreinigungsbranche. In einem Artikel über Merry Maids schrieb die Zeitung *Franchise Times* im Dezember 1997 kurz und knapp, daß »die Branche boomt…, weil die Amerikaner auch im eigenen Haushalt bestrebt sind, Arbeit nach außen zu vergeben«. Aber nicht alle Reinungsunternehmen sind erfolg-

reich; besonders häufig scheitern die informellen, nur von einem Ehepaar betriebenen Dienste, wie zum Beispiel der, bei dem ich mich telefonisch beworben hatte und der nicht einmal ein flüchtiges Interview verlangte (ich sollte einfach am darauffolgenden Morgen um sieben antreten). Von dem »Boom« profitieren vor allem die nationalen und internationalen Unternehmensketten (Gesellschaften wie Merry Maids, Molly Maids, Mini Maids, Maid Brigade und The Maids International), deren Namen (»Dienstmädchen«) kurioserweise durchweg auf die antiquierte Seite der Branche abheben, obwohl die »maid« zuweilen auch männlich sein kann. Merry Maids meldete 1996 ein jährliches Wachstum von 15 bis 20 Prozent. Die Pressesprecher von Molly Maid und The Maids International sagten in Interviews (die ich nach meiner Zeit in Maine durchgeführt habe), daß die Umsätze ihrer Unternehmen jährlich um 25 Prozent steigen.

5. Die Löhne der »maids«, ihre Sozialversicherungsbeiträge, ihre Arbeitserlaubnis, ihre Rückenschmerzen und die Probleme, die sie mit der Betreuung ihrer Kinder haben – für all dies ist allein die Firma zuständig, das heißt der jeweilige Franchise-Unternehmer. Die Kunden und die eigentlichen Arbeitskräfte haben nie etwas miteinander zu tun; wenn eine der beiden Seiten Beschwerden hat, werden sie an den Franchise-Unternehmer adressiert. Da dieser im Regelfall der Mittelschicht angehört und von weißer Hautfarbe ist, ist diese Art Reinigungsdienst die ideale Lösung für Leute, die moralisch noch so sensibel sind, daß sie die traditionelle Arbeitgeberbeziehung zu Hausangestellten als Belastung empfinden.
6. Ich weiß nicht, wie viele meiner Kolleginnen bei The Maids in Portland zuvor Sozialhilfe bezogen hatten, aber der Maids-Franchise-Unternehmer in Andover, Massachusetts, sagte mir in einem Telefoninterview, daß die Hälfte seiner Angestellten ehemalige Sozialhilfeempfängerinnen seien und daß sie ebenso zuverlässig arbeiteten wie alle anderen.
7. Ich habe die von The Maids angewandten Methoden Cheryl Mendelson, einer Expertin für Wohnungsreinigung (und Autorin des Buchs *Home Comforts*), geschildert, die mir das alles kaum glauben wollte. Ein mit Desinfektionsmittel getränkter Lappen, sagte sie mir, reicht nicht aus, um eine Arbeitsplatte sauber zu kriegen, weil die meisten Desinfektionsmittel

durch Kontakt mit organischer Materie – wie z. B. mit Dreck – deaktiviert werden, so daß ihre Wirksamkeit mit jedem Wischen nachläßt. Nötig sei vielmehr ein Reinigungsmittel und heißes Wasser und ein nochmaliges Abspülen. Was den Fußboden betrifft, so hält sie die von uns benutzte Wassermenge (ein halber kleiner Eimer mit lauwarmem Wasser) für völlig unzureichend; tatsächlich war das Wasser, mit dem ich den Boden aufwischte, häufig von einem unappetitlichen Grau. Auch von Don Aslett, dem Autor zahlreicher Bücher über Putztechniken, der sich selbst zum »Nummer Eins Saubermann der USA« ernannt hat, wollte ich ein Urteil über die Methoden von The Maids. Er zögerte, die Firma direkt zu kritisieren, vielleicht weil er häufig (nach eigener Auskunft) bei Tagungen von Franchise-Unternehmern der Reinigungsbranche als Redner auftritt. Aber er erläuterte mir dennoch, wie er eine Arbeitsfläche putzen würde: Zuerst gründlich mit einem Allzweckreinigungsmittel einsprühen, das drei bis vier Minuten einziehen soll, und am Ende mit einem sauberen Tuch trockenreiben. Wer lediglich mit einem feuchten Lappen die Oberfläche wischt, verteilt nur den Schmutz. Aber offenbar geht es der Firma nicht so sehr ums Putzen als vielmehr darum, den Anschein zu erzeugen, daß geputzt worden ist. Also nicht um Hygiene, sondern darum, eine Art Bühnenbild für ein malerisches Familienleben zu schaffen. Und zwar ein Bühnenbild, das die Amerikaner anscheinend nur im metaphorischen Sinne »steril« haben wollen, das also wie ein Motelzimmer aussieht oder wie die Innenraum-Imitate, in denen sich die Seifenopern und Sitcom-Serien abspielen.

8. Meine Kolleginnen waren alle Weiße und hatten mit einer Ausnahme angelsächsische Vorfahren – wie die überwiegende Zahl der Haushaltshilfen in den USA, oder jedenfalls derer, die vom Bureau of Labor Statistics (BLS) erfaßt werden. Das BLS gibt für 1998 an, daß von den »Reinigungs- und Dienstkräften in Privathaushalten« 36,8 Prozent hispanischer Abstammung, 15,8 Prozent Schwarze und 2,7 Prozent »anderer Abstammung« (wahrscheinlich asiatischer) waren. Das heißt, daß fast 45 Prozent weißer Abstammung sind. Dennoch ist die Assoziation zwischen häuslicher Putzhilfe und Minoritätenstatus in der kollektiven Psyche der weißen Arbeitgeber tief verankert. Als meine Tochter Rosa dem Vater ei-

nes reichen Harvard-Kommilitonen vorgestellt wurde, spekulierte der, sie müsse wohl nach einem Lieblingsdienstmädchen benannt worden sein. Und die afroamerikanische Autorin Audre Lorde beschrieb ein Erlebnis, das sie 1967 gehabt hatte: »Ich schiebe meine zweijährige Tochter in einem Einkaufswagen durch einen Supermarkt, als ein kleines weißes Mädchen, das im Einkaufswagen seiner Mutter vorbeirollt, ganz aufgeregt ruft: ›Schau mal, Mami, ein Baby-Dienstmädchen!‹« (Zitiert nach Mary Romero, *Maid in the U.S.A.: Perspectives on Gender*, New York, Routledge, 1992, S.72)

Doch die ethnische Zusammensetzung der Menschen, die als Haushaltshilfen arbeiten, ist durchaus nicht so stabil und hat sich mit der Entwicklung der Lebenschancen für die einzelnen ethnischen Gruppen verändert. Im späten 19. Jahrhundert stellten irische und deutsche Immigrantinnen das Hauspersonal der städtischen Ober- und Mittelklasse, doch sie wanderten, so bald sie konnten, in die Fabriken ab. An ihre Stelle traten schwarze Frauen, die in den vierziger Jahren 60 Prozent aller häuslichen Dienstkräfte ausmachten und diesen Bereich beherrschten, bevor sich andere Beschäftigungsmöglichkeiten für sie eröffneten. Entsprechend waren an der Westküste die japanischstämmigen US-Amerikanerinnen überproportional in diesen Berufen vertreten, bis sie in den vierziger Jahren angemessenere Stellen fanden (vgl. Phyllis Dalmer, *Domesticity and Dirt, Housewives and Domestic Servants in the United States*, 1920–1945, Berkeley [Templeton University Press] 1989, S. 12 f.). Heute ist die Farbe der Hände, die mit dem Küchenschwamm hantieren, von Region zu Region verschieden. Im Südwesten dominieren die Chicanas, in New York Frauen aus der Karibik, in Hawaii die hawaiianischen Ureinwohnerinnen, im Mittleren Westen – und natürlich auch in Maine – einheimische weiße Frauen, von denen viele frisch aus den ländlichen Gebieten zugewandert sind.

9. Die Häuser der Reichen sind in den letzten Jahrzehnten immer größer geworden. Die neugebauten Wohnungen haben zwischen 1971 und 1996 flächenmäßig um 39 Prozent zugelegt. Hinzugekommen sind etwa »family rooms«, Fernseh- und Videozimmer, häusliche Arbeitszimmer, zusätzliche Schlafzimmer und oft auch Bad und Toilette für jedes einzelne

Familienmitglied (siehe: »Détente in the Housework Wars«, in: *Toronto Star* vom 20. November 1999). Mitte 1999 hatten 17 Prozent der neuen Wohnungen eine Grundfläche von mehr als 300 Quadratmetern, was üblicherweise als Größe gilt, ab der eine Haushaltshilfe nötig wird, weil der Haushalt von seinen Bewohnern nicht mehr zu bewältigen ist (siehe: »Molding Loyal Pamperers for the Newly Rich«, in: *New York Times* vom 24. Oktober 1999).

10. Cheryl Mendelson schreibt zu diesem Punkt: »Verlangen Sie nie von einer bezahlten Reinigungskraft, Ihren Fußboden auf Händen und Knien zu putzen; diese Forderung wird wahrscheinlich als entwürdigend betrachtet.« Siehe: *Home Comforts – The Art and Science of Keeping House*, New York (Scribner) 1999, S. 501.

11. 1999 beschäftigten zwischen 14 und 18 Prozent aller Haushalte in den USA eine Putzkraft von außen, und dieser Anteil nimmt dramatisch zu. Mediamark Research geht für den Zeitraum 1995 bis 1999 von einem 53-prozentigen Anstieg aus (für Haushalte, die mindestens ein Mal pro Monat Reinigungsdienste in Anspruch nehmen). Maritz Marketing ermittelte, daß 30 Prozent der US-Bürger, die 1999 eine Putzhilfe bezahlten, dies zum ersten Mal getan haben. Manager der neuen Reinigungsservice-Unternehmen (also des Unternehmenstyps, für den ich gearbeitet habe), führen ihren Erfolg nicht nur auf den Eintritt von Frauen in den Arbeitsmarkt zurück, sondern auch auf die Konflikte über die Verteilung der Hausarbeit, die aus dieser Entwicklung resultierte. 1988, als der Trend zur Auslagerung der Hausarbeit erst in den Anfängen steckte, äußerte ein Merry Maids-Franchise-Unternehmer in Arlington, Massachusetts, gegenüber dem *Christian Science Monitor*: »Ich sage zu manchen Frauen im Spaß: Wir retten sogar Ehen. In dieser neuen Ära der achtziger Jahre erwarten Sie mehr von Ihrem männlichen Partner, aber der ist nicht so kooperativ, wie Sie es gerne hätten. Die Alternative besteht darin, jemanden dafür zu bezahlen, daß er kommt und das erledigt…« (»Ambushed by Dust Bunnies«, in: *Christian Science Monitor* vom 4. April 1988). Ein anderer Franchise-Unternehmer hat gelernt, von den häuslichen Fehden über die Putzerei noch direkter zu profitieren: Er schließt 30 bis 35 Prozent seiner Aufträge ab, indem er die Interessenten noch einmal am Sams-

tag zwischen neun und elf Uhr morgens anruft, also zu dem Zeitpunkt, an dem nach seiner Einschätzung »die heftigsten Auseinandersetzungen darüber laufen, daß der Haushalt total in Unordnung ist« (»Homes Harbor Dirty Secrets«, in: *Chicago Tribune* vom 5. Mai 1994).

12. Damals hielt ich das für eine zur Abschreckung erdachte Horrorstory, aber inzwischen bin ich auf Anzeigen für verborgene Videokameras gestoßen, wie etwa die für dieTech-7, eine »unglaubliche Kamera in der Größe einer Münze«, die es ermöglicht, »die Aktionen ihrer Babysitter visuell aufzuzeichnen« und »Angestellte zu beobachten, um Diebestaten zu verhindern«.
13. Diese Unsichtbarkeit gilt auch für die makroskopische Ebene. Nach den Zahlen des Census Bureau (des Statistische Amtes der USA) gab es 1998 550.000 Arbeitskräfte, die in Haushalten beschäftigt waren, 10 Prozent mehr als 1996, aber die Zahl könnte noch deutlich unterschätzt sein, da sich ein Großteil der Haushaltsdienstleistungen immer noch im Untergrund abspielt (oder zumindest nicht weit darüber), wohin sich nur wenige Datensammler verirren. 1993 zum Beispiel fiel Zoe Baird als Kandidatin für das Justizministerium im Kongress durch, weil sie keine Sozialabgaben für ihre schwarz arbeitende Kinderfrau abgeführt hatte. In diesem Jahr schätzte man, daß weniger als 10 Prozent der amerikanischen Haushalte, die für eine Putzkraft mehr als 1000 Dollar pro Jahr ausgaben, diese Zahlungen dem Finanzamt gemeldet hatten. Die Soziologin Mary Romero hat herausgefunden, wie stark die Zahlen von der Wirklichkeit abweichen können. Im Zensus von 1980 wurden in El Paso nur 1063 »in Privathaushalten Beschäftigte« ermittelt, obwohl das Dezernat für Planung, Forschung und Entwicklung deren Zahl zur selben Zeit auf 13.400 schätzte und die Busfahrer von El Paso davon ausgingen, daß die Hälfte der 28.300 Busfahrten pro Tag von Hausmädchen auf dem Weg von und zur Arbeit unternommen wurden (Romero, *Maid in the U.S.A.*, S.92). Die Arbeitgeber machen seit dem Baird-Skandal ehrlichere Angaben, aber die meisten Experten glauben, daß Haushaltshilfen immer noch weitgehend unerfaßt und für die Volkswirtschaft insgesamt unsichtbar bleiben.
14. Das Department of Health and Human Services (das Gesundheitsmini-

sterium der USA) ermittelte in einem im Juli 2000 veröffentlichten Bericht, daß die meisten Pflegeheime personell bedenklich unterbesetzt sind. Das gilt insbesondere für die profitorientierten Pflegeheime wie das, in dem ich gearbeitet habe. Als Folgen dieses Personalmangels nennt der Bericht unter anderem die Zunahme vermeidbarer Probleme wie z.B. schwere Wunden (die auf Durchliegen bettlägeriger Pfleglinge zurückgehen), Fehlernährung, Dehydrierung, Herzversagen aufgrund von Kongestion (Blutandrang) und Infektionen. Im Woodcrest-Pflegeheim wurde zwar in dem Eßbereich, in dem ich gearbeitet habe, nie ein Patient vernachlässigt oder mißhandelt, aber eine Hilfskraft hätte ohne weiteres einen lebensgefährlichen Fehler machen, also etwa Diabetikern zuckerhaltiges Essen servieren können. Ich halte es für einen außerordentlich glücklichen Zufall – für mich und meine Patienten –, daß an dem Tag, an dem ich die Alzheimer-Station allein versorgen mußte, niemand unabsichtlich zu Schaden gekommen ist.

KAPITEL 3

1. Die in St. Paul gegründete Organisation »Jobs Now Coalition« schätzte für das Jahr 1997 den »living wage«, also den existenzsichernden Lohn für ein alleinerziehendes Elternteil mit Kind, im Großraum Minnesota-St. Paul auf 11.77 Dollar. Diese Schätzung unterstellte monatliche Ausgaben von 266 Dollar für Lebensmittel (wobei vorausgesetzt ist, daß alle Mahlzeiten zu Hause zubereitet werden), 261 Dollar für die Kinderbetreuung und 550 Dollar für die Miete. Dieser »living wage« wurde seitdem nicht mehr an die Inflation der Mieten angepaßt, die in den Twin Cities mittlerweile stattgefunden hat. (Siehe dazu: »The Cost of Living in Minnesota: A Report by the Jobs Now Coalition on the Minimum Cost of Basic Needs for Minnesota Families in 1997«) Dieser »living wage« wurde niemals aktualisiert, um die inflationäre Entwicklung der Mieten zu berücksichtigen, die im Jahr 2000 in der Region Minneapolis/St. Paul stattgefunden hat (siehe S. 177).
2. Für den Drogentest am Arbeitsplatz werden viele Argumente ins Feld geführt. Angeblich soll er die Zahl der Arbeitsunfälle und den Absentismus drücken, die Ansprüche an die Krankenkassen mindern und die Pro-

duktivität erhöhen. Doch keines dieser Argumente wurde je substantiell belegt, heißt es in einem 1999 veröffentlichen Bericht der American Civil Liberties Union mit dem Titel »Drug Testing: A Bad Investment«. Untersuchungen haben vielmehr ergeben, daß Einsstellungstests weder den Absentismus noch die Arbeitsunfälle noch die Personalfluktuation mindern, wohl aber die Produktivität (zumindest in den untersuchten Hightech-Betrieben), vermutlich wegen der negativen Auswirkungen auf die Moral der Belegschaft. Zudem sind die Tests ziemlich kostspielig. 1990 hat die Regierung in Washington für den Test von 29.000 Angestellten auf Bundesebene 11. 7 Millionen Dollar ausgegeben. Da nur 153 Personen positiv getestet wurden, kostete die Entdeckung eines einzigen Drogenkonsumenten demnach 77.000 Dollar. Aber warum beharren dann die Unternehmen auf dem Drogentest? Zum Teil liegt dies wohl an dem Werbeaufwand der Drogentest-Industrie, die rund zwei Milliarden Dollar jährlich umsetzt. Ich vermute jedoch, daß das Testen für die Unternehmen auch deshalb attraktiv ist, weil es eine einschüchternde Wirkung auf die Arbeitssuchenden hat.

3. WIC (Women, Infants and Children) ist ein Programm, das aus Bundesmitteln bedürftige schwangere Frauen und Kleinkinder mit Lebensmitteln unterstützt.
4. In den letzten Jahren ist die Zahl der erschwinglichen Wohnungen überall in den USA laufend zurückgegangen. 1991 gab es pro 100 Familien mit niedrigem Einkommen 47 erschwingliche Mieteinheiten; 1997 waren es nur noch 36 Einheiten (Quelle: »Rental Housing Assistance – The Worsening Crisis: A Report to Congress on Worst-Case Housing Needs«, Housing and Urban Development Department, März 2000). Es gibt zwar keine landesweiten, ja nicht einmal verläßliche lokale Statistiken, aber offenbar bleibt immer mehr armen Leute nichts anderes übrig, als in Motels zu ziehen. Beim Zensus unterscheidet man zwischen »standard motels« (für Touristen) und »residential motels«, die ihre Zimmer auf der Basis einer Wochenmiete normalerweise an Langzeitmieter vergeben. Aber in vielen Motels leben beide Kundengruppen oder je nach Saison entweder Touristen oder Langzeitmieter. Die Zahl der letzteren wird fast immer unterschätzt, weil die Moteleigentümer den Zählern häu-

fig den Zutritt verwehren und die Mieter nicht gerne zugeben, daß sie in einem Motel wohnen, denn oft leben sie völlig beengt mit bis zu vier Personen in einem Raum (siehe Willoughby Mariano, »The Inns and Outs of the Census«, in: *Los Angeles Times* vom 22. Mai 2000).

5. Nach dem Fair Labor Standards Act (FLSA) ist es tatsächlich illegal, Beschäftigten den 50-prozentigen Zuschlag für die Stunden vorzuenthalten, die über die 40-Stunden-Woche hinausgehen. Bestimmte Berufskategorien – Freiberufler, Manager und Arbeitskräfte in der Landwirtschaft – unterliegen nicht dem FLSA, aber die Beschäftigten im Einzelhandel fallen sehr wohl darunter.
6. Vielleicht muß ich meine Behauptung zurücknehmen. Das Parkway Motel im Süden von Maryland konnte bis zu seiner Schließung im Jahre 1997 (wegen Verstoßes gegen die Feuerschutzbestimmungen) blank liegende elektrische Kabel, Löcher in den Zimmertüren und stehendes Kloakenwasser auf dem Toilettenboden vorweisen. Aber wenn man den Preis berücksichtigt, dürfte das Clearway Inn seine Spitzenposition dennoch behaupten, denn das Parkway verlangte damals pro Tag lediglich 20 Dollar (siehe Todd Shields, »Charles Cracks Down on Dilapidated Motels«, in: *Washington Post* vom 20. April 1997).
7. Ich danke Sona Pai, einer indisch-amerikanischen Studentin, die an der University of Oregon über »Literary Nonfiction« promoviert hat. Sie gab mir Informationen über die Community der Indo-Amerikaner, die bevorzugt Motels betreiben, wie auch über das Leben von nachgewanderten indischen Bräuten.
8. Um als erschwinglich zu gelten, muß die Miete tatsächlich in der Regel weniger als 30 Prozent des Einkommens ausmachen. Peter Dreier hat in seiner Analyse der Wohnverhältnisse in den USA herausgefunden, daß 59 Prozent der armen Mieter (das sind insgesamt 4,4 Millionen Haushalte) mehr als die Hälfte ihres Einkommens für Wohnkosten ausgeben (»Why America's Workers Can't Pay the Rent«, in: *Dissent*, Sommer 2000, S. 38–44). Eine Untersuchung von 44.461 Haushalten in den Jahren 1996/97 hat ergeben, daß 28 Prozent der Eltern mit Einkommen, die nicht mindestens um das Doppelte über der Armutsgrenze liegen – also unter etwa 30.000 Dollar pro Jahr –, Probleme haben, ihre Miete, ihre Hypotheken oder ihre

Strom- und Wasserrechnungen zu bezahlen (*Welfare Reform Network News*, 1/2, hrsg. vom Institute for Women's Policy Research, Washington DC, März 1999). In Minneapolis/St.Paul gab es zur Zeit meines Aufenthalts etwa 46.000 Arbeiterfamilien, die mehr als 50 Prozent ihres Einkommens für Wohnen ausgaben. Überraschenderweise waren 73 Prozent dieser Familien Hausbesitzer, denen die steigenden Grundsteuern zusetzten (siehe: »Affordable Housing Problem Hits Moderate-Income Earners«, in: *Minneapolis Star Tribune* vom 12. Juli 2000).

9. Leute aus der Mittelschicht kritisieren die Armen häufig wegen ihrer Eßgewohnheiten, aber in diesem Fall wurde die Beschränkung auf »nackte Kalorien« offensichtlich von einer Wohlfahrtsorganisation gefördert. Die Schachtel mit Gratisnahrungsmitteln, die mir von der CEAP ausgehändigt wurde, enthielt u.a. folgende Artikel: 500 Gramm General Mills Honey Nut Chex Cereal, 600 Gramm Post Grape-Nuts Cereal, ein halbes Pfund Mississippi-Barbecue-Soße, kleine Plastiktüten mit Süßigkeiten, darunter Tootsie-Brötchen, Smarties Fruchtschnitten, Sweet Tarts, Ghirardelli-Schokolade, eine Packung Bubble Gum, tiefgefrorene Zuckerplätzchen, Hamburger-Brötchen, usw. usw.

10. 1988 kritisierte Jay Bradford, Mitglied des Senats von Arkansas, Wal-Mart wegen der niedrigen Löhne, die das Unternehmen zahlte und die seine Angestellten zwangen, staatliche Sozialhilfe zu beantragen. Er konnte dafür jedoch keine Beweise beibringen, weil Wal-Mart sich weigerte, seine Lohnkonten offenzulegen (Bob Ortega, *In Sam We Trust: The Untold Story of Sam Walton and Wal-Mart, the World's Most Powerful Retailer*, New York [Times Books] 2000, S.193).

11. Der Wal-Mart-Experte Bob Ortega berichtet, Sam Walton habe die Idee für diese kollektive Übung 1975 auf einer Japanreise bekommen, »wo die Gruppengymnastik und die Sprechchöre der Fabrikbelegschaften einen tiefen Eindruck auf ihn machten«. Ortega beschreibt, wie Walton einen solchen Sprechchor dirigiert: »Er ruft ›Gebt mir das W!‹, und die Arbeiter rufen zurück ›W‹, und dann werden alle Buchstaben des Namens Wal-Mart durchexerziert. Beim Bindestrich ruft Walton: ›Gebt mir das Schlängeln‹ und geht dabei hüftenwackelnd in die Knie; und die Arbeiter vollführen dieselbe Schlängelbewegung.« (*In Sam We Trust*, S.91)

12. Zitat aus dem »Wal-Mart Partnerhandbuch« (S. 18): »Im Lauf Ihrer Karriere bei Wal-Mart werden Sie vielleicht auch in anderen Abteilungen ihres Betriebes ausgebildet. Das wird Sie auf neuen Gebieten herausfordern und dazu beitragen, daß Sie ein vielseitiger Partner werden.«
13. In vier Staaten (West Virginia, New Mexico, Oregon und Colorado) haben Wal-Mart-Angestellte die Ladenkette auf Zahlung von Überstundenzuschlägen verklagt. Die Kläger machen geltend, sie seien zu Überstunden gedrängt worden, anschließend habe die Firma jedoch ihre Überstunden aus den Arbeitszeitbögen gelöscht. Zwei der Kläger in West Virginia, die in Management-Positionen aufgerückt waren, bevor sie bei Wal-Mart ausschieden, haben ausgesagt, daß sie selbst daran beteiligt waren, die Arbeitszeitbögen zu ändern, um die Überstunden zu verschleiern. Statt die Überstunden mit 50 Prozent Zuschlag zu entgelten, belohnt das Unternehmen die Beschäftigten in der Regel mit »willkommenen Änderungen der Schichtpläne, mit Beförderungen und anderen Vergünstigungen«. Dagegen droht die Firma den Angestellten, die unbezahlte Überstunden verweigern, »mit Verweisen, Degradierung, gekürzten Arbeitszeiten oder Lohnkürzungen«. (Lawrence Messina, »Former Wal-Mart Workers File Overtime Suit in Harrison County«, in: *The Charleston Gazette* vom 24.1. 1999) In New Mexico wurde eine Klage von 110 Wal-Mart-Angestellten 1998 zurückgezogen, als die Firma sich bereit erklärte, die Überstunden zu zahlen (»Wal-Mart Agrees to Resolve Pay Dispute«, in: *Albuquerque Journal* vom 16. Juli 1998). William Wertz, Pressesprecher von Wal-Mart, hat mir gegenüber in einer e-mail erklärt, daß es ein Prinzip von Wal-Mart sei, »seine Angestellten fair für ihre Arbeit zu entlohnen und sich voll an alle bundes- und einzelstaatlichen Bestimmungen über Löhne und Arbeitszeiten zu halten«.
14. Der National Labor Committee Education Fund in Support of Worker and Human Rights in Central America deckte 1996 auf, daß Kleider der Kathie Lee-Kollektion in einem Sweatshop in Honduras von Kindern zusammengenäht wurden, die zum Teil erst zwölf Jahre alt waren. Fernsehstar Kathie Lee Gifford, die Besitzerin der Kathie Lee-Kollektion, wies die Anschuldigungen in ihrer Sendung zunächst tränenreich zurück, hat aber später zugesagt, nicht mehr in solchen Sweatshops fertigen zu lassen.

KAPITEL 4

1. Jared Bernstein, Chauna Brocht and Maggie Spade-Aguilar, *How Much is Enough? Basic Family Budgets for Working Families*, Economic Policy Institute (Washington DC) 2000, S.14.
2. »Companies Try Dipping Deeper into Labor Pool«, in: *New York Times* vom 26. März 2000.
3. »An Epitaph for a Rule That Just Won't Die«, in: *New York Times* vom 30. Juli 2000.
4. »Fact or Fallacy: Labor Shortage May Really Be Wage Stagnation«, in: *Chicago Tribune* vom 2. Juli 2000; »It's a Wage Shortage, Not a Labor Shortage«, in: *Minneapolis Star Tribune* vom 25. März 2000.
5. Eine Dezile ist eine statistische Größe, die entsteht, wenn man eine statistische Gesamtheit in zehn Zehn-Prozent-Schichten aufteilt. Die unterste Dezile in der Einkommensstatistik sind also die zehn Prozent der Einkommensempfänger mit den geringsten Löhnen.
6. Die Zahlen sind auf den Dollarwert von 1999 umgerechnet, d.h. inflationsbereinigt. Ich danke John Schmidt vom Economic Policy Institute in Washington DC für die Aufbereitung dieser Lohndaten.
7. Interview mit Lawrence Michel vom 18. Juli 2000.
8. »Companies Try Dipping Deeper into Labor Pool« (siehe Anm. 2).
9. Persönliche Mitteilung vom 24. Juli 2000.
10. »The Biggest Company Secret: Workers Challenge Employer Practices on Pay Confidentiality,« in: *New York Times* vom 28. Juli 2000.
11. Bob Ortega, In Sam We Trust, S.356, und: »Former Wal-Mart Workers File Overtime Suit in Harrison County«, in: *Charleston Gazette* vom 24. Januar 1999.
12. Siehe z.B. C.A. Shively, K. Laber-Laird und R. F. Anton, »Behavior and Physiology of Social Stress and Depression in Female Cynomolgous Monkeys, in: *Biological Psychiatry* 41/8 (1997), S. 871–882; sowie D. C. Blanchard et al., »Visible Burrow System as a Model of Chronic Social Stress: Behavioral and Neuroendocrine Correlates«, in: *Psychoneuroendocrinology* 20/2 (1995), S. 117–134.
13. Siehe z.B. Kapitel 7 »Conformity«, in: David G. Myers, *Social Psychology*, New York (McGraw-Hill) 1987.

14. Barbara Ehrenreich, *Fear of Falling: The Inner Life of the Middle Class*, New York (Pantheon) 1989, dt. *Angst vor dem Absturz. Das Dilemma der Mittelklasse*, München (Kunstmann) 1992.
15. »The Invisible Poor«, in: *New York Times Magazine* vom 19. März 2000.
16. »Summer Work Is Out of Favor with the Young«, in: *New York Times* vom 18. Juni 2000.
17. Ein Bericht im *National Journal* mit dem Titel »Welfare Reform, Act 2« enthält die »gute Nachricht«, daß seit 1996 fast sechs Millionen Menschen aus der staatlichen Sozialhilfe ausgeschieden sind, muß im übrigen allerdings einige Probleme einräumen, wozu auch gehört, daß »diese Menschen manchmal nicht genug zu essen haben«. *National Journal* vom 24. Juni 2000, S. 1978–1993.
18. »Minnesota's Welfare Reform Proves a Winner«, in: *Time* vom 12. Juni 2000.
19. Siehe die Publikation »Update« des Center for Law and Social Policy, Washington DC, Juni 2000.
20. »Study: More Go Hungry since Welfare Reform«, in: *Boston Herald* vom 21. Januar 2000; »Charity Can't Feed All While Welfare Reforms Implemented«, in: *Houston Chronicle* vom 10. Januar 2000; »Hunger Grows as Food Banks Try to Keep Pace«, in: *Atlanta Journal and Constitution* vom 26. November 1999.
21. »Rise in Homeless Families Strains San Diego Aid«, in: *Los Angeles Times* vom 24. Januar 2000.
22. »Hunger Problems Said to Be Getting Worse«, in: *Milwaukee Journal Sentinel* vom 15. Dezember 1999. Als »extrem arm« gelten Familien, die über weniger als 50 Prozent der Einkommenssumme verfügen, welche auf Bundesebene als Armutsgrenze gilt.
23. So Deborah Leff, die Vorsitzende der Hungerhilfe-Organisation »America's Second Harvest«, zitiert nach *National Journal* (Anm. 16); siehe auch »Hunger Persists in U.S. despite the Good Times«, in: *Detroit News* vom 15. Juni 2000.
24. »A National Survey of American Attitudes toward Low Wage Workers and Welfare Reform«, Publikation des Forschungsunternehmens Jobs for the Future, Boston, 24. Mai 2000

NACHWORT

1. *Statistisches Taschenbuch*, Arbeits- und Sozialstatistik 2000, Tab. 5.13B.
2. *Statistisches Taschenbuch*, Arbeits- und Sozialstatistik 2000, Tab. 2.5A und 1.1.
3. *Statistisches Taschenbuch*, Arbeits- und Sozialstatistik 2000, Tab.2.5A.
4. Naomi Klein, *No Logo*, Gütersloh (Bertelsmann) 2001, S. 236f.
5. »L'histoire: PDG surpayés«, in: *Liberation* vom 20.3.2001.
6. Beispiel: »Mannesmann-Chef Klaus Esser wird das Ausscheiden aus dem Konzern versüßt. Nach Vollzug der Übernahme durch Vodafone AirTouch soll er eine Vergütung von insgesamt bis zu 60 Millionen DM erhalten.« In: *Schwäbische Zeitung* vom 12.2.2000, Wirtschaft.

DANKSAGUNG

Für Hilfe verschiedenster Art danke ich Michael Berman, Sara Bershtel, Chauna Brocht, Kristine Dahl, Frank Herd und Sarah Bourassa, Kristine Jacobs, Clara Jeffery, Tom Engelhardt, Deb Konechne, Marc Linder, John Newton, Frances Fox Piven, Peter Rachleff, Bill Sokal, David Wagner, Jennifer Wheeler und Patti.